## 《中国法院2025年度案例》编委会

**主　任**　李成林

**副主任**　李成玉

**成　员**　陈春梅　胡田野　王晓芳　徐光明　王　立
梁　欣　郑未媚　李成斌　程　瑛　王　锐
刘　畅　解文生　李晓果

**《中国法院2025年度案例》编审人员**（按姓氏笔画）

王　锐　朱　琳　刘　畅　李明桓　李晓果　杨小利
宋　爽　张淑芬　郑未媚　赵文轩　胡　岩　唐世银
梁　欣　程　瑛　潘园园

实习生（按姓氏笔画）

李　娅　杨延震　汪恒毅　武　悦　谢　涵

**编　务**　李明桓

**本书编审人员**　梁　欣

# 中国法院2025年度案例

国家法官学院 最高人民法院司法案例研究院 /编

## 刑事案例一

（犯罪、刑罚的具体运用、刑事证据、程序）

中国法治出版社
CHINA LEGAL PUBLISHING HOUSE

## 《中国法院2025年度案例》通讯编辑名单

# 序

为深入学习贯彻习近平法治思想，落实习近平总书记“一个案例胜过一打文件”的重要指示精神，人民法院始终把完善中国特色案例制度，加强以案释法作为推进全面依法治国、支撑和服务中国式现代化的重要途径。人民法院案例库向社会开放一年多来，最高人民法院始终坚持高标准建设，实现入库案例对常见案由和罪名全覆盖，对于促进法律适用统一，实现严格公正司法发挥了重要作用。

“中国法院年度案例系列”丛书以及时记录人民法院司法审判工作新发展、新成就为己任，通过总结提炼典型案例的裁判规则、裁判方法和裁判理念，发挥案例鲜活生动、针对性强的优势，以案释法，以点带面，有针对性地阐释法律条文和立法精神，促进社会公众通过案例更加方便地学习法律，领悟法治精神，体现司法规范、指导、评价、引领的重要作用，大力弘扬社会主义核心价值观，积极服务人民法院案例库建设，加强对案例库案例的研究，促进统一法律适用，提升审判质效，丰富实践法学研究，增强全民法治意识和法治素养，展现新时代我国法治建设新成就。

“中国法院年度案例系列”丛书自2012年编辑出版以来，已连续出版13年，受到读者广泛好评。为更加全面地反映我国司法审判执行工作的发展进程，顺应审判执行实践需要，响应读者需求，丛书于2014年度新增金融纠纷、行政纠纷、刑事案例3个分册，2015年度将刑事案例调整为刑法总则案例、刑法分则案例2个分册，2016年度新增知识产权纠纷分册，2017年度新增执行案例分册，2018年度将刑事案例扩充为4个分册，2022年度将土地纠纷（含林地纠纷）分册改为土地纠纷（含环境资源纠纷）分册。自2020年起，丛书由国家法官学院与最高人民法院司法案例研究院共同编辑，每年年初定期出版。在全国各级人民法院的大力支持下，丛书编委会现编辑出版《中国法院2025年度案例系列》丛书，共23册。

“中国法院年度案例系列”丛书以开放务实的态度、简洁明快的风格，在编辑过程中坚持以下方法，努力让案例书籍“好读有用”：一是高度提炼案例内容，控制案例篇幅，每个案例字数基本在3000字左右；二是突出争议焦点，力求在有限的篇幅内为读者提供更多有效信息，便于读者快速抓取案例要点；三是注重释法说理，案例由法官撰写“法官后语”，高度提炼、总结案例的指导价值，引发读者思考，为司法审判提供借鉴，为法学研究提供启迪。

“中国法院年度案例系列”丛书编辑工作坚持以下原则：一是以研究案例库案例为首要任务。自2024年起，“中国法院年度案例系列”丛书优先选用人民法院案例库案例作为研究对象，力求对案例库案例裁判要旨的基本内涵、价值导向、法理基础、适用要点等进行深入分析，增强丛书的权威性、参考性。二是广泛选编案例。国家法官学院和最高人民法院司法案例研究院每年通过各高级人民法院从辖区法院汇集上一年度审结的典型案例近万件，使丛书有广泛的精选基础，通过优中选优，可提供给读者新近发生的多种类型的典型、疑难案例。三是方便读者检索。丛书坚持以读者为本，做到分卷细化，每卷案例主要根据案由或罪名分类编排，每个案例用一句话概括裁判要旨或焦点问题作为主标题，让读者一目了然，迅速找到目标案例。

中国法治出版社始终全力支持“中国法院年度案例系列”丛书的出版，给了编者们巨大的鼓励。2025年，丛书将继续提供数据库增值服务。购买本系列丛书，扫描腰封二维码，即可在本年度免费查阅往年同类案例数据库。我们在此谨表谢忱，并希望通过共同努力，逐步完善，做得更好，探索出一条充分挖掘好、宣传好人民法院案例库案例和其他典型案例价值的新路，为广大法律工作者和社会公众提供权威、鲜活、精准的办案参考、研究素材，更好地服务司法审判实践、服务法学教育研究、服务法治中国建设。

“中国法院年度案例系列”丛书既是法官、检察官、律师等法律工作者的办案参考和司法人员培训辅助教材，也是社会大众学法用法的经典案例读本，同时为教学科研机构开展案例研究提供了良好的系列素材。当然，编者们在编写过程中也难以一步到位实现目标愿景，客观上会存在各种不足甚至错误，欢迎读者批评指正。我们诚心听取各方建议，立足提质增效，不断拓宽司法案例研究领域，创新司法案例研究方法，助推实现中国特色司法案例研究事业的高质量发展。

国家法官学院　最高人民法院司法案例研究院

2025 年 3 月

# 目　录

## Contents

## 一、犯　罪

### （一）犯罪和刑事责任

## 二、刑罚的具体运用

### （一）量刑



### （二）自首和立功

## 四、程　序

# 一、犯 罪

## （一）犯罪和刑事责任

**1**

### 行为人暴力袭击正在依法执行职务的人民警察，虽未构成轻微伤，其行为也应以袭警罪定罪处罚

——梁某1、梁某2袭警案

**【案件基本信息】**

1. 裁判书字号

广西壮族自治区百色市中级人民法院（2023）桂10刑终207号刑事裁定书

2. 案由：袭警罪

**【基本案情】**

2022年10月31日13时许，黄某驾驶桂L1××××蓝色货车运送砂石行驶至某村，与被告人梁某1驾驶的桂L8××××红色货车相遇，双方互不避让，后群众报警。接警后的民警罗某某、辅警黄某某来到现场，劝导梁某1将车辆驶离，否则将车辆拖走以确保道路畅通。梁某1非但不听反而让路过现场的被告人梁某2（梁某1父亲）回家拿来汽油、镰刀，扬言将车辆烧毁，两被告人在与民

警对峙过程中造成民警罗某某受伤。经法医鉴定，罗某某的损伤程度未达轻微伤。

另查明，2022年10月31日，公安局民警在某村抓获被告人梁某1、梁某2，并依法扣押作案工具铁质镰刀二把。

**【案件焦点】**

民警罗某某的损伤程度未达轻微伤，二被告人能否以袭警罪定罪处罚。

**【法院裁判要旨】**[①]

广西壮族自治区田东县人民法院经审理认为：被告人梁某1、梁某2暴力袭击正在依法执行职务的人民警察，其行为已触犯《中华人民共和国刑法》第二百七十七条第五款之规定，构成袭警罪。依法应处三年以下有期徒刑、拘役或者管制。在共同犯罪中，被告人梁某1、梁某2均积极实施犯罪行为，没有明显主次之分，不宜区分主从犯，应按二人所参与的全部犯罪处罚。被告人梁某2到案后如实供述自己的犯罪事实，系坦白，并且当庭认罪，依法可以从轻处罚。

对于被告人梁某1提出，民警罗某某、黄某某并没有对其进行劝导，其没有与民警对峙，是民警对其进行殴打，其拿起警棍只是正当防卫，罗某某的伤是他与另一个民警在按压其父亲的过程中受伤的辩解意见。法院认为，人民警察在接警后着警服并佩戴警用装备到现场处置报案人请求事项，符合法律规定，具有合法性、正当性，是依法执行公务的行为。民警到达现场后多次劝解梁某1将堵路的货车驶离，要通过合法途径解决其诉求，不能阻扰道路通行，并告知其阻扰行为的违法性，但是梁某1拒不配合并且在听到民警要将其货车拖走后让梁某2将汽油及镰刀带到现场，民警多次警告无果后遂对二被告人采取控制措施并无不当。同时，四位证人的证言、被告人梁某2的供述以及执法记录仪视频均能相互印证梁某1、梁某2在民警执行公务过程中不服从现场执勤民

① 本书【法院裁判要旨】适用的法律法规等条文均为案件裁判当时有效，下文不再对此进行提示。

警的指挥，反而使用暴力袭击正在依法执行公务的民警，二被告人的行为已构成袭警罪，事实清楚，证据确实、充分，不予认定正当防卫。故，该辩解意见本院不予采纳。

根据《中华人民共和国刑法》第六十四条的规定：“……违禁品和供犯罪所用的本人财物，应当予以没收。没收的财物和罚金，一律上缴国库，不得挪用和自行处理。”本案中，随案移送暂扣于公安局的作案工具铁质镰刀二把，依法予以没收，上缴国库。

现根据被告人梁某 1、梁某 2 的犯罪事实、犯罪性质、犯罪情节和认罪表现，依照《中华人民共和国刑法》第二百七十七条第五款、第二十五条第一款、第二十六条第一款及第四款、第六十七条第三款、第六十四条之规定，判决如下：

一、被告人梁某 1 犯袭警罪，判处有期徒刑一年六个月；

二、被告人梁某 2 犯袭警罪，判处有期徒刑一年；

三、暂扣于公安局的作案工具铁质镰刀二把，予以没收，上缴国库。

一审宣判后，梁某 1 提出上诉。

广西壮族自治区百色市人民法院经审理认为：上诉人梁某 1、原审被告人梁某 2 暴力袭击正在依法执行职务的人民警察，其行为已构成袭警罪，应予惩处。在共同犯罪中，梁某 1、梁某 2 所起的作用相当，均为主犯，应按二人所参与的全部犯罪处罚。梁某 2 到案后如实供述自己的犯罪事实，系坦白，并且当庭认罪，依法可以从轻处罚。梁某 1、梁某 2 暴力袭击正在依法执行职务的人民警察的犯罪事实有其两人的供述、证人证言、执法记录仪视频证实，证据之间相互印证，足以认定，梁某 1 的上诉意见不成立，本院不予支持。一审判决认定事实清楚，适用法律正确，审判程序合法，量刑适当，应予维持。依照《中华人民共和国刑事诉讼法》第二百三十六条第一款第一项的规定，裁定如下：

驳回上诉，维持原判。

【法官后语】①

2021年3月1日起，《中华人民共和国刑法修正案（十一）》正式施行，修正案将《中华人民共和国刑法》第二百七十七条第五款修改为："暴力袭击正在依法执行职务的人民警察的，处三年以下有期徒刑、拘役或者管制；使用枪支、管制刀具，或者以驾驶机动车撞击等手段，严重危及其人身安全的，处三年以上七年以下有期徒刑。"

根据该条文的罪状表述，并未要求袭警行为需要造成具体的危害结果。实务界和学界对暴力程度目前还没有统一定论。一种观点认为，袭警罪属于行为犯，本罪的构成应要求造成法益侵害的结果，即要求暴力袭警行为对人民警察的执法行为造成实质性的妨害，一些地方公检法甚至将暴力袭警行为的追诉标准定为造成轻微伤以上危害后果。另一种观点认为，袭警行为是对国家法律秩序的危害，只要行为人对法益造成了现实的、紧迫的危险即可入罪，不需要一定具有实际损害结果。

笔者认为，袭警罪原则上不要求暴力达到一定程度，不宜机械地要求必须达到轻微伤以上，应该从其所保护法益保护原理及侵害法益的紧迫性来综合考量。

从袭警罪保护的法益上分析，立法者将本罪置于妨害公务罪的框架下作为其第五款，本罪的保护法益主要是国家正常管理秩序。虽然有观点认为其法益还包括人民警察的人身权利，但前者仍然是其保护的主要法益。如果要求对警察的人身安全造成实害，既然已经造成实害用故意伤害等罪名就足以保护，无须增设袭警罪。事实上，在袭警罪独立成罪之前，《最高人民法院、最高人民检察、公安部关于依法惩治袭警违法犯罪行为的指导意见》规定，人民法院、人民检察院和公安机关在办理此类案件时，要准确认识袭警行为对于国家法律秩序的严重危害，不能将袭警行为等同于一般的故意伤害行为，不能仅以造成民警身体伤害作为构成犯罪的标准，要综合考虑袭警行为的手段、方式以及对

---

① 本书【法官后语】对相关法律问题涉及的法律法规等进行了时效性更新，下文不再对此进行提示。

执行职务的影响程度等因素，准确认定犯罪性质，从严追究刑事责任。据此，本罪入罪标准主要考察行为人是否以针对人民警察人身安全的暴力行为妨害了人民警察正常执行公务。

从危害结果上分析。如上所述，袭警罪保护的是双重法益，其危害后果不仅限于人身安全，还包括国家正常管理秩序。其危害后果涵盖的范围十分广泛，包括给民警造成伤害，妨害民警依法执行职务、财产损失、恶劣的社会影响等，行为人的袭警行为只需要对法益造成了现实的、紧迫的危险即可入罪，而不需要一定有实际损害结果。本案中，二名被告人使用汽油、镰刀等工具阻碍民警执法，在这种情况下，其实该行为阻止了公务的执行，也对民警的人身权益有现实和紧迫的危害。同时，二被告人的行为还造成多人围观、交通堵塞等的危害结果，认定为袭警罪是完全合理且应当的。

编写人：广西壮族自治区田东县人民法院　韦益万　李善瑛

2

# 暴力袭击配合人民警察执法的辅警人员行为的定性

——杨某某妨害公务案

**【案件基本信息】**

1. 裁判书字号

福建省漳州市中级人民法院（2024）闽06刑终17号刑事判决书

2. 案由：妨害公务罪

**【基本案情】**

2023年10月3日12时许，被告人杨某某饮酒后驾驶1辆无牌照电动二轮轻便摩托车，行经事发路段时，与沈某某驾驶的轻型货车发生碰撞。公安机关接警后指派民警江某某、沈某某及辅警张某、胡某某等人赶往现场进行处置。民警要求杨某某进行酒精呼气测试，但杨某某拒不配合，并欲逃离现场，在场民警江某某、沈某某及辅警张某、胡某某上前对杨某某进行控制。其间，杨某某将张某绊倒，并用拳头殴打张某的头部，后杨某某被控制并被带回某派出所。

【案件焦点】

暴力袭击正在配合人民警察依法执行职务的警务辅助人员，其行为应如何定性。

【法院裁判要旨】

福建省诏安县人民法院经审理认为：被告人杨某某暴力袭击正在配合人民警察依法执行职务的辅警，以暴力方法阻碍国家机关工作人员依法执行职务，其行为构成妨害公务罪，应予刑事处罚。

在本案中，被告人杨某某暴力袭击的对象是正在配合人民警察依法执行职务的辅警，而不是人民警察，其行为不属于"暴力袭击正在依法执行职务的人民警察"，故被告人杨某某的行为，不宜认定为袭警罪。但是，作为未列入国家机关编制的辅警，虽不具备执法主体资格，不能直接参与公安执法工作，但作为警务辅助人员，在公安民警的指挥和监督下开展辅助性工作，应视为在国家机关中从事公务的人员。被告人杨某某暴力袭击正在配合人民警察依法执行职务的警务辅助人员，以暴力方法阻碍国家机关工作人员依法执行职务，其行为符合《中华人民共和国刑法》第二百七十七条第一款的规定，构成妨害公务罪。被告人杨某某虽不具有自首情节，但到案后能如实供述自己的罪行，又当庭认罪认罚，可以从轻处罚。福建省诏安县人民法院依照《中华人民共和国刑法》第二百七十七条第一款、第六十七条第三款，《中华人民共和国刑事诉讼法》第十五条及《最高人民法院关于适用〈中华人民共和国刑事诉讼法〉的解释》第二百九十五条第一款第二项规定，判决：

被告人杨某某犯妨害公务罪，判处有期徒刑八个月。

一审宣判后，某检察院提起抗诉。

福建省漳州市中级人民法院经审理认为：原审被告人杨某某暴力袭击正在配合人民警察依法执行职务的警务辅助人员，以暴力方法阻碍国家机关工作人员依法执行职务，其行为构成妨害公务罪。原判认定事实清楚，证据确实充分，定性准确，量刑适当。审判程序合法。福建省漳州市中级人民法院依照《中华人民共和国刑法》第二百七十七条第一款、第二款、第六十七条第三款及《中华人民共和国刑事诉讼法》第十五条、第二百三十六条第一款第一项规定，裁定：

驳回抗诉，维持原判。

【法官后语】

2021 年 3 月 1 日，《中华人民共和国刑法修正案（十一）》新增了袭警罪。实践中，对暴力袭击界定、辅警地位、罪与非罪、此罪与彼罪等问题存在诸多争议。2025 年 1 月 15 日发布的《最高人民法院、最高人民检察院关于办理袭警刑事案件适用法律若干问题的解释》（以下简称《袭警解释》），对此作了系统性规范。

一、袭警罪与妨害公务罪的区分

在暴力袭警案件中，如何区分袭警罪与妨害公务罪，是司法实务中最核心的争议点，可从行为对象、暴力程度、主观故等方面予以判断、区分。

1. 从行为对象看，袭警罪仅限于针对正在依法执行职务的人民警察，包括治安警察、交通警察、司法警察等各类警察。而妨害公务罪的行为对象外延更宽，除包含人民警察外，还包含了其他国家机关工作人员，如辅警等。

2. 从暴力程度看，袭警罪要求暴力袭击，需具备突然性、攻击性及危害性，强调的是直接攻击警察人身，或实施足以危及警察安全的行为。根据《袭警解释》的规定，针对民警的人身攻击行为，须满足造成轻微伤以上后果；针对警务车辆、警械等装备的暴力袭击，须达到足以危及人身安全的程度。同时，《袭警解释》还将不属于暴力袭击的情形明确排除在袭警罪的打击范围之外。根据该解释第一条第二款，以下三种情形不构成袭警罪：一是轻微肢体冲突；二是危害不大的一般性抗拒行为；三是言语攻击行为。妨害公务罪行为范围较广，可包含暴力、威胁或其他阻碍手段。以暴力、威胁方法阻碍国家机关工作人员依法执行职务，暴力、威胁是手段、方式，阻碍是结果、目的。暴力、威胁的对象没有限制，不仅包括直接针对国家机关工作人员人身，也包括对与国家机关工作人员依法执行职务有关的人、物实施暴力、威胁，以达到阻碍国家机关工作人员依法执行职务的目的。

从体系解释的角度来看，立法将袭警罪与妨害公务罪放在一个条文中规范，作出暴力袭击与暴力阻碍两种不同表述，体现了两罪对于暴力性质与程度的不同要求。即袭警罪的暴力性质侧重于攻击，妨害公务罪的暴力侧重于阻碍，袭警罪的暴力程度明显大于妨害公务的暴力程度，否则也无须将原本属于妨害公务的行为作为加重情形升级为独立罪名。

3. 从主观上看，袭警罪只能是故意，且系直接故意；而妨害公务罪，是以阻碍国家机关工作人员执行职务为目的，其主观故意包括故意和过失。

4. 从处罚上看，袭警罪的处罚更重，根据刑法第二百七十七条第一款规定，妨害公务罪一般判处三年以下有期徒刑、拘役、管制或者罚金。而袭警罪，严重的可判处三年以上七年以下有期徒刑。

二、暴力袭击辅警行为的定性

实践中，警务辅助人员，是指不具有人民警察身份的人员，主要包括文职、辅警两类从事警务辅助工作的人员；辅警在公安机关及其人民警察的指挥和监督下，开展治安巡逻和安全防范宣传教育等职责。警务辅助人员不得单独执法。

司法实务中，可能存在以下三种情况。

1. 暴力袭击配合人民警察执行职务的辅警，其行为构成妨害公务罪。

首先，配合人民警察执行职务的辅警，应视为国家机关工作人员。《全国人民代表大会常务委员会关于〈中华人民共和国刑法〉第九章渎职罪主体适用问题的解释》规定，在依照法律、法规规定行使国家行政管理职权的组织中从事公务的人员，或者在受国家机关委托代表国家机关行使职权的组织中从事公务的人员，或者虽未列入国家机关人员编制但在国家机关中从事公务的人员，在代表国家机关行使职权时，有渎职行为，构成犯罪的，依照刑法关于渎职罪的规定追究刑事责任。渎职罪的主体均为国家机关工作人员，故可以认为该解释系为对“国家机关工作人员”的解释。配合人民警察执行职务的辅警，虽未列入公安机关编制，但在公安机关及其人民警察指挥和监督下开展工作，行为后果由公安机关承担，依据前述规定，亦应视为国家机关工作人员。

其次，暴力袭击配合人民警察执行职务的辅警，属于暴力阻碍人民警察执行职务的一种方式。辅警在人民警察的指挥和监督下开展工作，其所从事的工作虽是辅助的，但也是属于公安机关人民警察执行职务的一部分。行为人暴力袭击辅警，实质上也阻碍了公安机关人民警察依法执行职务。

综上，暴力袭击配合人民警察开展工作的辅警，本身就是以暴力方法阻碍人民警察依法执行职务，其行为依法构成妨害公务罪。《袭警解释》第八条，也明确“暴力袭击正在依法配合人民警察执行职务的警务辅助人员的，不构成袭警罪；符合刑法第二百七十七条第一款规定的，以妨害公务罪定罪处罚”。

2. 同时暴力袭击人民警察和正在配合人民警察开展工作的辅警的，按照吸收犯原理处理，以袭警罪从重处罚。

吸收犯，是指数个行为之间存在吸收关系，一个行为吸收其他行为，仅按照吸收之罪处理的情形。通说认为，吸收犯包括完成罪吸收未完成罪，主行为吸收从行为，实行行为吸收教唆、帮助行为。同时暴力袭击公安机关人民警察和正在配合公安机关人民警察开展工作的辅警，虽然分别针对公安机关人民警察和辅警实施袭击行为，但两个行为之间存在相同的故意，都是为了阻止、排除对方执行职务，可以按照吸收犯原理处理，认定袭警罪一罪从重处罚，不实行数罪并罚。《袭警解释》第八条第二款规定，亦持本观点。

3. 暴力袭击单独执行职务辅警的，其行为不构成袭警罪、妨害公务罪。

鉴于警务辅助人员不得单独执法，未被赋予单独行使与公安机关执法活动的主体资格，在这种情形下，辅警单独执行职务，因缺乏一般职务权限和具体职务权限，不具有合法性，属于违法执法，行为人对其暴力袭击的，不构成袭警罪，也不构成妨害公务罪。只能根据具体伤情，视情给予行为人治安处罚，若构成故意伤害罪、故意杀人罪的，依照相关罪名定罪处理。

编写人：福建省诏安县人民法院　王廷学　沈修铭

3

# 采用银行卡挂失或注销的方式转移卡内资金的定性

——李某盗窃案

**【案件基本信息】**

1. 裁判书字号

浙江省台州市中级人民法院（2024）浙 10 刑终 48 号刑事裁定书

2. 案由：盗窃罪

**【基本案情】**

被告人李某系某贸易公司的法定代表人兼自然人独资股东。2022 年 4 月 1 日，被告人李某与被害人陈某某签订转让运营合同，将该公司名下的某某商务平台五年运营权以 120000 元人民币的价格转让给陈某某，注册平台时使用的其名下的某银行的银行卡同时交付给陈某某，并约定不使用该卡内资金，被害人陈某某拿到银行卡后更改密码并使用。2022 年 6 月至 2023 年 1 月 18 日，被告人李某多次利用绑定该银行卡的微信、支付宝账户无须输入密码的漏洞，秘密窃取该银行卡内陈某某经营所得的货款共计 107949.19 元。其间，陈某某发现卡内金额异常减少向被告人李某催讨，后双方同意将剩余平台租金 20000 元从中抵扣。2023 年 1 月 17 日，陈某某因上述银行卡出现异常，要求被告人李某配合前往银行办理手续并将卡内款项转至谢某某账户。2023 年 1 月 19 日，被告人李某通过注销银行卡的方式将该账户内陈某某的 1127694.61 元货款转至赵某某账户。

**【案件焦点】**

行为人采用银行卡挂失或注销的方式转移卡内资金行为的定性。

【法院裁判要旨】

浙江省温岭市人民法院经审理认为：被告人李某作为银行卡账户的开户人，将银行卡交付给陈某某使用，双方约定李某不使用卡内资金，实质上李某已将银行卡账户资金的占有、使用权让渡给了陈某某，陈某某成为账户内资金的占有人，李某亦主观上明知银行卡里的资金系陈某某所有；陈某某作为该卡内资金的实际占有人和使用权人，重新设置密码在于排除李某对卡内资金的控制和支配，亦表明陈某某并未将卡内资金交由李某保管控制，二人之间不存在代为保管的关系。因此，前期（2022 年 6 月至 2023 年 1 月 18 日）被告人李某以其微信、支付宝账户绑定银行卡的漏洞截留账户内资金，秘密将账户内资金非法转为自己占有的行为，应构成盗窃罪。后续（2023 年 1 月 17 日）在银行卡出现取款异常时，被害人陈某某迫于条件同意被告人注销（挂失）银行卡，但明确指示被告人注销（挂失）后将原卡内资金转至其指定账户，并多次询问、催促被告人办理，陈某某只同意李某通过注销（挂失）协助办理银行转账到指定账户，从未作出委托李某代为保管卡内资金的意思表示，故生效裁判认为，李某具有非法占有他人财物的故意，事先预谋非法取得财物，通过注销（挂失）方式实施了秘密窃取他人财物，并实现了转移占有，被告人李某于 2023 年 1 月 19 日实施的行为亦构成盗窃罪。综上，被告人李某的相应行为均构成盗窃罪。

浙江省温岭市人民法院经审理认为：被告人李某以非法占有为目的，多次秘密窃取他人财物，数额特别巨大，其行为已构成盗窃罪，依照《中华人民共和国刑法》第二百六十四条、第六十四条之规定，作出如下判决：

一、被告人李某犯盗窃罪，判处有期徒刑十二年，并处罚金人民币 14 万元；

二、责令被告人李某退赔被害人陈某某人民币 1215643.8 元。

一审宣判后，李某提出上诉。

浙江省台州市中级人民法院经审理认为：原判事实清楚，证据确实充分，裁定：

驳回上诉，维持原判。

## 【法官后语】

本案主要争议焦点在于被告人李某通过注销（挂失）银行卡的方式将卡内资金转移的行为构成盗窃罪还是侵占罪。侵占罪和盗窃罪的主要区别在于，侵占罪是行为人将自己占有的财物变为不法所有，而盗窃罪则是通过破坏他人对财物的占有以实现不法占有。由此，对财物占有的判断，即所涉财物是否属于他人占有的财物，是区分盗窃罪与侵占罪的关键所在。因此，认定案涉银行卡内的资金占有权属于谁对于本案的定性具有重要意义。

具体到本案，被告人李某作为银行卡账户的开户人，将银行卡交付给陈某某使用，双方约定李某不使用卡内资金，实质上李某已将银行卡账户资金的占有、使用权让渡给了陈某某，陈某某成为账户内资金的占有人，李某亦主观上明知银行卡里的资金系陈某某所有；陈某某作为该卡内资金的实际占有人和使用权人，重新设置密码在于排除李某对卡内资金的控制和支配，亦表明陈某某并未将卡内资金交由李某保管控制，二人之间不存在代为保管的关系。

值得注意的是，注销银行卡后被告人李某是否为陈某某代为保管银行卡内资金。首先，保管成立的前提条件是双方有保管的合意，对财物的保管要达成一致的意思表示。在银行卡出现取款异常时，被害人陈某某迫于条件同意被告人李某注销（挂失）银行卡，但明确指示被告人注销（挂失）后将原卡内资金转至其指定账户，据此可知陈某某只同意李某通过注销（挂失）协助办理银行转账到指定账户，从未作出委托李某代为保管卡内资金的意思表示，且李某对此亦是明知的。其次，李某的“短暂占有”行为不能成立代为保管。代为保管系合法占有、持续稳定占有。银行在办理注销（挂失）后，暂时会把资金留在柜台，随后会根据提供的转账账户进行转账。本案中，基于陈某某的意思表示，李某无论从法律上，还是从双方合意上，都无权控制支配卡内资金转到指定账户之外的账户上。在注销（挂失）银行卡到转账的过程中，李某事实上的控制状态是极为短暂的，不能因为一时地接触到财物就成立代为保管。综上，根据主客观相一致原则，本案不能成立代为保管。

编写人：浙江省温岭市人民法院　黄璐坤

4

# “吃空饷”型职务侵占犯罪的数额认定问题

## ——胡某某等职务侵占案

**【案件基本信息】**

1. 裁判书字号

福建省厦门市海沧区人民法院（2023）闽 0205 刑初 382 号刑事判决书

2. 案由：职务侵占罪

**【基本案情】**

胡某某在担任被害单位甲公司制造部班长期间，发现公司考勤漏洞，后利用其人工登记员工考勤记录、负责员工辞职事宜的职务便利，骗取甲公司发放的工资、年终奖、医社保等。具体如下：

1. 2019 年 11 月 15 日，游某某经胡某某安排办理入职手续后未实际上班，后胡某某持游某某的上班考勤卡、工资银行卡，每日代游某某打考勤卡，并人工登记游某某的考勤记录。2021 年 10 月 1 日起，胡某某雇佣杨某某每日代打上述考勤卡至 2023 年 5 月，并人工登记游某某的考勤记录。三人合伙伪造游某某上班假象，造成甲公司含税费、伙食费等实际损失 27.7 万余元，其中 2021 年 10 月之后的实际损失 12.1 万余元。由此，胡某某骗得公司发放的工资、年终奖 23.7 万余元，后其支付 1.9 万元给杨某某作为报酬，游某某骗得公司发放的医社保 3 万余元。

2. 2021 年 10 月 1 日，陈某某（另案处理）向担任班长的胡某某提出离职申请，胡某某提议由其代打卡，共同骗取公司钱款。陈某某同意并交付上班考勤卡、工资银行卡。后胡某某每日代打考勤卡、人工登记考勤记录至 2023 年 5

月，伪造陈某某上班假象，造成甲公司含税费、伙食费等实际损失12万余元。由此，胡某某实际骗得公司发放的工资、年终奖10万余元，陈某某骗得公司发放的医社保1.6万余元。

2023年7月17日，游某某经电话通知主动配合公安机关调查，但第一次讯问未如实供述上述犯罪事实，后如实供述上述犯罪事实。杨某某、胡某某分别于2023年7月20日、7月25日自行投案，归案后均能如实供述上述犯罪事实。胡某某、游某某共同赔偿甲公司经济损失人民币37.9万余元，杨某某赔偿甲公司经济损失1.9万元，尚未取得谅解。

**【案件焦点】**

通过挂名取酬的"吃空饷"方式实施职务侵占犯罪的，除公司直接支付"劳动者"的工资、年终奖外，五险一金等保障性待遇，以及公司代扣代缴的税费、伙食费、工会会费等费用是否应当计入侵占的犯罪数额。

**【法院裁判要旨】**

福建省厦门市海沧区人民法院经审理认为：胡某某利用职务上的便利，伙同被告人游某某、杨某某将甲公司的财物非法占为己有，其中胡某某参与的犯罪数额为398275.97元，游某某参与的犯罪数额为277114.92元，杨某某参与的犯罪数额为121568.47元，均属数额较大，三人行为均已构成职务侵占罪。本案系共同犯罪。胡某某在共同犯罪中起主要作用，系主犯，依法应当按照其所参与的或者组织、指挥的全部犯罪处罚。游某某、杨某某在共同犯罪中起次要作用，系从犯，依法应当从轻处罚。胡某某、杨某某均系自首，游某某系坦白，依法均可以从轻处罚。三被告人已共同赔付被害单位的经济损失，可以酌情从轻处罚。三被告人均认罪认罚，依法可以从宽处理。综合考虑三被告人的犯罪情节、认罪态度、悔罪表现和监管条件，认为对其适用缓刑对所居住社区没有重大不良影响，决定对其适用缓刑。据此，判决如下：

一、胡某某犯职务侵占罪，判处有期徒刑一年二个月，缓刑一年八个月，并处罚金人民币10000元；

二、游某某犯职务侵占罪，判处有期徒刑七个月，缓刑一年一个月，并处罚金人民币5000元；

三、杨某某犯职务侵占罪，判处有期徒刑六个月，缓刑一年，并处罚金人民币3000元。

案件宣判后，判决已生效。

【法官后语】

职务侵占是指公司、企业或者其他单位的人员利用职务上的便利，将本单位财物非法占为己有，数额较大的行为。职务侵占罪系数额犯，成立该犯罪应满足侵占数额较大的构成要件。根据《最高人民法院、最高人民检察院关于办理贪污贿赂刑事案件适用法律若干问题的解释》第一条、第十一条的规定，职务侵占罪的起刑点为受贿罪数额标准的2倍，即6万元。在认定职务侵占犯罪数额时，应以被害单位被侵占的财物数额，即以案发时被害单位实际受到的损失数额进行认定。

本案是典型的以挂名取酬方式“吃空饷”的职务侵占犯罪。被告人胡某某利用其考勤管理的职务便利，通过代打卡的方式伪造未实际提供劳务的“劳动者”上班的假象，从而非法获取公司支付的劳动报酬。通过此犯罪行为，被害单位实际受到的损失可能包括以下范畴：

1. 工资、奖金等劳动报酬。劳动报酬由被害单位直接向“劳动者”发放，系犯罪行为人可以直接获取的违法所得，故工资、奖金应当然计入犯罪数额。实务中存在挂名取酬被其他劳动者发现后，犯罪行为人为隐瞒罪行利用职权额外向其他劳动者发放加班费等报酬的情形，此时应视为系犯罪行为人为实施犯罪支出的犯罪成本，且同样给被害单位造成了额外的经济损失，故应当计入职务侵占数额。

2. “五险一金”等保障性待遇。根据《中华人民共和国劳动法》《中华人民共和国社会保险法》的规定，用人单位有义务为职工缴纳，并代职工扣缴其个人应缴纳的“五险一金”费用。保障性待遇虽未直接支付给“劳动者”，但系由犯罪行为人实际控制且能够折算为货币的财产性权益，故应当计入犯罪数额。对于犯罪行为人非法获取“五险一金”等保障性待遇的后续处置，除刑事上的退赃退赔问题外，在行政层面应当确认对应挂名劳动者因该犯罪行为获取的保障性待遇自始无效，以此确保任何人不得从犯罪行为中获利。

3. 个人所得税等代扣代缴费用。根据《中华人民共和国宪法》《中华人民共和国个人所得税法》等法律规定，具有应税所得的居民个人应依法缴纳个人所得税。个人所得税等费用系劳动者领取薪酬必须承担的税费。代扣代缴仅是个人所得税缴纳的一种方式，并不影响个人所得税属于劳动者领薪应承担税费的性质。在“吃空饷”型职务侵占中，单位代扣代缴费用是犯罪行为人获取非法利益要承担的必要费用，在此应视为犯罪成本，同样应当计入职务侵占数额中。

编写人：福建省厦门市海沧区人民法院 张晨玮 苏容

5

# 以管教为名长时间频繁暴力殴打未成年子女致死的行为定性方法

## ——王某、徐某故意伤害案

**【案件基本信息】**

1. 裁判书字号

上海市高级人民法院（2024）沪刑终30号刑事裁定书

2. 案由：故意伤害罪

**【基本案情】**

被害人王某某长期在河南省与其祖父祖母共同生活。2022年8月底，王某某（十周岁）来到上海市随父亲即被告人王某和继母即被告人徐某共同生活，就读于某小学。同年12月中旬，学校改由线上教学。2023年1月上旬至2月12日，待业在家的徐某时常向王某反映王某某学习不好、习惯不好、难以管教等情况，并杜撰班主任反映王某某存在上课注意力不集中、语文作业正确率差以及偷拿同学物品等问题。在上述期间内，王某、徐某以管教为由频繁采用拳打脚踢的方式或使用戒尺、木棍、钢管等工具对王某某的头面部、躯干以及四肢进行暴力殴打，还采用跪搓衣板、站在凳子上罚站、不许睡觉等方式对王某某进行体罚。同年2月7日，徐某带王某某就医，在医生告知要进一步做检查和治疗的情况下，徐某以次日会带王某某去熟悉医生处治疗为由拒绝，仅要求做伤口清创缝合及包扎。同年2月12日起，王某某出现大小便失禁并卧床不起，直至同月16日10时30分许，徐某发现王某某呼之不应，怀疑死亡。当日12时30分许，王某、徐某将王某某送至医院，送医时王某某已无生命体征。同日，民警将王某、徐某抓获归案，王某到案后如实供述了主要犯罪事实，徐某到案后仅如实供述了部分犯罪事实。经鉴定，被害人王某某系遭钝性外力反复作用致全身大面积皮肤损伤，引起皮下组织感染、坏死并继发间质性肺炎及心肌炎等，终致多器官功能障碍死亡。经司法鉴定，王某、徐某具有完全刑事责任能力。在法院审理期间，徐某的亲属向法院提交人民币17万元作为代徐某赔偿附带民事诉讼原告人的款项。

**【案件焦点】**

本案被告人的行为应认定为虐待罪还是故意伤害罪。

**【法院裁判要旨】**

上海市第一中级人民法院经审理认为：被告人王某、徐某主观上明知实施暴力殴打会对被害人身体健康造成伤害，仍长时间持续频繁暴力殴打被害人，在被害人头面部大面积淤青、肿胀，腿伤血流不止等肉眼可见的明显伤势下，依然继续殴打，二人的行为明显有别于虐待罪中的软暴力或轻暴力等一般暴力行为，已经超出追求肉体和精神摧残的虐待故意范畴，徐某殴打被害人的暴力程度虽未及王某，但亦有持戒尺、木棍等工具殴打被害人，且有挑唆王某殴打被害人的行为，故二人均应认定为具有伤害被害人的故意；二人客观上使用戒尺、木棍、钢管等工具实施暴力，殴打频次频繁，殴打部位遍布被害人全身并伤及头面部等要害部位，殴打力度致戒尺、木棍断裂，殴打后果造成被害人死亡，作案手段残忍，暴力程度较强，鉴于二人殴打被害人并非积极追求被害人死亡结果，故王某、徐某的行为均已构成故意伤害罪，且系共同犯罪。王某、徐某作为王某某的父亲和继母，对王某某负有监护义务和照护职责，二人非但未尽相应职责，反而以管教为名，在长达一个多月时间内，频繁采用拳打脚踢或使用戒尺、木棍、钢管等工具对被害人肆意暴力殴打，在带被害人就医，医生要求进一步做检查和治疗的情况下拒绝治疗，在被害人卧床不起、大小便失禁情况下仍听之任之，放任被害人重伤乃至死亡后果的发生。故二人犯罪故意明显，犯罪手段残忍，犯罪情节恶劣，犯罪后果极其严重，依法应予严惩。综合二人在暴力程度上的区别及在共同犯罪中的地位、作用等，对二人量刑时予以区分；鉴于王某到案后能如实供述主要犯罪事实，对其判处死刑，可不立即执行。被告人王某、徐某的犯罪行为造成了附带民事诉讼原告人的经济损失，依法应当承担民事赔偿责任。上海市第一中级人民法院判决：

一、被告人王某犯故意伤害罪，判处死刑，缓期二年执行，剥夺政治权利终身；

二、被告人徐某犯故意伤害罪，判处有期徒刑十三年，剥夺政治权利三年；

三、扣押在案的作案工具予以没收；

四、被告人王某、徐某赔偿附带民事诉讼原告人陈某人民币76098元。

一审宣判后，王某、徐某对刑事判决部分提出上诉。

上海市高级人民法院经审理同意一审法院的裁判意见，裁定：

驳回上诉，维持原判。

## 【法官后语】

对未成年子女长时间频繁实施暴力殴打的行为定性，主要涉及故意伤害罪与虐待罪的区分与认定。故应综合全案证据情况，以故意伤害罪与虐待罪的构罪要件区分为基础，围绕案件客观事实基础和被害人死亡结果的法医学归因，以主观故意审查、客观行为评价的双向审查路径搭建认定框架，并通过主客观要件的交叉验证，实现此类案件的准确定性。具体分析如下。

一、主观要件认定方法：以故意伤害罪与虐待罪主观故意形态的实质区分为路径

主观明知认定属于事实认定，需以行为人的客观行为认定主观意思。故意伤害罪的主观要件在于行为人明知其暴力行为可能导致重伤或死亡结果，仍对伤害结果持积极追求或放任态度，而虐待罪则以控制、折磨为目的，追求被害人肉体和精神上的痛苦，对被害人的重伤或死亡结果仅存在过失。对未成年子女暴力管教涉刑案件因其“以管教为名”的案件特点，多呈现施暴行为经常性、持续性、反复性的行为特征，故应着重审查行为人的工具使用、击打部位、施暴行为、过程及事后态度等方面，具体可从行为人是否使用钝器、锐器等致命工具，是否击打头面部、胸腹部等要害部位，施暴过程中有无因被害人伤情恶化而停止，有无故意隐瞒伤情拖延救治等能够体现主观心态的客观事实着手，进行综合判断。

本案中，首先，从工具使用、击打部位看，王某、徐某均有频繁拳打脚踢及持戒尺、木棍、钢管等工具殴打被害人的行为，且殴打部位遍布全身，亦均有针对头面部等要害部位进行殴打，王、徐作为心智健全的成年人，应认定二人对其暴力殴打行为会对被害人身体健康造成伤害系明知。其次，从施暴过程及事后态度看，徐某虽在发现被害人腿部流血不止后，有带被害人就医的行为，但却以次日会带被害人去熟悉医生处治疗为由拒绝医生进一步检查与治疗的要求，仅做伤口清创缝合。从医院回家当晚，王某不顾被害人刚从医院缝合伤口回来，依然持戒尺、钢管等工具暴力殴打被害人，且二人在此后仍每日对被害人实施殴打。故王某、徐某的暴力殴打行为显然已经超出了追求肉体和精神摧残的虐待故意范畴，应认定为主观上具有故意伤害的故意；在被害人已卧床不起、大小便失禁情况下仍听之任之，足见二人对被害人重伤乃至死亡结果持放任态度。

二、客观行为评价规则：以实施的暴力手段与方式、暴力程度及与伤害结果间的因果关系判断为要点

从客观方面的构罪要件看，暴力管教类案件中故意伤害罪的行为模式多表现为持凶器实施暴力，暴力行为呈现手段残忍，暴力程度较强的特征，且暴力行为与被害人重伤或者死亡结果具有直接因果关系，而虐待罪则表现为长期或者多次实施虐待行为，逐渐造成被害人身体损害，重伤或死亡结果系长期虐待间接导致，体现出累积性因果关系特征。

本案中，从暴力行为看，作案工具从木质戒尺到不易折断的硬质树脂材质戒尺，从木棍到粗钢管，作案工具逐步升级，监控视频反映二人殴打被害人的持续时间及暴力程度亦不断上升，足见二人殴打被害人的暴力手段残忍，暴力程度较强。从危害后果看，尸检报告证明被害人的体表损伤形态多样，全身大面积皮肤损伤，引起皮下组织感染、坏死并继发间质性肺炎及心肌炎等，终致多器官功能障碍死亡，与被害人遭王某、徐某用戒尺、木棍、钢管等物持续一个多月长时间、反复暴力殴打相吻合，证明被害人死亡与王某、徐某的长期暴力殴打行为具有直接因果关系，并无其他因素介入。

综上，行为定性应秉持主客观相统一的认定原则，在主客观因素交叉验证下依法准确认定。本案中，王某、徐某主观上具有故意伤害的故意，客观上使用戒尺、木棍、钢管等工具，殴打频次频繁，殴打部位遍布被害人全身并伤及头面部等要害部位，击打力度致戒尺、木棍断裂，伤害后果造成被害人死亡的严重后果，作案手段残忍，暴力程度较强，鉴于二人殴打被害人并非积极追求被害人死亡结果，故综合上述主客观因素，应认定王某、徐某犯故意伤害罪。

编写人：上海市第一中级人民法院　王骐

6

# 故意犯罪中直接故意与间接故意的认定

## ——于甲故意伤害案

**【案件基本信息】**

1. 裁判书字号

山东省高青县人民法院（2023）鲁0322刑初81号刑事判决书

2. 案由：故意伤害罪

**【基本案情】**

被告人于甲与被害人隋某某原系多年好友，被告人于甲长期在外打工，隋某某与被告人之妻于乙发生不正当男女关系。于甲得知后于2022年12月12日19时邀请隋某某夫妻到其家中商议解决此事。隋某某不想让其妻子得知此事，便自行前往。在于甲家吃饭喝酒的过程中，隋某某指责于甲对于乙关心不够等，于甲心生不满，去厨房将菜刀藏至腋下，欲报复隋某某，后因思想矛盾，携带菜刀进入厕所。在厕所时于甲发现隋某某与于乙还在悄悄说话，情绪失控，趁隋某某不备，使用菜刀将背向自己坐着的隋某某头部、颈部砍伤。隋某某和于乙将菜刀夺下。后于甲让其妻子于乙拿衣服给隋某某包扎止血，于乙拨打急救电话，并陪同隋某某出门就医。于甲在家中拨打报警电话。经鉴定，被害人隋某某的伤情系轻伤二级。

被告人于甲案发后主动报警，到案后如实供述主要犯罪事实。在诉讼过程中，被告人于甲已赔偿被害人隋某某经济损失，并取得谅解。隋某某于2023年5月27日向法院提出撤诉申请，法院于同年5月31日裁定准许撤回起诉。

【案件焦点】

在故意犯罪中，对于被告人具有直接故意还是间接故意的认定。

【法院裁判要旨】

山东省高青县人民法院经审理认为：关于本案定性问题，经查，本案系因感情纠纷引发，被告人于甲与被害人隋某某原系朋友关系，本案案发前二人仍然关系要好。从犯罪动机来看，虽被告人于甲之妻与被害人存在不正当男女关系，被告人知晓后并未产生杀人之念，通过在案证据，亦能证实被告人于甲得知此事后的第一反应是想通过对话的方式解决；于甲已决定与于乙离婚，其邀请被害人吃饭的目的是问清原由，案发前的整个过程，双方情绪稳定，无争吵等过激行为。而且，被告人亦邀请了被害人的妻子吃饭，被害人妻子系事外之人，对于其丈夫出轨于乙之事并不知情，若被告人于甲预谋杀人，完全没有必要多此一举，作案时多一人在场，就多一分失手的风险，此举不符合常情常理。从作案时机来看，双方系在被告人家中吃饭，共有被告人于甲、妻子于乙、被害人隋某某三人。其间，被告人妻子因事外出二次，该两段时间内于甲与被害人系独处一室的状态，对于甲来说应是行凶的最佳时机，且无他人阻挠、干扰，得手率最高，但于甲并未实施犯罪行为。对于犯罪工具的准备，于甲使用的系家用菜刀，虽刀具的杀伤力巨大，但其并非刻意准备足以剥夺他人生命的致命性工具，而是在受到刺激后偶然准备。再者，被告人于甲将被害人砍伤后，被摁倒在地，于甲完全有机会、有能力继续实施犯罪行为。在发现被害人流血后让其妻子于乙止血，亦未阻止于乙拨打急救电话及陪同被害人就医。虽然被告人于甲使用菜刀砍他人头部、颈部的行为严重危及被害人的生命安全，该危害行为具有剥夺他人生命的高度危险性，但对于死亡结果的发生存在不确定性，并非必然会导致他人死亡的危害后果，故被告人不具有积极追求被害人死亡的直接故意。

被告人不顾他人死伤，持刀行凶，不计后果的行为，应认定为间接故意。间接故意犯罪系主观上放任危害结果发生，危害结果实际发生是成立间接故意犯罪的必要条件，故间接故意杀人，客观要件上需出现被害人死亡的危害结果，而本案被害人的损害程度系轻伤二级，故，对被告人以故意伤害罪定罪处罚符合主客观相一致的认定原则。

关于被告人的辩护人所持“被害人存在严重过错”的辩护意见，经查，被告人于甲与被害人隋某某原本为关系较好的朋友。被害人的行为违背公序良俗，对本案的发生及矛盾的激化负有直接责任，应认定被害人具有明显过错。

综上，被告人于甲故意伤害他人身体，致人轻伤，其行为已构成故意伤害罪，应予刑罚。山东省高青县人民法院依照《中华人民共和国刑法》第二百三十四条第一款、第六十七条第一款、第七十二条第一款、第七十三条第二款及第三款、第六十四条、第六十一条之规定，作出如下判决：

一、被告人于甲犯故意伤害罪，判处有期徒刑二年，缓刑三年；

二、作案工具菜刀一把，予以没收。

案件宣判后，判决已生效。

**【法官后语】**

本案主要涉及故意犯罪下对于“直接故意”与“间接故意”的区分及认定问题。《中华人民共和国刑法》（以下简称《刑法》）第十四条对故意犯罪有明确的规定，将行为人的主观故意按照认识因素和意识因素分为直接故意与间接故意。根据通说观点，间接故意不存在未遂形态，而是在客观上要求危害结果的实际发生。即若行为人实施的危害行为未造成危害结果，则不能以此来定罪量刑。因此，直接故意与间接故意的区分直接影响到对于行为人犯罪行为的定性，在量刑方面，直接故意的行为人主观恶性较大。直接故意与间接故意在认识因素上，均要求行为人明知自己的行为会导致危害结果的发生，若行为人认为必然会发生危害结果，而实施危害行为，就算该危害结果实际上为可能发生，因行为人主观上认定必然发生而实施的危害行为，能够证实其具有希望或者追求结果发生的直接故意。直接故意在意志因素上要求行为人积极追求结果的发生，而间接故意则要求持放任态度，即听之任之。

危害行为系主观意志的外化表现，但不同的主观意志也可能外化为相同的行为，因此对于行为的定性需注重分析行为人的主观意志。本案中，争议的焦点问题在于被告人于甲在情绪失控后，使用菜刀将隋某某头部、颈部砍伤的危害行为如何评价，也即被告人于甲主观意志方面对于危害结果的发生是积极追求还是放任态度。现就本案被告人于甲的犯罪行为，结合在案证据进行分析评判。

一、直接故意的认定

直接故意杀人，要求行为人主观上具有非法剥夺他人生命权的故意，应是希望并积极追求危害结果的发生。本案中，从犯罪动机来看，虽被告人于甲之妻与被害人存在不正当男女关系，被告人知晓后并未产生杀人之念，通过在案证据，亦能证实被告人于甲得知此事后的第一反应是想通过对话的方式解决，于甲已决定与于乙离婚，其邀请被害人吃饭的目的是想问清原由，案发前的整个过程，双方情绪稳定，无争吵等过激行为。而且，被告人亦邀请了被害人的妻子吃饭，若被告人于甲预谋杀人，完全没有必要多此一举，作案时多一人在场，不符合常情常理。从作案时机来看，双方系在被告人家中吃饭，共有被告人于甲、妻子于乙、被害人隋某某三人。其间，被告人妻子因事外出二次，这段时间对于甲来说应是行凶的最佳时机，但于甲并未实施犯罪行为。对于犯罪工具的准备，于甲使用的系家用菜刀，虽刀具的杀伤力巨大，但其并非刻意准备足以剥夺他人生命的致命性工具。再者，被告人于甲将被害人砍伤后，被摁倒在地，于甲完全有机会、有能力继续实施犯罪行为。在发现被害人流血后让其妻子于乙止血，亦未阻止于乙拨打急救电话及陪同被害人就医。虽然被告人于甲适用菜刀砍他人头部、颈部的行为严重危及被害人的生命安全，该危害行为具有剥夺他人生命的高度危险性，但对于死亡结果的发生存在不确定性，并非必然会导致他人死亡的危害后果。故被告人不具有积极追求被害人死亡的直接故意。

二、间接故意的认定

间接故意杀人，要求行为人主观上明知自己的行为可能会发生危害他人生命权的结果，仍然继续实施犯罪行为，放任该结果的发生。本案系因感情纠纷引发，被告人于甲与被害人隋某某原系关系较好的朋友关系。被告人于甲至厨房拿取菜刀时，并未在出厨房的第一时间伤害被害人，而是进入卫生间内，于甲在主观上对于持刀行凶的危害后果有所顾忌，担心会造成被害人死亡的危害后果，于甲也并未认识到若拿刀砍被害人是否会必然导致被害人的死亡。被害人隋某某与被告人妻子于乙悄悄说话的行为刺激了被告人于甲，遂导致于甲情绪失控，激愤之下拿刀将被害人砍伤。被告人于甲不顾他人死伤，使用具有高度致害性的工具，不计后果地实施犯罪行为，对于被告人死亡与否的结果听之任之，主观上持放任态度，应认定为间接故意。

从另一个角度来说，在被告人主观意志无法查明的情况下，应按照存疑时有利于被告人的原则，根据现有证据，综合予以认定。

编写人：山东省高青县人民法院　韩超

7

## 对生产、销售有毒、有害食品犯罪中行为人对添加有毒、有害的非食品原料的主观明知推定，应综合行为人的认知能力、食品质量、进销渠道、产品价格等主客观因素进行

——周某等生产、销售有毒、有害食品案

**【案件基本信息】**

1. 裁判书字号

浙江省丽水市中级人民法院（2024）浙 11 刑终 16 号刑事附带民事判决书

2. 案由：生产、销售有毒、有害食品罪

**【基本案情】**

2020 年，被告人周某、安某先后安排周某 1、张某 1、张某 2 以呋塞米（利尿剂）、豆奶粉、香精、糊精、防腐剂等为原料生产制造加强版减肥药。同

时，安某雇佣他人将生产的加强版减肥药包装成“A牌”“B牌”减肥药，并通过微信销售给被告人周某2，周某2又通过各级代理即被告人罗某、施某、金某、杨某等人对外销售。

2020年10月至2022年7月，被告人周某、安某生产、销售减肥药数量共计166040粒，销售金额共计1438700元。经检测，从被告人安某经营的健康管理公司查获并扣押的“A牌压片糖果”（即“A牌”减肥药）“B牌植物果蔬压片糖果”（即“B牌”减肥药）以及从被告人周某2的放货仓库查获并扣押的“B牌植物果蔬压片糖果”均检测出呋塞米成分。

**【案件焦点】**

1. 呋塞米是否为有毒、有害的非食品原料；2. 关于被告人的主观明知如何认定。

**【法院裁判要旨】**

浙江省龙泉市人民法院经审理认为：被告人周某、安某在生产、销售的食品中掺入有毒、有害的非食品原料，情节特别严重，其行为均已构成生产、销售有毒、有害的食品罪；被告人周某2、罗某、施某、金某、杨某销售明知掺有有毒、有害的非食品原料的食品，情节特别严重，其行为均已构成销售有毒、有害的食品罪。据此，以生产、销售有毒、有害食品罪，判处周某有期徒刑十一年，并处罚金人民币230万元；判处安某有期徒刑十年十个月，并处罚金人民币200万元；以销售有毒、有害食品罪，判处周某2有期徒刑十年六个月，并处罚金人民币430万元；判处罗某有期徒刑十年四个月，并处罚金人民币275万元；判处施某有期徒刑十年二个月，并处罚金人民币260万元；判处金某有期徒刑五年二个月，并处罚金人民币20万元；判处杨某有期徒刑八个月，缓刑一年六个月，并处罚金人民币10万元。

一审宣判后，周某、安某、周某2、罗某、施某、金某提出上诉。

浙江省丽水市中级人民法院经审理认为：原判认定事实清楚，证据确实、充分，定罪和适用法律准确，量刑适当。据此，裁定如下：

驳回上诉，维持原判。

【法官后语】

本案的争议焦点在于呋塞米是否为有毒、有害的非食品原料以及被告人的主观明知如何认定。

一、呋塞米为有毒、有害的非食品原料

《中华人民共和国食品安全法》规定，生产经营的食品中不得添加药品。呋塞米为利尿剂，属于不得在生产经营的食品中添加的物质。鉴定意见证实呋塞米可导致电解质紊乱、泌尿系统功能紊乱等毒副作用，长期或者过量摄入，会对服用者的健康和生命安全造成危害，经丽水市市场监督管理局确认，应当认定呋塞米属于有毒、有害非食品原料。

二、被告人的主观明知如何认定

根据《中华人民共和国刑法》第一百四十四条的规定，在生产、销售的食品中掺入有毒、有害的非食品原料或者销售明知掺有有毒、有害的非食品原料的食品的，方才构成本罪。行为人主观上是否明知，是认定本罪的关键。

具体到本案，周某、安某作为生产者，安排他人以呋塞米、豆奶粉、香精、糊精、防腐剂等为原料生产制造减肥药，其主观明知可以直接认定。但周某2、罗某、施某、金某、杨某等人作为下级代理销售人员，其主观上只要明知可能是有毒、有害食品即可，不需要对毒害成分予以明确。而是否达到“明知可能是有毒、有害食品”，应当综合行为人的认知能力、食品质量、进货或者销售的渠道及价格等主、客观因素进行认定。周某2、罗某、施某均是销售减肥产品的经营者，应对减肥保健食品的药理、毒理作用有注意义务，并对是否可能非法添加物质具有审查注意义务。周某2、罗某、施某均知道普通版的减肥药产自广东，有检测合格证，而加强版减肥药产自山东，没有检测合格证，两种产品效果完全不同，但包装、价格却一样，三人作为销售减肥产品的经营者就应意识到加强版减肥药可能非法添加了有毒、有害物质。周某2本人的供述以及其与“某店”、罗某的微信聊天记录能够证实其于2020年10月就知道加强版减肥药添加有不好的成分，但认为利尿剂没有西布曲明（中枢神经抑制剂）严重；罗某本人的供述以及其与周某2、施某的聊天记录能够证实其于2021年1月即明知销售的加强版减肥药添加了有毒、有害成分；施某本人的供述以及其与罗某、其他客户的微信聊天记录能够证实其在2021年6月销售加强版减肥药之前即怀疑该加强版减肥药含有不好的成分，在开始销售加强版减肥药时进行网络推广却不用加强版的，且销售案涉减肥药不久即有客户反映尿多等不良症状，足以证实其在2021年6月就对案涉减肥药添加了有毒、有害成分具有主观认知。

综上，在认定生产、销售有毒、有害食品罪时，要求行为人主观上必须“明知”，包括知道和应当知道，否则就是客观归罪。对行为人主观明知的推定，应综合行为人的认知能力、食品质量、进销渠道、产品价格等主客观因素进行盖然性判断。

编写人：浙江省龙泉市人民法院　周雷雷

8

# 利用网络棋牌APP（手机应用软件）在社交软件群内进行赌博活动的认定

——徐某赌博案

## 【案件基本信息】

1. 裁判书字号

辽宁省阜新市海州区人民法院（2023）辽0902刑初14号刑事判决书

2. 案由：赌博罪

## 【基本案情】

被告人徐某于2020年8月至2021年3月，在其家中利用“某APP”建立群聊，并利用“某APP”开设麻将桌，并将房间号发到“某APP”群聊中，每满四人就可以开始赌博。赌博模式为打麻将，系统有分数来计算输赢。麻将一共四圈，参赌人员将结算分数发到徐某微信或者“某APP”群中。每分代表20元人民币，参赌人员中的输家将所输钱款通过微信转给徐某，徐某再将钱款发给赢家，后由同一桌次中的大赢家将40元桌费转给徐某。徐某在“某APP”开设房间购买房卡共花费4800元，开设房间2080次，徐某通过收取40元桌费共获利83200元，徐某纯获利78400元。

【案件焦点】

徐某利用棋牌类APP在社交软件群内进行赌博活动的行为应如何定性，是应认定开设赌场罪还是认定赌博罪。

【法院裁判要旨】

辽宁省阜新市海州区人民法院经审理认为：被告人徐某以营利为目的，利用手机APP软件为赌博人员开设房间，为参赌人员进行结算并从中获利，其行为已构成赌博罪，应以赌博罪追究其刑事责任。据此，以赌博罪判决：

被告人徐某有期徒刑二年，缓刑二年，并处罚金人民币10000元。上缴的全部违法所得予以没收，上缴国库。用于犯罪使用的手机及平板电脑予以没收。

案件宣判后，判决已生效。

【法官后语】

辽宁省阜新市海州区人民法院经审理认为：本案的争议焦点在于徐某的行为是应认定为开设赌场罪，还是赌博罪。

1. 对“某APP”的定性问题。该软件属于正常棋牌类游戏软件，设立初衷仅供大家娱乐消遣，不具有接受投注、支付结算等功能，不属于赌博性质软件，亦不属于赌博网站。而根据2010年最高人民法院、最高人民检察院、公安部联合印发的《关于办理网络赌博犯罪案件适用法律若干问题的意见》（以下简称《意见》），都只是采用了列举的方式规定了赌博网站的网络赌博形式，并未对网络赌场的具体表现形式进行限制性规定。故被告人徐某利用此款 APP 进行赌博活动并不符合该规定中开设赌场的规定。

2. 为赌博活动设立的社交软件群组所形成的虚拟网络空间是否可以成为赌场的载体。随着信息网络的发展，赌博行为逐渐从线下实体场所发展到线上网络空间，许多人利用微信等社交软件建立群组，群主组织大家在聊天群组中进行下注、竞猜、开奖等行为或者通过往群组中发布网络链接或者游戏 APP 并让群成员按照一定规则进行游戏，并通过其制定的规则进行支付结算，完成赌博行为。无论是 2005 年《最高人民法院、最高人民检察院关于办理赌博刑事案件具体应用法律若干问题的解释》（以下简称《解释》）还是 2010 年最高人民法院、最高人民检察院、公安部联合印发的《意见》，都只是对利用赌博网站进行赌博的行为进行了列举，并未对其他利用网络进行的开设赌场行为进行规定，但是从审判实务的角度出发，现有案件中利用网络虚拟空间的赌博行为不单单依托赌博网站进行，还有更多其他形式存在，所以仅按照《解释》以及《意见》去定义是否属于开设赌场罪，不能顺应时代的发展，更对行为的定性存在偏颇，不能做到罪刑相适应。目前最高人民法院公布的指导性案例中明确了利用微信群组织赌博活动的行为认定为开设赌场，进一步证明了，赌场不仅仅是现实存在的特定物理空间，网络虚拟空间也可以成为赌场的载体。

3. 利用网络群组进行赌博行为，是否均构成开设赌场罪。“网络赌场”与“现实赌场”在本质上并无区别，仅仅是存在的载体不同而已，故“现实赌场”的特性与“网络赌场”是一致的，均以赌博为目的设立，开设赌场的行为人对赌场具有一定的控制性、经营性、管理性。本案中，被告人徐某设立此麻将群从主观目的看是因为其自身喜欢打手机麻将，此前其经常打麻将的群组解散了，随后该群中几个参与打手机麻将的群成员自行组织了新的聊天群组，方便几人继续玩手机麻将，其本人也经常参与群组中的麻将活动，故从其建立聊天群组的主观目的上看，并不是面向不特定人提供专门赌博的空间并“抽头渔利”。从客观行为上看，开设赌场的赌客具有不特定性，该案中，麻将群成员仅十几个人，较少，基本都是互相认识，或者部分是群成员拉进来进行手机麻将活动的，人员组成相对固定且保持稳定，不具有自动吸引性；开设赌场者要对赌场有控制性、经营性和管理性。本案中的手机麻将群建立初期，均是由各群成员自行购买“房卡”进行麻将游戏房间建立，后来大家为了建立房间方便，就统一让其“建房”，每分需要支付的金额也不是其个人制定的，而是延续之前在别的麻将群的规则，大家约定俗成，并没有刻意强调及在群内发布。被告人徐某也并未对外发布该群的相关信息招募他人进行赌博活动，该聊天群组也没有相对规定的组织架构、人员分工及明确制定相关规则，故被告人缺乏对用于赌博活动的聊天群组的控制性、经营性和管理性，不能仅依据被告人有“抽头渔利”的行为就认定其属于开设赌场行为。综上，无论从被告人的主观目的和客观行为均不符合开设赌场罪，而是符合以营利为目的，聚众赌博或者以赌博为业的赌博罪。

编写人：辽宁省阜新市海州区人民法院　李朋芮

9

# 买卖外汇型非法经营犯罪中违法性认识错误的审查与认定

## ——曹某某等非法经营案

**【案件基本信息】**

1. 裁判书字号

福建省厦门市中级人民法院（2023）闽02刑终130号刑事裁定书

2. 案由：非法经营罪

**【基本案情】**

曹某某对外宣称其经营美元兑换人民币业务，邱某某、洪某某等人参与居中介绍获得报酬。2021年3月，曹某某将99张面值100美元的现钞与50叠其购买的美元“样板钞”包装成50捆100美元面值的“样板钞”送至邱某某住处，作为向买家展示的美元“样板钞”。2021年4月，买家李某某经洪某某介绍联系到邱某某，欲购买500万美元现钞。双方在邱某某住处商谈并约定，以美元汇率下浮15%的价格交易（其中3%作为中间人的介绍费），李某某一次性支付35万元人民币作为查看美元现钞的定金，并展示人民币现金视频作为履约保证，三日内现场现金交易，邱某某以家中金属工艺品作为履约保证物。李某某支付部分定金10万元、发送视频后，至邱某某住处欲支付剩余部分定金，并查验500万元美元现钞实物，因发现箱子里放置的50捆美元每捆中只有上下两张是真钞，其余均是“样板钞”，认为邱某某等人实施诈骗，双方发生争执，均报警。民警至现场将邱某某抓获，现场查扣美元真钞99张、美元“样板钞”50叠。案发后，曹某某被公安机关抓获，洪某某接民警电话主动投案。邱某某配偶将李某某预付的人民币10万元定金送至侦查机关。随案移送曹某某、邱某某、洪某某手机各一部及邱某某用以担保交易的金色金属块。

被告人曹某某被公安机关抓获，侦查阶段拒不如实供述，直至审查起诉阶段才如实供述，被告人洪某某主动投案后如实供述，二被告人均认罪认罚。被告人邱某某到案后侦查阶段、审查逮捕阶段均如实供述主要犯罪事实，在审查起诉阶段后，翻供不认罪，辩解其认为该美元交易是合法的，其被曹某某蒙骗误以为美元有合法来源、本案货币交易双方均具有合法手续，没有犯非法经营罪的主观故意。

## 【案件焦点】

买卖外汇型非法经营犯罪中，应当如何审查与认定犯罪行为人是否具有违法性认识错误，以及违法性认识错误是否影响非法经营罪的成立。

## 【法院裁判要旨】

福建省厦门市海沧区人民法院经审理认为：买卖外汇型非法经营罪属于行政犯，即行为具有行政违法性，行为严重程度达到犯罪时需要承担刑事责任。因行政法规规定的公开性，主观认识不足或认识错误并不影响本罪的构成。因此，被告人邱某某以其相信交易双方均具有合法手续无法对抗本案犯罪要件的构成。而本案的发生无论从交易主体、交易场所和交易形式，均无法得出交易具有合法性的结论，被告人邱某某抗辩的本案交易具有合法性亦不能成立。被告人曹某某、邱某某、洪某某三人违反国家规定，实施倒买倒卖外汇的非法买卖外汇行为，扰乱金融市场秩序，折合人民币数额达3282.45万元，其行为已构成非法经营罪，属情节特别严重。本案中，被告人已经着手实行犯罪因意志以外的原因而未得逞，系犯罪未遂，依法比照既遂犯减轻处罚。本案系共同犯罪，被告人曹某某对接美元卖家并借助邱某某、洪某某寻找美元买家，允诺一定报酬，发送交易流程、收取定金等，系交易的背后主导者，系主犯。被告人邱某某作为居间介绍人，负责提供场所与买家进行对接、提供“样板钞”展示，收取定金；被告人洪某某作为介绍人，将买家带至邱某某处并负责双方的对接；二人积极提供实质性帮助，系从犯，依法减轻处罚。被告人洪某某系自首，依法可以从轻处罚。被告人曹某某、洪某某认罪认罚，可以从宽处理。据此，判决如下：

一、被告人曹某某犯非法经营罪，判处有期徒刑二年，并处罚金人民币6万元；

二、被告人邱某某犯非法经营罪，判处有期徒刑一年十一个月，并处罚金人民币5万元；

三、被告人洪某某犯非法经营罪，判处有期徒刑一年，缓刑一年六个月，并处罚金人民币4万元；

四、扣押在案的99张美元真钞及10万元人民币、其余美元样本钞、手机两部，依法予以没收；金色金属块一块发还邱某某、手机一部发还给曹某某。

一审宣判后，邱某某提出上诉。

福建省厦门市中级人民法院经审理认为：上诉人邱某某、原审被告人曹某某、洪某某违反国家规定，实施倒买倒卖外汇的非法买卖外汇行为，扰乱金融市场秩序，折合人民币数额达3282.45万元，情节特别严重，其行为已构成非法经营罪。本案中，上诉人邱某某与原审被告人曹某某、洪某某已经着手实行犯罪因意志以外的原因而未得逞，系犯罪未遂，依法比照既遂犯减轻处罚。本案系共同犯罪，其中，被告人曹某某系主犯，应当按照其所参与的或者组织、指挥的全部犯罪处罚。上诉人邱某某、原审被告人洪某某系从犯，依法予以减轻处罚。原审被告人洪某某系自首，依法予以从轻处罚。原判定罪准确，量刑适当，审判程序合法。据此，依照《中华人民共和国刑事诉讼法》第二百三十六条第一款第一项的规定，裁定如下：

驳回上诉，维持原判。

【法官后语】

非法经营罪是典型的行政犯，以违反国家行政法规中确定的禁止性规定为前提，行为程度达到情节严重构成犯罪的，对违法行为人依法追究刑事责任。因刑法规定的空白罪状、行政法的庞大复杂等原因，在非法经营犯罪中，行为人以其对相关行为的违法性认识不足、认识错误为抗辩的情况常见。具体到本案，被告人邱某某作为外汇交易的居间方，以其认为外汇交易双方具有合法手续、交易合法，其主观上无非法经营的犯罪故意为由提出无罪抗辩。针对此，本案从以下思路进行分析评判：

一是如何认定行为人是否存在违法性认识错误。行为人是否知道案涉交易不具有合法性，可以参考交易主体、场所、形式等综合判断。从交易主体上看，根据《中华人民共和国外汇管理条例》的规定，个人从事外汇买卖等交易应当通过依法取得相应业务资格的境内金融机构办理。居间人邱某某称其受诱骗认为案涉交易卖方曹某某系国家工作人员、买卖的美元系合法的国家储备钞，但曹某某提供的交易流程中无任何机构公章、用语亦不规范，案涉交易未公开宣传，而是经特定人居间形成，形式上遮遮掩掩。从交易场所上看，案涉交易商谈地点系在居间人邱某某家中，邱某某还另行提供私人物品向买方担保其有兑付美元的能力，而非直接向买方出具相关合法证明。从交易形式上看，本案外汇交易价格的确定系由买卖双方协商后达成的，交易价格与当日市场化汇率有较大差距，超出外汇正常浮动范围，且通过现金兑付如此大标的额交易，明显系逃避银行监管。以上特征均可体现出买方并不具有合法兑换美元的资质、案涉交易不具有合法性，居间人在此中积极促成、帮助交易，且收取高额介绍费，其抗辩相信本案交易具有合法性不予采信。

二是违法性认识错误是否影响行政犯的成立。若行为人确有违法性认识错误，且该违法性认识错误不可避免、无法克服，根据罪刑罚相适应原则及宽严相济刑事政策，应对其从轻、减轻甚至免除刑事处罚。基于行政法规的公开性，我们在认定时应更为审慎，重点审查对应行政法规的时效性、地域性、强制性、专业性等特征及行为人的认知能力。以本案外汇交易为例，我国对外汇实行强制管理制度，任何组织、个人在我国境内从事外汇买卖业务，都应当获得国家外汇管理部门的许可、取得相应业务资格，并在指定的场所进行交易。《中华人民共和国外汇管理条例》第四十五条规定，私自买卖外汇、变相买卖外汇，倒买倒卖外汇或者非法介绍买卖外汇数额较大，构成犯罪的，依法追究刑事责任。《全国人民代表大会常务委员会关于惩治骗购外汇、逃汇和非法买卖外汇犯罪的决定》第四条第一款规定，在国家规定的交易场所以外非法买卖外汇，扰乱市场秩序，情节严重的，以非法经营罪定罪处罚。以上法律法规能够体现出我国对私自交易外汇等行为明确禁止，且该国家政策具有长期性、普遍约束性特点，系一般公众能够认识、应当认识的。故行为人的违法性认识错误并不影响买卖外汇型非法经营罪的成立。

**编写人：福建省厦门市海沧区人民法院　芦絮　苏容**

10

# 合同诈骗中行为人非法占有目的之司法认定

## ——曾某合同诈骗案

### 【案件基本信息】

1. 裁判书字号

福建省厦门市中级人民法院（2023）闽02刑终445号刑事裁定书

2. 案由：合同诈骗罪

### 【基本案情】

2021年12月，被告人曾某在身负高额债务且缺乏履约能力的情况下，以非法占有为目的，通过房产中介周某等人与被害人钟某达成购房协议，约定以人民币439万元的总价购买被害人钟某位于某小区××号××室的房产。为顺利签订房产买卖协议，被告人曾某对被害人钟某隐瞒个人征信不良情况、谎称有亲戚任职某银行某支行行长可以帮助快速办理银行贷款。被告人曾某在支付10万元定金和40万元首付款后，谎称余款待向银行贷款后付清，骗取被害人钟某办理过户手续，将涉案房产过户至被告人曾某名下。2021年12月16日，被告人曾某继续以任职某银行某支行行长的亲戚已办妥贷款手续，无须钟某共同前往银行为由，骗取房产证取件单并领走房产证，并于同年12月24日将涉案房产典当抵押给典当公司借款人民币280万元。被告人曾某将房产典当抵押后，仍对被害人钟某谎称在办理银行贷款，也并未将借款用于支付购房尾款，而是用于偿还个人债务和开支等其他用途。

2021年12月29日，被害人钟某和被告人曾某达成调解协议，钟某向海沧区人民法院申请确认调解协议的效力，福建省厦门市海沧区人民法院于2022年

1 月 4 日出具民事裁定书，确认双方达成的调解协议有效。因被告人曾某未按期还款，被害人钟某于 2022 年 1 月 10 日向福建省厦门市海沧区人民法院申请强制执行。2022 年 4 月 22 日，因被告人曾某未归还典当公司借款，该公司向福建省厦门市海沧区人民法院申请强制执行，要求拍卖上述某小区××号××室房产。2022 年 6 月 27 日，福建省厦门市海沧区人民法院依法拍卖上述房产，成交价为人民币 3747723.2 元，被害人钟某分配到人民币 485561.7 元。至案发，被害人钟某尚有售房款人民币 3404438.3 元未能收回。

2022 年 8 月 31 日，被告人曾某在某小区××室被公安机关抓获。

**【案件焦点】**

被告人曾某的行为是否构成合同诈骗罪。

**【法院裁判要旨】**

福建省厦门市海沧区人民法院经审理认为：被告人曾某的行为构成合同诈骗罪，具体理由在于：第一，被告人曾某在签订购房合同时不具备履约能力。被告人曾某在案发前已背负高额债务，且其个人征信记录不良无法从银行贷款；被告人曾某名下没有资产，缺乏稳定收入来源，其购房所需的定金及首付款系向他人借款，不具有购买涉案房产并履行房产买卖协议的能力。第二，被告人曾某在签订、履行购房合同过程中虚构事实、隐瞒真相。被告人曾某明知其个人征信不良，为骗取被害人信任从而签订购房合同，向被害人和中介提供未显示信用卡逾期的虚假个人征信报告，故意隐瞒其征信不良的情况；被告人曾某虚构有亲戚在银行任职行长可帮忙快速办理银行贷款，使被害人相信其有能力尽快支付剩余购房款；被告人曾某支付定金和首付款，部分履行购房合同义务，并以向银行办理抵押贷款为由骗取房产证；被告人曾某取得房产证后并未办理银行贷款，而是将房产抵押典当用于借款，并对被害人隐瞒抵押典当的事实。第三，被告人曾某没有履行支付剩余购房款的行为。被告人曾某通过典当抵押所借钱款并未用于支付剩余购房款，反而将钱款全部转移，用于个人还款和消费等，其主观上不具有履约意愿，客观上未实施履约行为，恶意挥霍钱款，给被害人造成巨大经济损失。截至案发，被害人钟某尚有售房款人民币3404438.3元未能收回。综上，在案证据足以证明被告人曾某具有非法占有的目的，在签订、履行购房合同过程中，没有实际履行能力，以部分履行合同的方法，诱骗对方当事人继续签订和履行合同，骗取被害人钟某财物，数额共计人民币3404438.3元，其行为符合《中华人民共和国刑法》第二百二十四条第三项“没有实际履行能力，以先履行小额合同或者部分履行合同的方法，诱骗对方当事人继续签订和履行合同的”之规定，构成合同诈骗罪。

法院认为，被告人曾某以非法占有为目的，在签订、履行合同过程中，骗取对方当事人财物共计人民币3404438.3元，其行为已构成合同诈骗罪，数额特别巨大。被告人曾某以非法占有为目的，虚构事实、隐瞒真相骗取他人钱款共计人民币260900元，其行为已构成诈骗罪，数额巨大。公诉机关指控的罪名均成立。被告人曾某一人犯二罪，应当数罪并罚。被告人曾某对指控的诈骗罪认罪认罚，依法可从宽处罚。被害人钟某的经济损失已由生效民事裁定确定曾某的偿还义务，本案不再责令退赔。据此，依照《中华人民共和国刑法》第二百二十四条、第二百六十六条、第六十九条、第六十四条及《中华人民共和国刑事诉讼法》第十五条之规定，判决如下：

一、被告人曾某犯合同诈骗罪，判处有期徒刑十二年，并处罚金人民币20万元；犯诈骗罪，判处有期徒刑四年，并处罚金人民币3万元；数罪并罚，决定合并执行有期徒刑13年，并处罚金人民币23万元；

二、扣押在案的作案工具手机一部，依法予以没收；

三、责令被告人曾某退赔被害人郑某某经济损失人民币260900元。

一审宣判后，曾某提出上诉。

福建省厦门市中级人民法院同意一审法院裁判意见，并依照《中华人民共和国刑事诉讼法》第二百三十六条第一款第一项之规定，裁定：

驳回上诉，维持原判。

## 【法官后语】

本案裁判的难点在于如何认定被告人曾某行为的性质。一方面，从行为的形式上看，被告人曾某与被害人钟某之间有签订房产买卖合同，并向被害人支付了首付款和定金；另一方面，从行为的结果上看，被告人曾某未支付剩余购房款，给被害人造成了经济损失。那么，被告人曾某的行为究竟是无法支付剩余购房款的合同违约行为，还是合同诈骗行为？

区分合同诈骗行为与合同违约行为的关键在于判断行为人是否具有非法占有之目的。

尽管“非法占有目的”属于行为人的主观心理状态，但它必然通过一系列外化的客观行为表现出来，我们可以根据其客观行为表现以及行为效果推定行为人的主观心理态度。笔者认为，诈骗犯罪非法占有目的之认定，必须以行为人实施的客观行为活动为基础事实，综合考虑行为人事前、事中以及事后的各种主客观因素进行整体判断，只有从行为人的诈骗技术过程、各个行为环节着手，综合所有事实，经过周密的论证，排除其他可能，才能得出正确结论。

根据合同诈骗犯罪的特点，在司法认定非法占有目的的过程中，须综合考虑、审查分析以下几个要素：(1) 行为人有无履约能力；(2) 行为人有无采取诈骗的行为手段；(3) 行为人有无履行合同的实际行动；(4) 行为人对财物的主要处置形式。具体而言：

第一，审查行为人在签订合同时有无履约能力。当事人是否具备履约能力，直接关系到合同能否得到全面有效的履行，从而实现合同的目的。因此，当事人在签订合同时应当具备履约能力。在房产交易中，对买方而言，其履约能力就是具备相应的购房资格且能够按照约定的方式和时间足额支付购房款。具体到本案，被告人曾某作为房产交易中的买方，其应当具备依照合同约定支付全部购房款的能力。

本案中，判断被告人曾某是否具备履约能力，主要从以下几个方面来审查：一是审查财产状况，在案证据显示被告人曾某在签订合同时已背负高额债务，其名下没有资产，且缺乏稳定收入来源；二是审查购房首付款来源，曾某购房所支付的定金及首付款全部系借款而来；三是审查贷款还款能力，曾某个人征信记录不良无法按照约定从银行贷款支付剩余购房款，其签订合同时向被害人出具的征信记录报告系其伪造的。据此认定被告人曾某不具备履约能力。

第二，审查行为人有无诈骗行为。主要审查行为人在签订和履行合同过程中有无实施虚构事实、隐瞒真相的行为，这是判断行为人内心非法占有目的的客观标准。

本案中，被告人曾某实施了多个诈骗行为，具体而言：一是签订合同时，向被害人出具伪造的个人征信报告，故意隐瞒其征信不良的情况；二是签订与履行合同过程中，虚构其有亲属在银行任职行长可帮其快速办理银行贷款；三是履行合同过程中，明知不可办理银行贷款仍以向银行办理抵押贷款为由骗取房产证；四是对被害人隐瞒其私自将房产抵押典当的事实。

第三，行为人在签订合同后有无履行合同的实际行为。没有实际履行能力，以先履行小额合同或者部分履行合同的方法，诱骗对方当事人继续签订和履行合同，这是通常讲的“钓鱼式合同”，是合同诈骗中常见的情形。

本案中，涉案房产价值 300 多万元，而被告人曾某仅支付了购房定金与首付款 40 万元，其以部分履行合同的方式骗取被害人的信任，诱骗被害人将房产证取件单交给其。其取得房产证后，并未按照其所称的向银行办理按揭贷款，也未积极创造条件履行支付剩余购房款义务。被告人曾某没有履行合同的实际行动。

第四，行为人对取得财物的处置情况，是否有挥霍挪用及携款潜逃等行为。被告人曾某取得房产证后，即通过典当抵押方式将涉案房产抵押给典当公司用于借款，所得 280 万元借款并未用于支付剩余购房款，反而在次日即将钱款全部转移，用于个人还款和消费等，恶意挥霍钱款，给被害人造成巨大经济损失。

综上，本案结合被告人的履约能力、诈骗行为、实际履行合同行为、财物处置方式等主客观因素，综合认定被告人具有非法占有目的，从而认定其行为构成合同诈骗罪。

编写人：福建省厦门市海沧区人民法院　尤泽明　尹志泉

11

# 诈骗罪与合同诈骗罪的区分

## ——刘某某合同诈骗案

**【案件基本信息】**

1. 裁判书字号

广西壮族自治区贵港市中级人民法院（2023）桂08刑终138号刑事判决书

2. 案由：合同诈骗罪

**【基本案情】**

2015年3月18日，某区政府与某1公司签订《投资合作框架协议书》，被告人刘某某作为某1公司的法定代表人在该协议书上签名，某1公司计划在某区投资建设《某现代家居·木业产业园》项目，但因该项目选址的土地是不能建设的土地，该项目至今未进行相关立项、审批、报建等手续。

2015年6月26日，某区政府与某2公司、某3公司签订《某家具木业现代产业园项目协议书》，刘某某作为某2公司的法定代表人在该协议书上签名，约定由某2公司、某3公司租赁位于某镇的约96亩工业用地作为《某家居木业现代产业园单板加工基地》项目用地，该项目总投资1.5亿元，并于同年10月22日在某区发展和改革局备案某2公司《关于年产150万立方米桉树单板加工基地建设》项目，该项目备案有效期为两年。至今，该项目也未进行相关立项、审批、报建等手续。

2019年12月25日，某有限公司、某1公司、某3公司共同成立某4公司，刘某某为某4公司的法定代表人。此后，刘某某在明知苏湾木业产业项目还没有进行相关土地变更、立项、审批、报建等手续的情况下，虚构项目相关手续已完备，具备开工条件的事实，以某1公司、某4公司的名义与多家公司签订建设工程施工承包合同或监理合同，以缴纳诚意金、保证金就可以进场施工为由，先后骗取河北某公司、广东某公司、四川某公司、广西某公司、遂川县某公司、广西金路某公司等六家公司的工程项目诚意金、保证金共计人民币1179.1199万元，用于退还之前收取的其他公司的诚意金以及公司的日常运作和个人开支等。后经上述六家公司追讨，刘某某在案发前已退还广东某公司、四川某公司、遂川县某公司诚意金等共计人民币46万元，目前仍有1133.1199万元未退还。2022年6月1日，刘某某经通知后自行到案，并如实供其在本案的全部罪行。

【案件焦点】

以虚构的工程项目为诱饵，从而与对方签订承建合同骗取钱财的行为应认定诈骗罪还是合同诈骗罪，两罪究竟如何区分。

【法院裁判要旨】

广西壮族自治区贵港市港北区人民法院经审理认为：被告人刘某某在实质上没有开展与合同中约定的建设项目有关的经营活动，也没有履行合同能力或者没有履行合同意愿，只是通过签订合同方式取得六家公司的信任，以此骗取六家公司的诚意金、保证金。刘某某以非法占有为目的，虚构承建工程项目，及虚构项目已经具备开工条件，将项目建设工程发包承建为由签订合同，骗取他人数额特别巨大的财物，其行为不符合合同诈骗罪的构成要件，而符合诈骗罪的构成要件，应当认定为诈骗罪。刘某某自行到案并如实供述，是自首，且当庭认罪认罚，依法可以从轻处罚及从宽处理。据此，以诈骗罪判处被告人刘某某有期徒刑十四年，并处罚金人民币30万元；责令被告人刘某某退赔被害人1133.1199万元。

一审宣判后，刘某某提出上诉。

广西壮族自治区贵港市中级人民法院经审理认为：上诉人刘某某以非法占有为目的，在签订、履行合同过程中，隐瞒其不具备履行合同的事实，骗取对方当事人数额特别巨大财物，其行为构成合同诈骗罪。原判定性不当，依法予以纠正。一审认定事实清楚，证据确实充分，原判虽定性错误，但所作出的量刑适当。据此，判决如下：

一、维持贵港市港南区人民法院（2023）桂0803刑初2号刑事判决第二项中责令退赔被害人经济损失部分；

二、撤销贵港市港南区人民法院（2023）桂0803刑初2号刑事判决第一项对原审被告人刘某某的定罪、量刑部分；

三、上诉人（原审被告人）刘某某犯合同诈骗罪，判处有期徒刑十四年，并处罚金人民币30万元。

【法官后语】

本案被告人刘某某虚构工程项目，以签订承包合同或监理合同为名，骗取他人财物的行为构成犯罪，这一点是没有疑义的。但对其行为应定为诈骗罪还是合同诈骗罪，法院在对案件的定性上产生了分歧意见：一种意见认为，刘某某没有开展与合同有关的经营活动，也没有履行合同能力或意愿，只是通过签订合同方式骗取他人财产，其行为构成诈骗罪；另一种意见认为，刘某某利用合同这一合法形式，虚构工程项目，在签订、履行合同过程中骗取他人财产，应以合同诈骗罪论处。笔者认为，刘某某的行为应该认定为合同诈骗罪。具体分析如下：

一、诈骗罪与合同诈骗罪侵害客体的区分

根据《中华人民共和国刑法》第二百六十六条与第二百二十四条规定之对比可见，合同诈骗罪相对于诈骗罪而言，是诈骗罪的一种特殊形态，二者在理论上属于法条竞合，因此在犯罪构成上有许多相似，但诈骗罪和合同诈骗罪仍也是有所区别的，应结合两者侵害的客体具体理解和把握。诈骗罪侵害的客体是单一客体，即国家、集体、个人合法的财产所有权。而合同诈骗罪规定于《中华人民共和国刑法》分则第三章破坏社会主义市场经济秩序罪第八节“扰乱市场秩序罪”中，该罪不仅侵犯他人财产所有权，而且侵犯国家合同管理制度，破坏了社会主义市场经济秩序，故合同诈骗罪侵害的主要客体是市场交易秩序。

二、对合同诈骗罪中的“合同”界定

合同诈骗罪是一种利用合同进行诈骗的犯罪，诈骗行为发生在合同的签订、履行过程中，诈骗行为伴随着合同的签订、履行是此罪区别于诈骗罪的一个主要客观特征。合同诈骗罪以签订、履行合同或不履行合同为手段骗取财物，而诈骗罪则是采取任何手段骗取财物，但并非任何利用合同进行诈骗的行为都构成合同诈骗罪。合同诈骗罪中的“合同”，必须存在于合同诈骗罪所保护的客体范围内，能够体现一定的市场秩序，与市场秩序无关以及主要不受市场调整的各种“合同”“协议”，通常情况下不应视为合同诈骗罪中的“合同”，否则便与刑法的立法宗旨不符。根据《中华人民共和国民法典》和《中华人民共和国刑法》的规定，合同诈骗罪中的“合同”是指在市场经济领域内，人们借以发挥关系的，签订与履行活动均受市场秩序制约的合同。

三、对“非法占有目的”的理解

对于合同诈骗罪的行为人而言，签订合同的着眼点不在合同本身的履行，而在对合同标的物或保证金的非法占有。判断行为人的行为是否构成合同诈骗罪，认定有无非法占有目的也是关键。如何在司法实际中判断行为人的主观目的，应当根据《中华人民共和国刑法》第二百二十四条所规定的具体行为认定，即：（1）以虚构的单位或者冒用他人名义签订合同的；（2）以伪造、变造、作废的票据或者其他虚假的产权证明作担保的；（3）没有实际履行能力，以先履行小额合同或者部分履行合同的方法，诱骗对方当事人继续签订和履行合同的；（4）收受对方当事人给付的货物、货款、预付款或者担保财产后逃匿的；（5）以其他方法骗取对方当事人财物的。

四、“签订、履行合同”的判断

依照《中华人民共和国刑法》第二百二十四条的规定，合同诈骗罪发生在“签订、履行合同过程中”，而诈骗罪的成立则没有这一要求。但是在诈骗罪中，行为人为了使对方陷入认识错误，也可能通过合同的形式来实施诈骗。因此，诈骗罪中也可能存在合同。对这种情形的认定，主要应当考察该合同是否属于经济往来活动中的合同，行为人骗取对方财物主要是通过合同实施，还是仅仅将签订合同作为实施犯罪的一种具体手段。如果行为人与对方签订了合同，但行为人获得财物并不是利用合同实施欺骗的结果，而是通过虚构其他事实或者隐瞒其他真相而获得的，在这种情况下，即使在犯罪过程中存在合同，也应当认定为诈骗罪。此外，对于合同诈骗罪的行为人而言，签订、履行合同的目的不在于合同的成立生效和本身的履行，而是对合同标的物或保证金等与签订、履行合同有关的财物的非法占有，而被害人也正是由于受骗陷入错误认识而“自愿”为了保证合同订立生效或按照合同的约定向诈骗人交付与合同内容相关的财物。如果行为人在与他人签订或履行合同的过程中，以其他与合同无关的事由为借口，骗取他人钱财的，则不是合同诈骗。

根据对合同诈骗罪犯罪构成要件综合分析，在本案中，一方面，刘某某作为某1公司、某4公司法定代表人，以虚构工程项目为噱头，通过网上招投标后，诱骗其他公司与之签订建设工程施工承包合同或监理合同，其他公司因签订的合同而事先支付诚意金或保证金。至此，双方建立合作关系。而双方签订的施工承包合同或监理合同，属于合同诈骗罪中的“合同”界定范围内。另一方面，刘某某及某1公司、某4公司均没有就《某现代家居 · 木业产业园》《关于年产150万立方米桉树单板加工基地建设》项目向相关职能部门申请立项、规划、审批、报建、施工许可等手续，该两个项目根本不具备开工建设的条件。在完全没有履行合同的能力情况下，刘某某仍然以某1公司、某4公司的名义分别与其他公司签订合同，而刘某某非法获取的被害公司钱财是来源于合同的诚意金或保证金，其骗取钱财的行为是伴随合同的签订、履行，其非法侵占的财物也是合同的标的物或其他与合同相关的财物。可见，本案签订、履行合同的过程中，自始至终存在虚构事实、隐瞒真相和实际履约不能。另外，本案证据显示，刘某某以法定代表人的身份与被害公司签订合同骗取财产后，刘某某并没有将所得意向金用于工程项目的筹备、推进、经营，而是用于部分退还之前收取的其他公司的意向金以及公司的日常运作和个人开支。为此，刘某某当时在既不具备合同履行能力的情况下，仍然未采取创造条件等积极履行行为反而消极推脱或者逃避履行义务，并将通过合同骗取的财产挪作他用，证实刘某某签订合同是为了获取对方当事人的财物，具有非法占有之目的。被害公司因与刘某某签订合同而遭受财产损失 1133.1199 万元，同时也侵犯了财产所有权和市场交易秩序，符合合同诈骗罪关于犯罪客体的要求。由此，综合全案事实，本案中刘某某以非法占有为目的，虚构工程项目，利用与他人签订施工合同或监理合同的手段，骗取他人财产，因其是在签订、履行合同过程中骗取对方财物的，其行为完全符合合同诈骗罪的特征，应当以合同诈骗罪处罚。

编写人：广西壮族自治区贵港市中级人民法院　郑雪霞

12

# 知假购买是否构成生产、销售伪劣产品罪

## ——石油公司等生产、销售伪劣产品，虚开增值税专用发票案

### 【案件基本信息】

1. 裁判书字号

福建省厦门市中级人民法院（2023）闽 02 刑终 302 号刑事裁定书

2. 案由：生产、销售伪劣产品罪，虚开增值税专用发票罪

### 【基本案情】

1. 生产、销售伪劣产品部分

被告人黄某甲系被告单位石油公司、工贸公司、运输公司的实际控制人。2020 年 11 月至 2021 年 5 月，石油公司伙同工贸公司、运输公司，为谋取非法利益，以石油公司为经营主体，批量向多家油库公司分别购买轻质循环油及航空煤油，由运输公司组织车辆将所采购的轻质循环油及航空煤油运至工贸公司厂区内存放。而后，在该厂区内将上述两种油品调和、着色，再以石油公司的名义并由运输公司组织车辆将在厂区已调和、着色的货值 70117975.23 元的油

品销售并运送给下游客户。2021 年 5 月 10 日，公安机关在工贸公司厂区查获共计 194.16 吨、货值共计 945559.2 元的油品，并在下游客户陈某甲等经营的黑加油点查获部分已销售的油品。经检验，在上述地点查获的油品均为不合格车用柴油。黄某甲负责整个生产、销售非标柴油的决策、实施；黄某乙系石油公司业务员，负责销售非标柴油；王某某系工贸公司员工，负责调油；吴某某系石油公司的挂名法定代表人、工贸公司车队队长，负责车队管理、调度油品进货。

2. 虚开增值税专用发票部分

工程公司（已另案判决）于 2020 年 10 月、2021 年 2 月先后二次通过施某某联系石油公司，在无实际货物交易的情况下，由石油公司虚开 51 份税额 655752.42 元及 82 份税额 1035398.18 元的增值税专用发票。后工程公司用上述发票抵扣税款 1691150.6 元。黄某甲作为石油公司的实际控制人，授意黄某丙等人具体实施虚开增值税专用发票行为；施某某系介绍人，负责联络开票事宜；黄某丙系石油公司财务主管，负责联系施某某，并根据黄某甲指示，授意黄某丁、钟某某制作合同、回流资金等；黄某丁系石油公司财务，负责确认收款和回流资金；钟某某系石油公司财务，负责制作购销合同和通知其他人员开票。石油公司赚取发票金额（含税）的 3%。

**【案件焦点】**

部分购买者“知假”购买的情况下，被告单位、被告人是否构成冒充、欺骗，继而成立生产、销售伪劣产品罪。

**【法院裁判要旨】**

福建省厦门市海沧区人民法院经审理认为：石油公司、工贸公司、运输公司明知系不合格产品仍冒充合格产品予以生产、销售，销售金额共计人民币 70117975.23 元、未销售货值共计人民币 945559.2 元，其行为均已构成生产、销售伪劣产品罪。黄某甲、黄某乙、王某某、吴某某作为直接负责的主管人员和其他直接责任人员，其行为亦均构成生产、销售伪劣产品罪。其中，黄某甲、王某某、吴某某生产、销售金额均为人民币 70117975.23 元，未销售货值均为人民币 945559.2 元；黄某乙销售金额为人民币 30981558.73 元。被告单位石油公司在没有实际油品交易的情况下，明知他人用于抵扣税款，仍为他人虚开增值税专用发票，其行为已构成虚开增值税专用发票罪，属数额较大。黄某甲、黄某丙、黄某丁、钟某某作为直接负责的主管人员和其他直接责任人员，其行为亦均构成虚开增值税专用发票罪。施某某作为虚开增值税发票行为的联络介绍人，其行为亦构成虚开增值税专用发票罪。

福建省厦门市海沧区人民法院依照《中华人民共和国刑法》第一百四十条、第一百五十条、第二百零五条、第二十三条、第二十五条、第二十六条、第二十七条、第六十七条、第六十八条、第六十九条、第七十二条、第七十三条、第六十四条及《中华人民共和国刑事诉讼法》第十五条之规定，判决如下：

被告单位石油公司犯生产、销售伪劣产品罪以及虚开增值税专用发票罪，数罪并罚，决定执行罚金人民币 1015 万元。被告单位工贸公司、运输公司犯生产、销售伪劣产品罪，分别判处罚金人民币 1000 万元。被告人黄某甲犯生产、销售伪劣产品罪、虚开增值税专用发票罪，决定执行有期徒刑十六年，并处罚金人民币 300 万元。被告人黄某乙、王某某、吴某某犯生产、销售伪劣产品罪，判处有期徒刑八年至七年，并处罚金。被告人施某某犯虚开增值税专用发票罪，判处有期徒刑一年六个月，适用缓刑，并处罚金。被告人黄某丙、黄某丁、钟某某分别判处有期徒刑一年八个月至十个月不等，并适用缓刑。

一审宣判后，被告单位石油公司、工贸公司、运输公司，被告人黄某甲、黄某乙、王某某、吴某某提出上诉。

福建省厦门市中级人民法院同意一审法院裁判意见，裁定：

驳回上诉，维持原判。

## 【法官后语】

本案的主要问题，部分购买者“知假”购买的情况下，被告单位、被告人是否构成冒充、欺骗，继而成立生产、销售伪劣产品罪。对该问题的分析，应从如下几方面分析。

一、知假对象识别：是否为最终消费者

生产、销售伪劣产品罪侵犯的客体是消费者的合法权益及产品质量管理制度。故是否存在冒充、欺骗行为的对象应是消费者。《中华人民共和国消费者权益保护法》第二条实质上明确了消费者的范围，即消费者为生活消费需要购买、使用商品或者接受服务。除自然人外，法人或者是非法人组织都可以成为消费者。与消费者相对的经营者，是指为消费者提供其生产、销售的商品或者提供服务的群体，即生产者和销售者。从法律的角度而言，消费者的最终目的是满足生活需要。因此，基于生产、销售伪劣产品罪保护的法益的特殊性，知假的对象只能是消费者。

二、知假程度辨析：是否具有明确认知

“知假买假”是一个新的法律概念，是指消费者在明知即将购买和使用的商品是假货的情况，仍然购买、使用商品和接受服务的行为。在民事法律领域，“知假买假”一般只在“生活消费”范围内支持惩罚性赔偿，而超出部分会被认定为牟利目的，不受支持。具体到“以不合格产品冒充合格产品”情形，应明知即将购买的产品是不合格产品，《中华人民共和国产品质量法》第二十六条第二款对产品质量进行了明确：(1) 不存在危及人身、财产安全的不合理的危险，有保障人体健康和人身、财产安全的国家标准、行业标准的，应当符合该标准；(2) 具备产品应当具备的使用性能，但是，对产品存在使用性能的瑕疵作出说明的除外；(3) 符合在产品或者其包装上注明采用的产品标准，符合以产品说明、实物样品等方式表明的质量状况。从规范角度说，只要不符合以上任一标准，即属于不合格产品，但从常理角度而言，普通消费者通常不具备相应的专业知识能准确识别或判断，产品是否应当符合特定标准，或无从获知各类产品的标准从而进行比对。因此，判断是否“明知”是不合格产品的程度，应从正常理性人的角度出发，产品是用于日常生活消费，产品至少应该具备两大特征：一是产品有用，具有相应使用性能；二是产品安全，不能产生于己有害的危险或影响。如果消费者明确知道产品无用或是不安全，即可以认定其系“明知”产品不合格。

三、本案具体适用：是否构成冒充

本案油品的直接销售对象存在二类情况：第一类系油商、黑加油点等，其购买油品后，以柴油名义卖给用于车辆使用人。第二类的直接销售对象是涉案油品的直接消费者。

（一）黑加油点等“知假”购买行为能否认定为冒充

黑加油点等从实质上来说并非消费者，是中间流转环节的销售者，不是最终消费者。消费者并没有直接与本案被告单位、被告人进行直接接触，但被告单位、被告人将调和油品添加色，使油品接近柴油颜色的主观目的就是当柴油进行销售，因为添加色粉并不能改变油品的使用性能，纯粹就是为了包装成柴油的外观以便销售，被告人关于“我这个油品人家买去都是当国六在卖的”的微信聊天记录也证明被告人主观上明知这些油品被买过去是去当国六柴油在卖给车辆使用，被告人同时向黑加油点客户积极推销油品并达到增加其生产的伪劣产品销量的目的。因此，通过黑加油点等中间商进行销售，只是被告人为拓展销量的一种手段和方法，是为了找更多的消费群体，黑加油点找地越多，卖出去的油品就越多，受欺骗的消费者就越多，社会危害性就越大。被告单位、被告人的行为，实质上仍是欺骗最终消费者。

（二）部分消费者“知假”购买行为能否认定为冒充

在案证据显示，自用的这部分消费者在购买时，更关注油品的使用性能，因油是用在自己的车辆等设备，虽然该部分购买者出于节约成本考虑，但从常理而言，该部分消费者不至于会因为节约成本而置车辆受损的风险于不顾。部分消费者在购买油品时，被告人即使有告知其是“库油”“轻循环油”，但在消费者咨询油品能否给车辆使用时，被告人告知其性能跟柴油一样，可以给车辆使用，很多都是被买回去当国六再卖给车辆使用。显然这部分消费者也是在受骗情况下而购买。故即使被告单位、被告人在销售时明确告知部分客户是“库油”“轻循环油”的情形，但也不能掩盖其以不合格产品冒充合格产品，欺骗消费者的实质。

成品油是关系国计民生的基础性和战略性资源，成品油经营事关经济增长、安全环保等。在案证据足以认定被告单位及被告人明知勾兑的油品不合格，却仍然冒充柴油生产、销售的犯罪事实，部分中间销售商虽明知涉案油品不合格，但因其不是最终消费者，无法阻却冒充行为的欺骗性，部分直接购买的消费者虽知晓是“库油”“轻循环油”，但仍相信被告单位、被告人所售涉案油品是具有安全性和相当适用性能的，因此被告人的行为具有欺骗性，属《中华人民共和国刑法》第一百四十条所规定以不合格产品冒充合格产品的情形，依法构成生产、销售伪劣产品罪。

编写人：福建省厦门市海沧区人民法院　卢建斌　陈芳序

13

# 如何认定发卡银行以信用卡透支形式变相发放贷款

## ——金某信用卡诈骗案

**【案件基本信息】**

1. 裁判书字号

吉林省长春市中级人民法院（2023）吉 01 刑终 170 号刑事判决书

2. 案由：信用卡诈骗罪

**【基本案情】**

2017 年 4 月 27 日，上诉人金某向某信用卡中心申领某银行信用卡，核发额度为人民币 100000 元。《某银行信用卡领用合约》（以下简称《领用合约》）规定，某银行信用卡不支持现金提取及现金充值；境内、境外常规刷卡消费；通过互联网、电话、邮件等途径进行信用卡消费。《领用合约》同时规定持卡人申请某产品业务后，某产品转入持卡人同名的借记卡人民币账户，持卡人分期按月足额偿还本金及手续费。2017年5月至2020年2月，金某通过电话多次向某银行申请某产品，某银行将金某所申请的某产品通过尾号3076某银行信用卡账户转入金某本人同名借记卡账户，金某将某产品支取后用于生活支出。2020年2月以后，金某未按《领用合约》规定按月足额偿还本金及手续费，2020年3月26日，某信用卡中心向金某短信提示总欠款人民币17988.51元；同年4月2日，向金某短信提示欠款人民币36527.26元；同年5月26日，向金某短信提示总欠款51629.06元；同年6月2日，向金某短信提示欠款68017.57元；同年6月3日、6月4日、6月6日、6月12日，向金某短信提示欠款51578.11元；同年7月9日，向金某短信提示欠款112664元。2022年10月27日，某银行向公安机关报案时金某总欠款134139.95元，其中本金99551.9元，利息0元，费用34588.05元。2020年11月4日，金某家属归还某银行100000元。

**【案件焦点】**

如何认定发卡银行违规以信用卡透支形式变相发放贷款。

**【法院裁判要旨】**

吉林省长春市南关区人民法院经审理认为：被告人金某以非法占有为目的，恶意透支信用卡，数额较大，其行为已构成信用卡诈骗罪。据此判决，被告人金某犯信用卡诈骗罪，判处有期徒刑六个月，并处罚金人民币2万元。

宣判后，金某提出上诉。

吉林省长春市中级人民法院认为原审判决认定事实不清、证据不足，裁定撤销原审判决，发回原审法院重新审理。本案发回后，吉林省长春市南关区人民法院重新审理了本案，重审后认定事实及定罪量刑均与第一次一审审理结果一致。

金某再次提出上诉。

吉林省长春市中级人民法院经审理认为：金某无法使用某银行信用卡直接现金提取与消费，其每次使用资金时须向某银行电话申请，该银行在金某申请后将资金转入金某名下其他借记卡内，金某再将资金取出使用，金某申请某产品后即分期按月足额偿还，次月开始偿还本金及服务费。综合在案证据，某银行信用卡不具有现金提取、消费的服务功能，金某系向某银行借入资金，分期偿还，无免息还款期待遇，故金某所使用的某银行信用卡不具备透支型信用卡“透支消费”的本质特征，该卡系金某以信用为担保向某银行贷款的载体。综上，上诉人金某与发卡银行之间系金融借款纠纷，不适用“恶意透支”的规定。现有证据不能认定上诉人金某构成犯罪，依法予以纠正。原审判决认定事实不清，证据不足，适用法律错误。据此，判决如下：

一、撤销长春市南关区人民法院（2021）吉0102刑初518号刑事判决；

二、上诉人金某无罪。

**【法官后语】**

本案争议焦点在于如何认定发卡银行违规以信用卡透支形式变相发放贷款。

一、关于发卡银行变相发放贷款的认定

从金某信用卡诈骗无罪案件所涉及信用卡功能来看，案涉信用卡不具有常规认知的信用卡基本用途和使用方式，该卡无法刷卡消费和取现透支，持卡人将授信额度申请为现金，发卡银行将资金转账至持卡人同名借记卡，持卡人根据约定分期还款。经研究，上述信用卡所涉及业务形式系信用卡业务中的预借现金业务、分期还款业务的组合，归属于信用卡现金分期业务。经研究发现，2017年之前，信用卡具有社会普遍认知的刷卡消费和取现透支功能，持卡人仅能使用信用卡进行刷卡消费及现金提取，发卡银行对持卡人的授信额度不能直接申请为现金。随着信用卡业务的创新发展，2017年1月1日中国人民银行实施《关于信用卡业务有关事项的通知》（以下简称《信用卡业务通知》），该通知第四条规定：信用卡预借现金业务包括现金提取、现金转账和现金充值。现金转账，是指持卡人将信用卡预借现金额度内资金划转到本人银行结算账户。部分发卡银行对信用卡产品进行创新设计，发行以预借现金业务、分期还款业务组合的信用卡。因此类信用卡申领的便捷性，满足了持卡人对小额信贷资金的需求，此类产品在2017年之后逐渐发展，并且成为部分发卡银行的主力产品。金某案中的信用卡正是上述信用卡业务的体现。

根据金某信用卡诈骗无罪一案反映的情况，通常理解金某向发卡银行申请的资金应属于贷款，1996年8月1日，中国人民银行施行《贷款通则》，《贷款通则》规定，本通则中的贷款系指贷款人对借款人提供的并按约定的利率和期限还本付息的货币资金。但人民银行于2018年对2017年12月31日之前发布的规章进行了全面清理，此次虽然未明文废止《贷款通则》，但《贷款通则》已不在现行有效的规章目录内。2024年1月30日国家金融监督管理总局公布《个人贷款管理办法》，仍规定信用卡透支不适用本办法。根据上述银行业法律、规章，可以推导出如下结论，认定信用卡现金分期业务是否属于贷款业务，并无现行有效的法律依据。

经研究认为，认定信用卡现金分期业务是否为现金分期贷款业务法律依据虽然不足，但对此种行为应以社会普遍认知的标准进行认定，持卡人将授信额度申请为现金，按照约定偿还发卡银行本金及利息的行为，应属于贷款行为。最高法院在相关民事诉讼中对于贷款行为所产生的金融借款纠纷也进行同性质认定，并且在与发卡银行主管部门、部分发卡银行座谈交流中对于现金分期还款业务就是贷款业务业已形成同一认识。故此，上述案件中金某与发卡银行之间系金融借款纠纷，发卡银行以信用卡透支形式变相发放贷款。

二、关于发卡银行违规以信用卡透支形式变相发放贷款中“违规”的认定

对于信用卡预借现金业务，2011年1月13日施行的《商业银行信用卡业务监督管理办法》（以下简称《管理办法》）第五十五条规定，发卡银行不得为信用卡转账（转出）和支取现金提供超授信额度用卡服务。信用卡透支转账（转出）和支取现金的金额两者合计不得超过信用卡的现金提取授信额度。根据《管理办法》的规定，结合参考相关行业专业文章，金某案中发卡银行存在以下违规之处：一是发卡银行向持卡人预借现金数额违反总授信额度中扣减该笔预借现金业务额度的规定，根据上述规定，预借现金业务额度不得超过总授信额度的50%，金某案中发卡银行对其总授信额度10万元，金某经申请获得贷款约10万元，故此发卡银行存在违规行为；二是商业银行的信用卡现金提取授

信额度应等于信用卡透支转账和支取现金额度的总和，根据条文的文义解释现金提取的数额制约着信用卡透支转账的数额，案涉信用卡不具备信用卡现金提取功能的情况下，发卡银行不应将卡内资金透支转账至他人同名储蓄卡。

综上，根据案涉信用卡的功能及使用方法，无法认定上诉人金某的行为符合信用卡诈骗罪中“恶意透支”的认定，发卡银行与上诉人金某之间系金融借款纠纷，发卡银行违规以信用卡透支的形式变相发放贷款，故此，上诉人金某无罪。

**编写人：吉林省长春市中级人民法院　王青松**

14

# 公司业务员虚构交易事实实施诈骗的罪名认定

——李某诈骗案

**【案件基本信息】**

1. 裁判书字号

江苏省徐州经济技术开发区人民法院（2023）苏0391刑初336号刑事判决书

2. 案由：诈骗罪

**【基本案情】**

2022年7月至2022年9月，被告人李某作为某工程机械公司的业务员，虚构向徐州某公司供应机械设备的事实，以其操控的某贸易公司、某商贸公司的名义与徐州某公司签订机械设备购买合同，骗取徐州某公司货款共计人民币2176.53万元，后被告人李某将上述全部违法所得用于赌博等。

案发后，被告人李某于2022年11月潜逃至境外，后于2022年12月20日返回国内投案。之后，李某将其自有的两套门面房作价50万元抵偿给被害单位徐州某公司指定的股东荣某名下。

【案件焦点】

1. 被告人虚构交易事实的行为如何定性；2. 被告人主观恶性的大小。

【法院裁判要旨】

江苏省徐州经济技术开发区人民法院经审理认为：首先，从犯罪主体看，李某不是合同的相对方，不符合合同诈骗的主体要件；其次，从客观方面看，李某虚构了相关交易事实，本案中所谓的购销合同，仅仅是一种形式和手段，买卖关系没有相关事实，亦没有履行合同的筹备、管理及经营活动，整个交易都是李某为了诈骗其公司财物而虚构的；再次，使被害单位陷入错误认识的主要因素是公司基于对李某的信任，而并非基于对合同的信任；最后，本案侵害的客体仅仅是李某所在公司的财产，而不是合同诈骗罪侵犯的客体即正常的市场交易秩序，故不符合合同诈骗的构成要件。综上，李某不构成合同诈骗罪，应当以诈骗罪追究被告人的刑事责任。关于被告人的主观恶性大小，李某通过先后九次虚构供货交易的事实诈骗被害单位钱款 2170 余万元，诈骗次数多且数额特别巨大，同时，李某将犯罪所得用于赌博等违法活动，故不能认定其主观恶性小。江苏省徐州经济技术开发区人民法院于 2024 年 2 月 6 日判决：

一、被告人李某犯诈骗罪，判处有期徒刑十三年六个月，并处罚金人民币 20 万元；

二、被告人李某违法所得人民币 2176. 53 万元，扣除已抵偿的人民币 50 万元，剩余违法所得人民币 2126. 53 万元予以继续追缴后，发还被害单位某工程机械公司。

案件宣判后，判决已生效。

【法官后语】

本案的争议焦点在于李某虚构交易事实、假借合同骗取财物的行为是否构成合同诈骗罪。

一、诈骗罪与合同诈骗罪是法条竞合关系

通过欺诈的手段隐瞒真相，骗取公民的财物；犯罪的主体具备承担刑事责任的能力；侵犯的客体是公私财物的所有权；在主观方面存在故意犯罪行为，并且以非法占有财物为目的，满足以上四个条件可以构成诈骗罪。对利用合同实施诈骗的行为最初是以诈骗罪论处的，如1996年《最高人民法院关于审理诈骗案件具体应用法律的若干问题的解释》（已失效）第二条第一款规定，利用经济合同诈骗他人财物数额较大的，构成诈骗罪。此后，1997年《中华人民共和国刑法》增设了第二百二十四条，明确对利用合同实施诈骗，数额较大的，以合同诈骗罪论处。可见，行为符合合同诈骗罪构成要件的，一般也同时符合诈骗罪的构成要件，两罪名之间是特别法条与普通法条的关系，属包容关系的法条竞合。故合同诈骗犯罪可以简单地理解为行为人在符合诈骗罪构成要件的基础上，利用合同实施诈骗，数额较大的行为。如果行为人通过利用合同以外的一般手段实施诈骗，则不存在诈骗罪与合同诈骗罪法条竞合的前提，达到诈骗罪数额较大标准的可直接以诈骗罪论处。因此，正确理解“利用合同实施诈骗”是区分两罪的关键。

二、准确把握诈骗罪与合同诈骗罪的侵犯法益和构成要件

诈骗罪与合同诈骗罪属于一般法与特殊法的关系，其联系在于都具有相似的客观特征与主观故意。而诈骗罪与合同诈骗罪存在侵害法益的不同。合同诈骗罪除侵害被害人财产利益外，还会损害市场秩序，而诈骗罪只侵害公私财产所有权，不涉及对秩序法益的侵害。诈骗行为使得被害人无法按照自己真实的意愿处分财物，违背市民生活中应当遵守的诚实信用原则，扰乱了基于信赖的交易秩序。其也是一种秩序犯罪。不过这种秩序法益不是诈骗罪主要法益，在认定诈骗罪时，不能仅以该秩序法益入罪。因此，秩序与财产，这两者法益在犯罪中的不同重要性才是特殊诈骗罪与一般诈骗罪的区别。

不仅如此，还可以从诈骗行为所要达到的程度对诈骗罪与合同诈骗罪进行区分。《中华人民共和国刑法》中规定的特殊诈骗罪大多涉及金融、集资、商事交易活动。在这些活动中，交易风险的存在是每个交易主体应当了解的基本情况。交易主体在明知交易风险的情况下依然选择进行交易，说明其放弃对自己权益的绝对保护。因此，在认定涉及合同、金融、集资的特殊诈骗罪时，应

当采取比一般诈骗罪更严格的标准。

利用合同实施诈骗是指行为人通过签订、履行合同过程中的虚假行为，使得相对方陷入错误认识，从而交付财物，实现其非法占有的目的。区分诈骗罪和合同诈骗罪应主要考察行为人与被害人之间是否签订合同，行为人是否实施了与合同内容有关的经济活动以及签订、履行合同是不是被害人陷入错误认识并处分财产的主要原因等方面。如果行为人与被害人签订了能够规制市场交易行为、体现市场秩序的合同，实施了与履行合同相关的筹备、管理和经营等活动，并通过签订、履行合同使被害人陷入错误认识继而处分财产，则可以认定行为人利用合同实施诈骗。

三、李某构成诈骗罪，不构成合同诈骗罪

具体到本案中，李某以其操控的某贸易公司、某商贸公司的名义与徐州某公司签订机械设备购买合同，并没有相应交易活动事实，合同仅仅是李某实现诈骗犯罪行为的工具和手段，其本意上并未从事任何与之相关的经济活动，未在合同履行方面进行准备。从侵犯法益上分析，合同诈骗行为“不仅侵犯他人财产所有权，而且侵犯国家合同管理制度，破坏了社会主义市场经济秩序”，其与普通诈骗罪的区别，就在于其联结着特定的市场运行机制，行为人的诈骗行为蕴含着对市场运行机制的侵蚀，有可能引发市场主体的逆选择而使市场交易秩序功能失调，故此，李某仅仅侵犯了他人的经济所有权，并未侵犯社会主义市场经济秩序，不应构成合同诈骗罪，仅是构成一般的诈骗罪。

综上所述，对于“合同”的把握不能片面关注一纸文书，应当采取一种社会功能主义的立场，审查“合同”背后的市场运行机制。与市场运行机制有关的，可能构成该罪；无关的，则只能另作考虑。“合同”是合同诈骗罪不可或缺的客观构成要件，缺少“合同”这个基本构成要素的诈骗行为不构成合同诈骗罪。同时，构成合同诈骗罪要求行为人必须实施与合同约定内容相关的经济活动，即具有签订、履行合同相关的筹备、管理和经营等活动。即便合同条款中明确了双方在经济活动过程中的权利义务，但行为人如不存在任何的筹备、管理和经营活动，仅仅将合同作为一种形式和手段，虚构合同关系继而达到骗取财物的目的，亦不构成合同诈骗罪。本案中行为人客观上没有实施任何与合同相关的经济活动，“合同”即意味着仅是一个犯罪的工具，未实质上扰乱市场经济交易秩序，而仅仅是侵犯了他人的财产权利，应当以诈骗罪定罪量刑。

编写人：江苏省徐州经济技术开发区人民法院 王永毅 林一川

15

# 刑事推定在电信网络诈骗犯罪认定涉案资金数额中的准确适用

——杨某等诈骗案

## 【案件基本信息】

1. 裁判书字号

北京市第二中级人民法院（2023）京02刑终154号刑事裁定书

2. 案由：诈骗罪

## 【基本案情】

2020年11月，杨某在A国某酒店成立某公司，专门从事“杀猪盘”式电信诈骗活动。公司下设“旺财组”“鸿运组”“聚财组”“财神组”。罗某负责四个组全部人员的管理。杨某1负责资金流转，同时担任旺财组组长。周某系旺财组组员。各组组员以单身、离异女性为主要诈骗目标，先通过社交软件聊天建立信任，后将被害人推荐给组长（或代理）进行“精聊”，进一步诱导被害人通过诈骗软件投资，骗取被害人钱款。自2020年11月至2021年3月，杨某、杨某1、罗某共参与骗取数十名被害人人民币360多万元。周某参与骗取多名被害人人民币100多万元。

【案件焦点】

刑事推定在电信网络诈骗犯罪认定涉案资金数额中如何准确适用。

【法院裁判要旨】

北京市房山区人民法院经审理认为：杨某、罗某、杨某1、周某在境外利用电信网络技术手段，虚构事实、隐瞒真相，骗取他人财物，数额特别巨大，其行为均已构成诈骗罪，依法应予以惩处。首先，本案多名同案（另案处理）的供述及证人证言均能证明四人实施了电信诈骗的犯罪行为；其次，公安机关从某公司调取的相关被害人注册信息显示涉及诈骗活动的公司负责人为杨某；最后，银行交易流水显示，部分被害人被骗的钱款均打入了同一人名下多个账户的情况十分频繁，上述部分收款账户的所有人参与了杨某的犯罪活动。综合全案证据分析，足以证明四人实施了电信诈骗的犯罪行为。杨某、罗某、杨某1是组织管理者，在共同犯罪过程中起主要作用，均为主犯。周某在共同犯罪过程中起次要或辅助作用，为从犯，依法可减轻处罚。四人在境外实施电信网络诈骗，酌情予以从重处罚。最终以诈骗罪判处杨某有期徒刑十三年，剥夺政治权利三年，并处罚金人民币13万元；判处罗某有期徒刑十二年六个月，剥夺政治权利二年，并处罚金人民币12.5万元；判处杨某1有期徒刑十二年，剥夺政治权利二年，并处罚金人民币12万元；判处周某有期徒刑四年六个月，并处罚金人民币4.6万元；四人退赔被害人相应经济损失。

一审宣判后，杨某、罗某、杨某1提出上诉。

北京市第二中级人民法院经审理认为：上诉人（原审被告人）杨某、罗某、杨某1，原审被告人周某在境外利用电信网络技术手段，虚构事实、隐瞒真相，骗取他人财物，数额特别巨大，其行为均已构成诈骗罪，依法均应予以惩处。杨某、罗某、杨某1、周某在境外实施电信网络诈骗，酌情予以从重处罚。杨某、罗某、杨某1在共同犯罪过程中起主要作用，均为主犯。周某在共同犯罪过程中起次要或辅助作用，是从犯，依法可减轻处罚。罗某、周某曾因故意犯罪被判处有期徒刑，刑罚执行完毕以后，在五年内再犯应当判处有期徒刑以上刑罚之罪，是累犯，依法应当从重处罚。杨某有犯罪前科，可酌予从重处罚。关于上诉人的上诉理由，经查，在案有同案犯供述、证人证言、被害人陈述、某网络科技公司出具的客户账号信息、银行账户明细等证据能够相互印证，证明杨某在A国某酒店伙同罗某、杨某1、周某等人利用某公司从事“杀猪盘”式电信诈骗活动。原判认定事实清楚，证据确实、充分，认定犯罪数额正确。杨某、罗某、杨某1、周某的行为均符合诈骗罪的构成要件。杨某、罗某、杨某1在共同犯罪中次要或辅助作用，原判认定上述三人为主犯正确。杨某、罗某虽从缅甸主动回国，但到案后并未如实供述主要犯罪事实，依法不构成自首。原判综合考虑杨某、罗某、杨某1、周某的犯罪性质、量刑情节及在共同犯罪中的作用等，对各上述四人所做量刑适当。北京市第二中级人民法院依照《中华人民共和国刑事诉讼法》第二百三十六条第一款第一项之规定，裁定：

驳回上诉，维持原判。

## 【法官后语】

电信网络诈骗犯罪案件中，犯罪数额直接反映犯罪行为的社会危害性，是判断犯罪嫌疑人、被告人罪与非罪、罪轻罪重的关键考量因素之一。在传统印证证明规则的要求下，公安司法机关对于此类犯罪案件犯罪数额的确定存在过度依赖犯罪嫌疑人、被告人供述和辩解、证人证言、被害人陈述等言词类证据的特点。当下在电信网络诈骗犯罪的推波助澜下，尤其是借助网络的非接触性、隐蔽性、被害人不特定性、涉案区域广泛性等不同于传统诈骗犯罪的特点，使得此类犯罪中被害方证据难以全部收集到位。证据收集存在碎片化、海量化的趋势，且被害人分散各地、难以查询，涉案资金频繁移转、快速取现，导致诈骗资金数额确定难。

在本案被告人涉案金额的认定方面，在满足本案基础事实的前提下，结合资金往来明细、交易记录以及部分被害人的陈述、同案犯的供述等多元证据，采取刑事推定证明方式，可综合认定被告人诈骗资金数额等犯罪事实。

首先，被害人难以查清，符合刑事推定的适用前提条件。

刑事推定是指依照法律规定、经验法则，基于基础事实，推定待证事实成立的一种证明方式。推定是由基础事实推定待证事实的一种证明方式，集刑法与刑事诉讼法于一体，包括事实推定和法律推定两种类型，电信网络诈骗犯罪案件中，涉及的是事实推定。刑事推定不是证据裁判原则的例外，其是以间接证据为基础，通过逻辑思维及经验法则，以定罪事实为对象，允许被告人提出反驳，通过实质审查，构建严谨的证据体系。本案被告人杨某在境外成立公司，专门从事“杀猪盘”式电信诈骗。其组织多名成员通过社交软件寻找单身、离异女性作为诈骗对象，先通过聊天建立起信任，然后将被害人推荐给组长或代理进行“精聊”，进一步诱导被害人通过生物科技、蚂蚁金服等诈骗软件投资，骗取被害人钱款。由于被告人在境外通过多种网络平台对不特定的被害人实施诈骗，导致被害人人数难以查清、数额难以厘定，通过传统的印证模式证明方法难以实现。符合综合认定及刑事推定的前提条件。

其次，基础事实具有多元证据加以证实。

刑事证明包括直接证明和间接证明，刑事推定依赖间接证据，综合比对证据间的联系及证明对象的同一性和指向性，依赖整体效应来证明犯罪事实。作为推定前提的基础事实，须有客观证据加以证实，在基础事实认定的基础上，结合公诉方提出的其他间接证据，依赖逻辑思维和经验法则去论证基础事实与待证事实之间的关联性。基础事实层面，公诉机关通过出示的同案代某某、张某某等的供述，被害人李某某、甘某某、贺某等多人的陈述、报案材料、手机联系记录，证实了诈骗行为以及被害人款项打入被告人公司账户的事实存在，此基础事实既有被告人供述予以证实，还有部分被害人陈述、通话记录、银行交易明细等予以佐证，并且经公安机关从某网络科技公司调取的相关被害人注册信息显示涉及诈骗活动的公司负责人为杨某，故多元证据均证实基础事实的存在。

再次，基础事实与推定事实之间存在常态性。

基础事实与推定事实之间要求具有内在联系，两者之间具有前者引发后者的高度盖然性，基础事实与推定事实之间构建合乎逻辑的常态联系，这种常态性是基于长期、反复的社会实践检验，符合人类认知规律，且经检验论证的经验做法。经庭审质证的证据证实诈骗行为及被害人被骗成立的基础上，鉴于一定时期内多名被害人及陌生款项打入被告人杨某控制的银行账户，在被告人杨某与被害人以及他人之间不存在正当的交易往来、资金借贷等法律关系存在的情况下，且上述事实发生在被告人诈骗行为持续期间，不仅有银行交易流水、手机联系记录等证据予以证实，还有言词性证据、报案材料等证据予以补充，考虑到基础事实与待证事实（汇入被告人银行账户的资金是诈骗资金）存在常态性、高概率可能，可以推定账户内资金为被告人诈骗数额。

最后，允许被告人提供线索或证据予以反驳。

允许被告人提出反证，其可以提供证据证实涉案款项中的某笔或多笔不属于诈骗金额，对公诉机关及审计报告的指控数额提出异议，但被告人在庭审质证过程中，并未提出有效的线索或证据材料。

综上，本案结合意见、司法解释及法理精神，不依赖于被告人供述及辩解、证人证言等言词证据，而是结合全案证据材料，采用刑事推定证明方法，可合理确定被告人的诈骗资金数额。

**编写人：北京市东城区人民法院　石魏**

16

# 双方曾有亲密关系的前提下，“违背妇女意志”应如何认定

——李某强奸案

**【案件基本信息】**

1. 裁判书字号

福建省厦门市中级人民法院（2023）闽02刑终344号刑事裁定书

2. 案由：强奸罪

【基本案情】

李某与何某曾为同居情侣关系。2023年1月8日，何某通过微信向李某提出分手并从同居处搬离，后李某多次在微信中要求见面，何某均拒绝。2023年2月1日20时，李某用新注册微信冒充陌生女性，以介绍客户为由将前女友何某诱骗至某小区附近偏僻处。二人见面后，李某用手铐铐住何某并用刀具挟持，将其带上自己驾驶的汽车后，开车至临时租住的房间内。之后，李某以杀死何某与威胁被害人何某与其在一起。2023年2月2日凌晨，李某强行与何某发生性关系。8时许，李某提出与何某再次发生性关系，并将过程拍摄视频要挟何某，不让其离开。为取得李某信任，何某佯装同意并配合拍摄，与李某再次发生性关系。12时许，何某取得李某信任后，提出要去公司上班，李某将何某送至公司，后何某从公司逃跑至公安机关报警。同日18时许，李某在暂住处被抓获，民警在其身上扣押到手机、头套、手铐钥匙等物品，在其暂住处提取到刀具、手铐等物品，在其驾驶汽车上提取到望远镜、钥匙等物品。李某到案后对二人发生关系的事实无异议，但拒不承认其曾采取暴力胁迫手段，抗辩何某系自愿与其发生性关系。经鉴定，何某的阴道拭子、外阴拭子、胸部拭子，黑刀刀柄上均提取到李某的DNA（脱氧核糖核酸）。

【案件焦点】

针对被告人与被害人曾为同居情侣的亲密关系情形，如何判断二人发生性关系是否违背妇女意志。

【法院裁判要旨】

福建省厦门市海沧区人民法院经审理认为：判断是否违背妇女意志，要全面分析被告人与被害人双方的现阶段关系、行为表现及心理状态，并结合行为发生的整个过程等因素进行综合判断。

首先，被告人李某与被害人何某之间没有发生性关系的感情基础。李某文与何某虽然曾经是同居男女朋友关系，但基于何某已于2023年1月8日提出分手并离开同居地，之后在被以加害相威胁的情况下，仍多次拒绝李某文的见面要求，并已经重新结交新的男友。案发当天的见面也是因为李某文使用女性头标的微信佯装介绍客户使然。因此，被害人已经和被告人决然分手，时间已近一个月，没有再发生性关系的基础。

其次，被害人何某遇见被告人李某直至报警，始终处于被暴力控制和暴力胁迫之中。何某被诱骗至指定的地点后，随即被李某文用手铐铐住，当被害人反对跟从、关系复合、告诉手机密码、拍摄性行为视频时，即遭受被告人以刀割物以及展示手机内的弩、硫酸视频、购买订单等方式进行威胁，扬言杀害被害人及被害人家人进行恐吓，逼迫被害人就范，听令被告人摆布。整个过程被害人均处于被控制状态，使得被害人不能反抗、不敢反抗。

再次，被害人在脱离被告人控制后当即寻找机会报警，求助意愿强烈。被害人以上班为由求得脱身机会，由被告人开车将其送往就职公司，其下车后立刻从公司其他通道跑至网络搜索到的距离最近的派出所，报称被强奸。可见，被害人对违背自己意愿的性行为反应剧烈，报警及时。

最后，在案证据如监控视频中被告人持刀的画面，缴获的手铐、刀具、硫酸、望远镜、被割破的行李箱等物品，微信聊天记录，购买记录，证人何某某证言，可以印证被害人何某的陈述符合客观实际。虽然手铐、脚铐是被告人从情趣商店所购买，但上述物品足以用来作为实施暴力的工具，且被告人所称的购买硫酸是用于打扫卫生的说辞显然也与生活经验不符。因此，被告人的辩解与在案的多项证据相左，存在不实。综上，被告人李某文提出被害人系自愿发生性关系及其辩护人提出的本案未采取胁迫手段发生性关系的辩护意见不能成立。

据此，判决如下：

一、被告人李某犯强奸罪，判处有期徒刑五年；

二、随案移送的头套 2 个、移动电话 2 部、手铐 2 个、手铐钥匙 3 把、望远镜 1 个、刀具 2 把依法予以没收，扣押于公安机关的硫酸一瓶依法由公安机关处理。

一审宣判后，李某提出上诉。

福建省厦门市中级人民法院同意一审法院裁判意见，裁定：

驳回上诉，维持原判。

【法官后语】

是否违背妇女意志是强奸罪犯罪构成的关键要素，其关键在于判断妇女对性行为的发生是否同意。若强奸行为发生于熟人之间，尤其是在被告人与被害人曾为情侣、同居甚至夫妻等亲密关系的前提下，判断性行为发生是否违背妇女意愿在司法实务中较难把握。本案系通过全面分析双方现阶段关系、行为表现及心理状态，并结合行为发生的整个过程等因素进行综合判断认定。

双方现阶段关系主要审查亲密关系的结束时间及方式、亲密关系结束后至当前双方的状态、是否有修复亲密关系的可能等，重点在于判断是否仍具有发生性关系的感情基础。具体到本案，李某文与何某分手至案发时间约一个月，何某在分手时直接从同居处搬离，分手后多次拒绝见面等均可体现其分手态度决然，且何某已重新结交新男友，案发时何某答应与李某文佯装的女性客户见面而非与李某见面，可见并无与李某文重新修复关系的意愿，二人并无再次发生性关系的感情基础。

行为表现及心理状态重点在于审查性行为发生过程中是否存在暴力、胁迫行为，使得被害人不能反抗、不敢反抗。在熟人型强奸案件中，由于双方相识，行为人往往无使用暴力手段的明显特征而采取使用言语威胁等方式胁迫被害人配合。在此情形下，被害人伤痕、监控视频等客观证据较少，被告人与被害人就性行为发生是否存在暴力胁迫往往各执一词。本案双方性关系发生时拍摄的视频中虽无明显对抗行为，但应结合被害人所处环境、双方力量对比等进行考虑。何某被诱骗至指定的地点后随即被李某文用手铐铐住，当被害人反对跟从、关系复合、告诉手机密码、拍摄性行为视频时，即遭受被告人以刀割物以及展示手机内的弩、硫酸视频、购买订单等方式进行威胁，扬言杀害被害人及其家人进行恐吓，逼迫被害人就范，听令被告人摆布。整个过程被害人均处于被控制状态，使得被害人不能反抗、不敢反抗并出于恐惧和自我保护心理假意配合被告人发生性关系。

此外，性行为发生后被害人的表现，如是否报案、报案时间及动机、是否脱离控制后仍停留现场、是否仍与被告人主动保持联系等，亦能辅证之前发生的性关系是否违背妇女意志。本案被害人在脱离被告人控制后第一时间报警，时间及时，可见其对违背自己意愿的性行为反应剧烈，主动寻求警方介入帮助。此外，被害人脱离控制后，被告人仍通过手机多次言语威胁被害人欲公开双方性关系视频，被害人均未予以回应，亦可证明被害人在被控制时的服从配合表现系出于自我保护目的的假意周旋。

编写人：福建省厦门市海沧区人民法院　苏容

17

# 赌博罪和开设赌场罪的区分

——阿某某赌博案

## 【案件基本信息】

1. 裁判书字号

新疆维吾尔自治区伽师县人民法院（2022）新3129刑初113号刑事判决书

2. 案由：赌博罪

## 【基本案情】

被告人阿某某以营利为目的，2021年11月24日至2021年11月25日在某乡的吐某某家，组织艾某某、库某某等13人赌博，提供赌具骰子，单局赌资在50元至200元，赌博过程中被告人阿某某收取1250元“抽头”后给房东吐某某400元，参与上述赌博的13名行为人的总赌资67700元。

被告人阿某某对指控的事实、罪名及量刑建议未提出异议，并自愿认罪认罚。

**【案件焦点】**

在自己和朋友的住处多次召集熟人以打麻将形式赌博，以“抽头”形式非法获利，聚众赌博的规模较小，利用其人际关系和人际资源来召集每一次的具体赌博活动的行为，认定赌博罪还是开设赌场罪？赌博罪和开设赌场罪如何区分？

**【法院裁判要旨】**

新疆维吾尔自治区伽师县人民法院经审理认为：从赌博规模上看，阿某某聚众赌博的规模较小，利用其人际关系和人际资源来召集每一次的具体赌博活动，召集几个熟人一起赌博，赌博的工具单一，赌博方式是打麻将，没有专门服务的人员，没有达到规模较大、赌博的工具齐全、赌博方式多样、有专门服务人员等开设赌场的程度。从赌博的场所来看，阿某某聚众赌博的场所具有不固定性，即聚众赌博的行为发生场所不固定，是在不同的住处进行，而不是在固定的营业地点和场所进行。从赌博的时间来看，阿某某聚众赌博的时间具有临时性、短暂性的特点，一般是在下班后或周末，一次赌博结束后，下一次赌博都是经阿某某临时召集，不具备开设赌场的时间具有持续性和稳定性，在一定持续长的时间内连续、不间断地为赌博人员开放，只要在其开放时间内，赌博人员来到赌场均能进行赌博活动，而无须赌场经营者临时组织、通知等特点；从赌博的范围和隐秘性看，阿某某聚众赌博具有隐秘性，阿某某在小范围内召集他人赌博，在每一次聚众赌博行为中其人员相对固定，其赌博行为只有参赌者知晓，不存在赌博的时间、地点、性质等被一定社会范围的公众知晓的情况。从以上几点分析，被告人阿某某以营利为目的，聚众赌博，其行为已构成赌博罪。公诉机关指控的罪名成立。被告人阿某某归案后如实供述犯罪事实，认罪认罚，退缴违法所得，依法可以从轻处罚。

新疆维吾尔自治区伽师县人民法院依照《中华人民共和国刑法》第六十四条、第七十二条、第七十三条、第三百零三条第一款，《中华人民共和国刑事诉讼法》第十五条之规定，判决如下：

一、被告人阿某某犯赌博罪，判处有期徒刑八个月，缓刑一年，并处罚金

1 万元；

二、被告人阿某某违法所得 1250 元，予以追缴，上缴国库。

案件宣判后，判决已生效。

【法官后语】

1. 从聚众赌博和开设赌场的行为人在赌博活动中发挥组织吸引作用来讲，聚众赌博中，行为人要实施专门的“聚众”行为，往往需要行为人每次分别地招引他人赌博，如通过打电话通知等方式。而开设赌场中，只要行为人开设了场子，这个场子在一定范围为人所知悉，那么，场子就可以自动起到吸引他人前来赌博的客观效果，而不需要被告人在此之外进行特别的广告、组织和吸引。

2. 自己的住处多次召集熟人以打麻将形式赌博，以“抽头”形式非法获利，聚众赌博的规模较小，利用其人际关系和人际资源来召集每一次的具体赌博活动，赌博的工具单一，没有专门服务的人员，赌博的时间具有临时性、短暂性，每一次赌博都是经阿某某临时召集，不具有持续性和稳定性、开放性，具有隐秘性，每一次赌博人员相对固定，其赌博行为只有参赌者知晓，不存在赌博的时间、地点、性质等被一定社会范围的公众知晓的情况，应当以聚众赌博罪定罪处罚。

开设赌场罪从原来的赌博罪分离出来，成为一个独立的罪名后，由于司法解释并没有对开设赌场罪的犯罪构成要件作出明确的规定，因而在司法实践中，在区分聚众赌博与开设赌场上不易把握。在该两罪名的区别认定上，关键就在于对“赌场”的认定。首先，开设赌场罪中所谓的“赌场”，除网络虚拟空间外，必须是一个物理性的封闭场所。当然，按照日常生活用语规则，露天进行赌博也可以称为“赌场”。其次，在具有物理性的封闭场所的前提下，要考察这一场所作为赌博所用场所是否具有固定性以及持续时间的长短等因素。从场所的固定性来看，如果是典型的状况下，如农村中的赌博，今天在张三家赌几天，明天在李四家赌几天，那么，张三或李四提供居所为他人赌博所用，就不能认为是开设赌场。但是，开设赌场的行为人出于逃避抓捕的目的往往会变动赌场的地点，特别是当赌场不是设在营业性的棋牌室或其他营业性场所时应认定为赌场。从该场所作为赌博场所的持续性来看，事实上又很难确立一个具体的时间标准，而且由于被查获时间早晚的因素，这个“持续时间长短”具有偶然性，因而还需进一步分析。所以，判断是否是“赌场”，重点应该是看场所的社会影响，看这个场所是否为一定范围的人所知悉，更确切地说，看这个场所是否能独立地发挥吸引他人前来赌博的客观效应。

由于聚众赌博的行为人在赌博活动中要发挥组织吸引作用，开设赌场的行为人在赌博活动中也要发挥组织吸引作用，因而区分两者需要考察两者发挥组织吸引作用的方式。聚众赌博中，行为人要实施专门的“聚众”行为，往往需要行为人每次分别地招引他人赌博，如通过打电话通知等方式。而开设赌场中，只要行为人开设了场子，这个场子在一定范围为人所知悉，那么，场子就可以自动起到吸引他人前来赌博的客观效果，而不需要被告人在此之外进行特别的广告、组织和吸引。

聚众赌博与开设赌场均是赌博罪中常见的客观表现行为，均有为赌博提供场所、赌具等物质便利条件的行为。但二者在实践中还是有如下区别。

1. 聚众赌博的规模一般较小；而开设赌场的规模一般较大，其营业场所大，赌博的工具齐全，赌博方式多样，有专门为赌场服务的人员。

2. 聚众赌博的场所通常具有不固定性，即聚众赌博的行为发生场所通常不固定，有的是在临时租赁、借用他人的房屋内或者自己家中进行，有的是临时在宾馆里开房进行，有的甚至在公共场所进行；而开设赌场的赌博场所一般具有固定的营业地点和场所。

3. 聚众赌博的时间一般具有临时性、短暂性的特点，一般情况下，组织参赌人员在一次赌博结束后，下一次赌博又须组织者再次组织；而开设赌场的时间具有持续性和稳定性特点，即赌场在一定持续长的时间内连续、不间断地为赌博人员开放，只要在其开放时间内，赌博人员来到赌场均能进行赌博活动，而无须赌场经营者临时组织、通知。

4. 聚众赌博一般具有隐秘性，即组织者通常是在小范围内组织他人参赌，在每一次聚众赌博行为中其成员相对固定，其赌博行为一般只有组织者、参赌者和为赌博服务的人知晓；而开设赌场一般具有半公开性，即赌场开设的时间、地点、性质等被一定社会范围的公众知晓。

5. 聚众赌博的赌头往往会利用其人际关系和人际资源来召集、组织每一次的具体赌博活动；开设赌场的经营者一般情况下不亲自参与召集、组织人员参与赌博。

6. 聚众赌博的赌头本人有时会参与赌博；开设赌场的经营者本人一般不会参与赌博。

编写人：新疆维吾尔自治区伽师县人民法院　阿布拉江·土尔迪

18

## 合同诈骗与职务侵占的区分

——曹某诈骗、职务侵占、冒充军人招摇撞骗案

### 【案件基本信息】

1. 裁判书字号

江苏省南通市崇川区人民法院（2022）苏 0602 刑初 192 号刑事判决书

2. 案由：诈骗罪、职务侵占罪、冒充军人招摇撞骗罪

### 【基本案情】

被告人曹某系托管公司员工，负责人事工作。2021 年 8 月，被告人曹某经人介绍认识某超市（个体工商户）的经营者薛某。曹某在托管公司与薛某商谈采购物资事宜。根据曹某的指示，薛某 2021 年 8 月 23 日至 9 月 8 日分五次将医用手电筒、额温枪、N95 口罩、冰箱、月饼等物品以及 16 台联想电脑、20 部荣耀手机通过送货上门或者快递的形式送至托管公司，上述物品共计价值 217656 元，其中 16 台联想电脑每台 8799 元、20 部荣耀手机每部 3099 元，电

脑和手机合计价值202764元。部分物品由被告人曹某直接签收，部分物品由托管公司门卫收货后转交曹某。托管公司对上述除电脑、手机外的部分物品进行了使用。2021年9月16日，曹某以托管公司名义与薛某签订了《办公用品及日常耗材采购合同》，合同甲方（购房）托管公司，乙方（供方）某超市。该合同上落款托管公司印章并非盖印形成，系曹某用扫描件打印形成。托管公司并未指派曹某购买16台电脑、20部手机。被告人曹某在收到上述电脑、手机后1部手机自用，将其余16台电脑、19部手机销赃给孙某某、陈某某，并将赃款用于挥霍、还债。被告人曹某另有诈骗、冒充军人招摇撞骗的犯罪事实予以省略。

**【案件焦点】**

被告人曹某未获托管公司授权以托管公司名义向薛某购买电脑、手机后销赃获利该节行为的性质。

**【法院裁判要旨】**

江苏省南通市崇川区人民法院经审理认为：被告人曹某以非法占有为目的，虚构事实，隐瞒真相，骗取他人财物，数额巨大，其行为构成诈骗罪；被告人曹某利用职务上的便利，将本单位财物非法占为己有，数额较大，其行为构成职务侵占罪；被告人曹某冒充军人招摇撞骗，其行为构成冒充军人招摇撞骗罪。被告人曹某曾被判处有期徒刑，刑罚执行完毕后在五年内再犯应当判处有期徒刑以上刑罚之罪，是累犯，应当从重处罚。被告人曹某到案后如实供述自己的罪行，承认指控的犯罪，愿意接受处罚，依法可以从宽处理；其冒充军人多次诈骗，酌情从重处罚；其部分退赃，酌情从轻处罚。被告人曹某一人犯数罪，应当数罪并罚。

江苏省南通市崇川区人民法院判决：被告人曹某犯诈骗罪，判处有期徒刑六年三个月，并处罚金人民币10万元；犯职务侵占罪，判处有期徒刑九个月，并处罚金人民币1万元；犯冒充军人招摇撞骗罪，判处有期徒刑六个月；决定执行有期徒刑七年三个月，并处罚金人民币11万元。

案件宣判后，判决已生效。

**【法官后语】**

对于本案被告人曹某上述行为的定性，审理中有两种意见：第一种意见认为，曹某构成职务侵占罪。理由是：曹某作为托管公司员工，以公司名义向薛某购买电脑和手机，系职务代理行为。薛某对曹某在单位的职权范围并不知情，属于善意相对人。电脑、手机送至某托管公司后曹某利用职务便利将本单位的财物非法占为己有，数额较大，其行为构成职务侵占罪。第二种意见认为，曹某构成合同诈骗罪。理由是：曹某与薛某签订的采购合同上公司印章并非真实印章。曹某冒用单位名义与薛某签订合同，公司亦不追认，其行为应当视为个人行为。曹某明知其公司并不需要电脑、手机，仍然骗取薛某电脑、手机，数额较大，符合合同诈骗罪构成要件。笔者同意第一种意见，具体分析如下。

一、区分合同诈骗罪与职务侵占罪关键点之一：行为人实际占有的是本单位财物还是合同相对人财物

界定被告人曹某行为性质的关键在于其非法占有的电脑、手机的所有权归属。如果电脑、手机属于托管公司所有，则曹某的行为可能构成职务侵占罪；如果电脑、手机属于薛某所有，则曹某的行为可能构成合同诈骗罪。

1. 曹某的行为构成职务代理，其行为对托管公司发生法律效力

《中华人民共和国民法典》第一百七十条第一款规定了职务代理：执行法人或者非法人组织工作任务的人员，就其职权范围内的事项，以法人或者非法人组织的名义实施的民事法律行为，对法人或者非法人组织发生效力。《中华人民共和国民法典》第一百七十条第二款规定了越权职务代理的法律后果：法人或者非法人组织对执行其工作任务的人员职权范围的限制，不得对抗善意相对人。职务代理的构成必须满足：(1) 代理人是法人或者非法人组织的工作人员，如果代理人不是该法人或者非法人组织的工作人员，其按照被代理人的授权从事代理行为，属于一般的委托代理，比如保险公司正式员工不属于保险代理人，其展业行为系职务行为，视为保险人的行为，而保险代理人所从事的保险代理活动就属于一般的委托代理范畴。(2) 代理人实施的必须是其职权范围内的事项，若非职权范围内的事项，则要区分情形适用该条第二款的规定等。

这一职权范围内的事项，可以理解为该法人或者非法人组织对该工作人员（即代理人）的一揽子授权，无须在每次与第三人交易时都要提交有关书面授权书，其职务、职权本身就是委托授权的证明。这也是职务代理与一般的委托代理在交易便捷方面的很大不同。(3) 必须以该法人或者非法人组织的名义实施民事法律行为，这也是代理的一般构成要件。若非以该法人或者非法人组织名义实施民事法律行为，则会构成无权处分或者侵权行为，应该分别适用不同的法律规则。该条明确了“职权限制不得对抗善意相对人”的规则，也就是说只要交易相对人对该职权限制不知情，即产生该条第一款规定的合法有效职务代理的法律后果。超越职权职务代理与表见代理不同，从构成要件上并没有如同表见代理要求相对人举证证明其有理由相信代理人有代理权这一要件。

本案中，被告人曹某的行为构成越权职务代理，不得对抗善意相对人薛某。首先，被告人曹某是托管公司员工，以托管公司的名义向薛某采购物资，包括电脑、手机在内的物资也均是送货到托管公司。其次，薛某是善意相对人。被告人曹某与薛某商谈物资采购是在托管公司内。在电脑、手机送货上门之前薛某已经将医用手电筒、额温枪、N95口罩以及租赁给托管公司的冰箱、除湿机等物品送至托管公司，托管公司对上述部分物品也进行了使用。虽然电脑、手机的价值大但也属于办公用品，并且采购电脑手机之前也租赁过冰箱、除湿机等大型物资。上述事实可见薛某对被告人曹某在公司的职权范围并不知情，即薛某不知道被告人曹某有无权限采购电脑、手机。被告人曹某越权职务代理采购电脑、手机的行为，因薛某是善意相对人，故不得对抗薛某，对托管公司发生法律效力。

2. 曹某非法占有的财产属于托管公司的财产

首先，当事人采用合同书形式订立合同的，自当事人均签名、盖章或者按指印时合同成立。在签名、盖章或者按指印之前，当事人一方已经履行主要义务，对方接受时，该合同成立。本案中，在被告人曹某与薛某签订《办公用品及日常耗材采购合同》之前，薛某已经将货物全部送至托管公司。合同上印章的真伪并不影响合同成立。其次，动产物权的设立和转让，自交付时发生效力，但是法律另有规定的除外。电脑、手机送至托管公司后，所有权人转移为托管公司。

二、区分合同诈骗罪与职务侵占罪关键点之二：行为人取得财物主要是利用了职务便利还是采取了欺骗手段

职务侵占罪是指公司、企业或者其他单位的工作人员，利用职务上的便利，将本单位财物非法占为己有，数额较大的行为。当名义职务与实际职务范围不一致时，应以实际职务范围为标准，判断行为人是否利用了职务之便。本案被告人曹某在托管公司负责人事工作，名义上并没有采购物资的职权。但结合证据看，托管公司对曹某采购的物资进行了使用，说明其公司采购制度存在一定的漏洞。正因如此曹某才能利用职务的便利擅自采购电脑、手机并将电脑、手机非法占有。本案中，被告人曹某非法占有电脑、手机的行为本质仍然是一种利用职务便利的行为，故符合职务侵占罪犯罪构成要件。

合同诈骗罪是指以非法占有为目的，在签订、履行合同过程中，使用欺骗手段，骗取对方当事人财物，数额较大的行为。本案在（口头）签订及履行该合同过程中，曹某既没有实施《中华人民共和国刑法》第二百二十四条关于合同诈骗罪的规定中所列举的五种客观行为，也没实施普通诈骗罪所强调的虚构事实，隐瞒真相行为。原因就在于，其有职权之便，而根本不需要行欺骗之举。同时，就合同相对人薛某而言，其之所以交付货物，并非由于受到被告人的欺骗，而是基于对被告人职务代理行为的肯定及对托管公司所具履行能力的信任。其交付货物行为出于真正的自愿，而非表面的自愿。因而，从薛某的角度看，其交付货物的心理特征也不符合一般诈骗罪中被害人的心理表现形式。

综上，本案被告人占有财物的成功，主要是假借职务之便，而非假借其“骗术”；被告人最后实际占有的是权属本单位所有的财物，而非合同相对人薛某所有的财物。根据被告人的身份，结合其利用职务之便，侵吞本单位财物的行为，应该认定其侵占217656元物品的行为构成职务侵占罪，而非合同诈骗罪。

**编写人：江苏省南通市崇川区人民法院　陈程**

19

# 明知是未满十四周岁幼女仍容留、介绍卖淫的行为如何定性

## ——谢某甲、唐某强奸，容留、介绍卖淫案

**【案件基本信息】**

1. 裁判书字号

广西壮族自治区河池市中级人民法院（2023）桂 12 刑终 152 号刑事裁定书

2. 案由：强奸罪，容留、介绍卖淫罪

**【基本案情】**

2020 年 8 月，被告人谢某甲在某奶茶店认识未成年人蒙某某（十二岁），蒙某某系小学六年级学生。2020 年 9 月，谢某甲在某奶茶店认识未成年人彭某某（十五岁）、张某（十四岁），张某、彭某某系初中学生。谢某甲知晓蒙某某是某小学六年级学生，知晓张某、彭某某是某中学学生。自 2020 年 9 月开始，谢某甲单独容留、介绍蒙某某在其家中卖淫，2020 年 10 月，谢某甲又同时与被告人唐某共同容留、介绍张某、彭某某卖淫。谢某甲还与蒙某某、谢某乙（十三岁）发生性关系。具体犯罪事实如下。

1. 2020 年 10 月，被告人谢某甲与被告人唐某经商量决定共同介绍初中生彭某某、张某从事卖淫活动，并让彭某某、张某在唐某经营的杂货店门前站街、在杂货店附近的一房间与嫖客发生性关系一次。唐某还负责“放风”，谢某甲负责联系彭某某、张某到酒店场所提供上门服务，还提供收款二维码收取全部嫖客的嫖资。2020 年 10 月至 2021 年 4 月，谢某甲、唐某多次容留、介绍彭某某、张某从事卖淫活动，谢某甲、唐某均分提成，各非法获利约 4000 元。

2. 2020 年 9 月至 2021 年 6 月，被告人谢某甲为蒙某某介绍嫖客。因蒙某

某在校读书，谢某甲联系好嫖客，再接蒙某某到其家中从事卖淫活动，并收取嫖资。

3. 2021年5月或6月某天晚上，被告人谢某甲在某酒店房间里与幼女蒙某某发生性关系一次。

4. 2021年4月，被告人谢某甲经蒙某某介绍认识谢某乙（初一学生）。谢某甲知晓谢某乙是蒙某某的闺蜜。同年6月29日凌晨，谢某乙与蒙某某、谢某丙等人在谢某甲家玩耍，后谢某甲以不送谢某乙回家为由威胁、胁迫谢某乙与其发生性关系，发生性关系前谢某甲发现谢某乙尚未发育完全。同年7月1日凌晨，谢某乙、蒙某某等人在谢某甲家玩耍，谢某甲在其家中房间与谢某乙又发生性关系一次。

**【案件焦点】**

本案犯罪行为发生在2020年至2021年，在当时的法律背景下，谢某甲明知蒙某某是幼女仍将其介绍给嫖客并提供卖淫场所，在嫖客不到案或无法证实嫖客是否明知蒙某某是幼女的情况下，谢某甲成立强奸罪还是成立容留、介绍卖淫罪。

**【法院裁判要旨】**

广西壮族自治区罗城仫佬族自治县人民法院经审理认为：被告人谢某甲、唐某共同容留、介绍未成年人卖淫，其中被告人谢某甲容留、介绍彭某某、张某、蒙某某三名未成年人卖淫，被告人唐某容留、介绍彭某某、张某二名未成年人卖淫，均构成容留、介绍卖淫罪。被告人谢某甲明知被害人蒙某某、谢某某是幼女，仍与被害人蒙某某发生性关系一次，与被害人谢某某发生性关系两次，属于奸淫幼女，构成强奸罪。在共同容留、介绍未成年人的犯罪中，谢某甲、唐某二人经合谋后分工合作，作用相当、地位相同，均是主犯，应当按照其所参与的全部犯罪处罚。唐某到案后如实供述其犯罪事实，系坦白，且愿意接受处罚，依法可从轻处罚。谢某甲、唐某多次容留、介绍在校未成年人卖淫，更加应当从重处罚。唐某被判处有期徒刑以上刑罚，刑满释放后五年内再故意犯应当判处有期徒刑以上刑罚之罪，属累犯，依法应当从重处罚。谢某甲一人犯数罪，对其数罪并罚。为维护社会治安管理秩序及保护未成年人合法权益，根据被告人谢某甲、唐某的犯罪事实、性质、情节及对社会的危害程度，判决如下：

一、被告人谢某甲犯强奸罪，判处有期徒刑六年；犯容留、介绍卖淫罪，判处有期徒刑四年六个月，并处罚金人民币 12000 元；总和刑期十年六个月，并处罚金人民币 12000 元；决定执行有期徒刑十年，并处罚金人民币 12000 元；

二、被告人唐某犯容留、介绍卖淫罪，判处有期徒刑三年六个月，并处罚金人民币 10000 元；

三、对被告人谢某甲的违法所得人民币 4000 元、被告人唐某的违法所得人民币 4000 元，予以追缴，上缴国库。

一审宣判后，谢某甲提出上诉。

广西壮族自治区河池市中级人民法院同意一审法院的裁判意见，裁定：

驳回上诉，维持原判。

## 【法官后语】

从 2003 年 1 月 24 日施行的《最高人民法院关于行为人不明知是不满十四周岁的幼女双方自愿发生性关系是否构成强奸罪问题的批复》（已失效），到 2013 年 10 月 23 日颁布实施的《最高人民法院、最高人民检察院、公安部、司法部关于依法惩治性侵害未成年人犯罪的意见》（以下简称《性侵意见》，已失效），再到 2023 年 5 月 24 日颁布的《最高人民法院、最高人民检察院、公安部、司法部关于办理性侵害未成年人刑事案件的意见》，前后三部司法解释性文件的颁布、废除过程以及《最高人民法院 最高人民检察院 公安部 司法部关于办理性侵害未成年人刑事案件的意见》第十七条设置的立法本意、文字表述来看，对于已满十二周岁不满十四周岁的幼女实施奸淫等性侵行为，若无极其特殊的例外情况，一般都应当认定行为人“明知”被害人是幼女。除非有合理证据证实行为人根本不可能知道被害人是幼女，或者行为人已足够谨慎行事仍对幼女年龄产生误会，否则应当认定行为人明知被害人是幼女。在本案中，谢某甲与蒙某某长期接触且自认知晓蒙某某是小学六年级的学生，而小学六年级学生常见年龄为十二岁至十三岁，初中学生常见年龄为十二周岁至十五周岁。谢某甲作为一个二十五周岁的成年人，具有正常认知判断能力，通过外表、读书情况应当能够引起谢某甲对被害人实际年龄的警觉，但其没有采取任何措施进一步核实被害人的实际年龄，亦未提供其确实不知被害人不满十四周岁的有效证据。据此，现有证据足以认定谢某甲明知被害人蒙某某是幼女。

在此情况下，对于蒙某某而言，谢某甲除构成强奸罪，其还为蒙某某介绍嫖客、接蒙某某到其家中从事卖淫活动、收取嫖资。对此行为在司法实践中存在争议，一种意见认为此案行为发生在《性侵意见》废止前，根据该意见第二十四条的规定，介绍、帮助他人奸淫幼女、猥亵儿童的，以强奸罪、猥亵儿童罪的共犯论处。谢某甲应以强奸罪共犯论处。另一种意见认为谢某甲具有容留、介绍蒙某某卖淫的事实，应构成容留、介绍卖淫罪。

笔者赞成后一种意见。首先，本案中仅有证据证实谢某甲明知蒙某某系不满十四周岁的幼女，但与蒙某某发生性关系的嫖客并未到案，公诉机关亦未提起公诉，在案证据也无法排除谢某甲利用嫖客的不知情或采取欺骗手段促使嫖客与被害人发生性关系的可能，因此没有办法认定嫖客是否“主观明知”蒙某某系幼女或是有奸淫幼女的故意，无法认定嫖客构成强奸罪。在这种情况下，谢某甲与嫖客没有共同的犯意，也没有基于共同意思联络的犯罪行为。故无法认定谢某甲构成强奸罪共犯。其次，谢某甲的犯罪行为符合容留、介绍卖淫罪的构成要件。《中华人民共和国刑法》第三百五十九条第一款规定的引诱、容留、介绍他人卖淫罪，是一个罪名的选择性规定，这三种行为只要实施了其中一种行为，即可构成犯罪。另外，本条规定中“引诱、容留、介绍他人卖淫”中的“他人”并无年龄限制，这说明介绍、容留他人卖淫包含介绍、容留幼女卖淫的情形，介绍、容留幼女卖淫也可以成立容留、介绍卖淫罪。至于《中华人民共和国刑法》第三百五十九条第二款单独设置引诱幼女卖淫罪，笔者认为此罪是作为引诱卖淫罪的特殊类型，属于情节严重情形，所以法定刑是在五年以上有期徒刑，从立法本意来看这也是基于对幼女的特殊保护。具体到本案中，案发时谢某甲已年满十八周岁，具有刑事责任能力，是合格的犯罪主体；谢某甲主观上具有容留、介绍他人与蒙某某发生性关系以此牟利的主观故意，并基于此多次实施为卖淫者蒙某某介绍嫖客、接送蒙某某、在蒙某某和嫖客之间牵线搭桥、沟通撮合、提供场所促使卖淫嫖娼活动得以实现的行为；该犯罪行为已然对社会善良风化的形成造成恶劣影响、妨害社会管理秩序。在此罪名认定中，蒙某某是否幼女不影响本罪的成立。因此，谢某甲的行为构成容留、介绍他人卖淫罪。

编写人：广西壮族自治区罗城仫佬族自治县人民法院　冉杰

20

# 未成年人特殊群体犯罪与恶势力组织犯罪的区分[①]

## ——高某等故意伤害、强奸、寻衅滋事案

**【案件基本信息】**

1. 裁判书字号

河北省高级人民法院（2021）冀刑终331号刑事裁定书

2. 案由：故意伤害罪、强奸罪、寻衅滋事罪

**【基本案情】**

被告人李某某（十九周岁）、高某（十五周岁）相互勾结，发展被告人代某某（十五周岁）、郭某某（十四周岁）与潘某某（十三周岁，另案处理）、伦某某（十三周岁，另案处理）等人为“小弟”，形成以李某某、高某为首，代某某、郭某某与潘某某、伦某某等人为固定成员的恶势力团伙。该团伙聚集

① 入库案例，参见人民法院案例库2023-04-1-179-014。

在隆化县某中学附近，发展在校学生为“小弟”，多次采用辱骂、强迫观看打人视频等手段威胁、恐吓学生，随意拦截殴打学生，索要财物。严重影响学生正常学习生活，严重扰乱学校正常管理秩序。该团伙实施犯罪故意伤害致人死亡一起、强奸三起、寻衅滋事一起，实施殴打在校学生并拍摄视频的违法行为二起。

河北省高级人民法院经审理查明的犯罪事实与一审一致，但未认定李某某、高某等人为恶势力。具体犯罪事实如下。

（一）故意伤害事实

2020年11月1日21时许，在某甲镇某甲村伦某某家老房子内，被告人李某某、高某认为被害人张某某挑拨二人关系，遂要“教训”张某某，二人指使被告人代某某、郭某某与潘某某、伦某某殴打张某某，潘某某用金属棒球棍击打张某某头部数下，被告人代某某、郭某某与伦某某对张某某拳打脚踢，致张某某当场死亡。经鉴定，张某某系被他人以钝器打击头部致颅脑损伤死亡。后被害人张某某亲属与被告人代某某、郭某某的法定代理人达成调解。

（二）强奸事实

2020年10月29日，在某甲镇某乙村马某家，被告人高某强行与孙某某（十二周岁）发生性关系。次日，在某甲镇某甲村伦某某家，被告人高某、代某某与张某某（已死亡）对孙某某进行轮奸。2020年10月31日，在某甲镇某甲村伦某某家老房子，被告人李某某、高某、代某某与张某某对孙某某进行轮奸。

（三）寻衅滋事事实

2020年10月31日下午，被告人李某某、高某、代某某与伦某某、潘某某、张某某（已死亡）等人在某乙镇某村一空地处，殴打在校学生林某某并让其跪下道歉。之后，李某某等人又找借口再次对林某某殴打。

**【案件焦点】**

未成年人恶势力组织的准确认定。

【法院裁判要旨】

河北省承德市中级人民法院经审理认为：被告人李某某、高某等人相互勾结，形成以李某某、高某为首，代某某、郭某某与潘某某、伦某某等人为固定成员的恶势力团伙，该团伙多次采用威胁、恐吓等手段在某学校内外随意拦截殴打学生、索要财物，严重影响学生学习、学校秩序，造成较为恶劣的社会影响，属于恶势力犯罪。被告人李某某、高某、代某某、郭某某的行为分别构成故意伤害罪、强奸罪、寻衅滋事罪。根据各被告人在共同犯罪中的作用、地位，部分被告人犯罪时系未成年人及赔偿谅解等情况，判决：

一、被告人李某某犯故意伤害罪，判处无期徒刑，剥夺政治权利终身；犯强奸罪，判处有期徒刑十三年；犯寻衅滋事罪，判处有期徒刑三年。决定执行无期徒刑，剥夺政治权利终身；

二、被告人高某犯故意伤害罪，判处有期徒刑十四年；犯强奸罪，判处有期徒刑十年；决定执行有期徒刑十八年；

三、被告人代某某犯故意伤害罪，判处有期徒刑三年；犯强奸罪，判处有期徒刑六年；决定执行有期徒刑七年；

四、被告人郭某某犯故意伤害罪，判处有期徒刑三年。

一审宣判后，高某提出上诉。

河北省高级人民法院经审理认为：恶势力组织是指经常纠集在一起，以暴力、威胁或者其他手段，在一定区域或行业内多次实施违法犯罪活动，为非作恶，欺压百姓，扰乱经济、社会生活秩序，造成较为恶劣的社会影响，但尚未形成黑社会性质组织的违法犯罪组织。本案中，涉案人员除一人年满十九周岁外，其余均为十五周岁及以下未成年人，且纠集在一起的时间较短，作案时间较为集中，所涉犯罪事实不多，“为非作恶，欺压百姓”特征不够明显，与恶势力的认定标准尚有差距，不宜认定恶势力，也符合对未成年被告人、被害人的双向保护和对未成年人犯罪的教育、感化、挽救政策，有利于未成年被告人的教育改造。原判认定事实清楚，证据确实充分，定罪准确，量刑适当，审判程序合法，但认定李某某、高某、代某某、郭某某等人为恶势力团伙有误，应当纠正。

河北省高级人民法院依照《中华人民共和国刑事诉讼法》第二百三十六条第一款第一项、第二百四十四条之规定，裁定：

驳回上诉，维持原判。

## 【法官后语】

本案是未成年人涉嫌恶势力犯罪的典型案件。生效裁判在严把恶势力标准的同时，体现出对未成年人“教育、感化、挽救”方针、“教育为主、惩罚为辅”原则及“包容宽容但绝不纵容”的司法政策。

一、对本案是否认定恶势力的意见分歧

恶势力虽不涉及《中华人民共和国刑法》中独立罪名，在个案中对定罪量刑没有影响，但一旦被认定，将会在后期刑罚执行过程中对被告人产生实质不利影响。所以司法实践中，是否构成恶势力犯罪常是诉辩争论的焦点。本案又涉及未成年人，故存在较大意见分歧。

一种意见认为，该未成年人犯罪团伙中纠集者相对固定，亦有符合要求的其他成员。虽然该团伙纠集时间较短，但明显存在“帮派思想”“江湖义气”，在某中学附近，多次采取辱骂、殴打等手段威胁、恐吓在校学生，主动连续实施多起恶性犯罪活动，在当地造成较为恶劣的社会影响。符合恶势力认定标准，应当认定为恶势力。

另一种意见认为，本案不符合恶势力的犯罪特点，四被告人虽有多次违法犯罪“恶”的一面，但没有相对稳定成“势”的一面。该团伙纠集时间明显过短，“为非作恶，欺压百姓”特征不够明显，且属于未成年人特殊群体犯罪，应与典型的恶势力有所区分，不应当认定为恶势力。

二、准确认定恶势力犯罪的依据及适用

《最高人民法院、最高人民检察院、公安部、司法部关于办理恶势力刑事案件若干问题的意见》规定了恶势力的概念。《中华人民共和国反有组织犯罪法》吸收前述意见关于恶势力、恶势力团伙的概念表述，将恶势力组织上升为法律概念。上述法律和规范性文件是认定恶势力的基本依据。

准确认定恶势力应当在既有规定框架内，重点把握恶势力的法律特征。即：一是共同实施违法犯罪活动的人员具有一定的稳定性，纠集者相对固定；二是经常纠集在一起，于二年之内以暴力、威胁或者其他手段在一定区域或者行业内多次实施违法犯罪活动；三是为非作恶，欺压百姓，达到扰乱经济、社会生活秩序，造成较为恶劣社会影响的程度。

1. 对“经常纠集在一起”的认定要重点审查被告人日常联系是否紧密，有无在一定时期内共同“多次实施违法犯罪活动”。本案中，团伙成员之间认识时间短，案发前彼此认识多则一个月，少则仅一周，且检察机关指控的故意伤害、强奸、寻衅滋事罪共涉及的五起犯罪事实，集中发生在2020年10月29日至11月1日四天内，另外两起殴打在校学生并拍摄视频的违法事实分别发生在2020年10月19日、10月27日两天内，不符合多次实施违法犯罪活动的时间跨度要求，“纠集在一起”的时间明显较短，难以体现违法犯罪的“持续性”“稳定性”，不足以作为违法犯罪组织来评价。

2. “为非作恶，欺压百姓”特征是恶势力与普通共同犯罪团伙的关键标志。所谓“为非作恶，欺压百姓”是指做坏事、施恶行，欺负、压迫群众。因此，暴力、威胁是恶势力较常采用的违法犯罪活动手段。本案中，未成年人团伙在校园内外以大欺小、恃强凌弱，属于实施性质较为恶劣的校园欺凌引发的违法犯罪活动，虽对特定对象造成伤害，对部分学生形成心理强制或者威慑，扰乱学校教学管理秩序，但与“为非作恶，欺压百姓”，造成较为恶劣的社会影响尚有一定差距。

对比恶势力的法律特征，本案虽然在人员数量、组织分工、多次实施违法犯罪活动等方面符合要求，但“纠集在一起”时间明显较短，且尚不足以造成较为恶劣影响，不应认定为恶势力。

三、认定未成年人恶势力应当特别慎重

《最高人民法院、最高人民检察院、公安部、司法部关于办理恶势力刑事案件若干问题的意见》规定，全部成员或者首要分子、纠集者以及其他重要成员均为未成年人的，认定恶势力时应当特别慎重。本案裁判进一步明确，对纠集在一起的时间明显较短，难以体现违法犯罪的持续性、稳定性，虽实施性质较为恶劣的校园欺凌引发违法犯罪活动，但综合考虑被侵害对象及数量、违法犯罪次数、手段、规模、人身损害后果和引起社会秩序混乱的程度以及对人民群众安全感的影响程度等因素，尚不属于“为非作恶，欺压百姓”的，不应认定为恶势力犯罪。本案中，案发时除一名被告人年满十九周岁以外，其他人员均为十五周岁及以下。经过调查，以上人员都是问题学生，或父母离异或留守家中，缺乏管教和陪伴，导致几人经常在校内外欺负弱小、惹是生非。最终因校园欺凌而引发本案，司法认定上应与为恶一方的典型恶势力有所区别，要在案件事实清楚，证据确实、充分的基础上，结合未成年人心智尚不健全，自控能力差、情绪化、争强好胜等特点整体看待。也要坚持“教育、感化、挽救”方针和“教育为主、惩罚为辅”的原则，全面、综合保护未成年人合法权益。二审法院本着有利于未成年被告人教育改造的原则，未认定本案为恶势力犯罪，实现依法惩治与精准帮教相结合，取得了较好的社会效果。

**编写人：河北省高级人民法院　马照**

21

# 对为他人提供破解无人机禁飞、限高程序行为的定性

## ——张某提供侵入、非法控制计算机信息系统程序案

**【案件基本信息】**

1. 裁判书字号

江西省南昌市高新技术产业开发区人民法院（2023）赣0191刑初372号刑事判决书

2. 案由：提供侵入、非法控制计算机信息系统程序罪

【基本案情】

2022年5月至2023年2月，被告人张某在其某出租房内，通过网络平台发布破解某品牌无人机禁飞、限高的服务广告，在与“客户”通过社交媒体账号沟通协商一致后，以280元人民币的价格，在网站上购买对应无人机型号的解禁证书程序存储于其在该网站的账号内，后指导“客户”将无人机连接电脑，其通过远程控制软件远程控制“客户”电脑，用“客户”电脑访问上述境外网站，并运行该网站提供的自动刷写程序脚本，以后台自动运行的方式，将其购买的解禁证书程序，刷写导入至“客户”的某品牌无人机固件程序中，使“客户”的无人机突破某品牌原厂计算机系统设置的安全保护措施，飞行时不受禁飞、限高等限制，其向“客户”收取人民币400元至1000元不等的费用。张某通过上述手段解禁无人机21台（次），违法所得共计人民币15060元。被告人张某于2023年3月15日主动投案。

【案件焦点】

1. 无人机的飞控系统是否属于刑法意义上的计算机信息系统；2. 本案中的程序是否属于专门用于侵入、非法控制计算机信息系统的程序。

【法院裁判要旨】

江西省南昌市高新技术产业开发区人民法院经审理认为：无人机的飞控系统作为无人机的核心技术，通过机载计算机、传感器、导航设备、执行器等硬件设备，在遥控、程控或者自主飞行的模式下，能够实现对飞行的自动控制。故无人机飞控系统具备自动处理数据功能，属于刑法意义上的计算机信息系统。在本案中，行为人使得“客户”的无人机在未进行申请的情况下，就可以突破无人机原厂计算机系统设置的安全保护措施，在飞行时不受禁飞、限高等限制。可见，该程序具有避开或者突破计算机信息系统安全保护措施，未经授权或者超越授权对计算机信息系统实施控制的功能，属于专门用于侵入、非法控制计算机信息系统程序。而被告人向他人提供软件解禁无人机超过20人次，违法所得超过5000元，属于情节严重。被告人张某为谋取非法利益，为他人提供专门用于侵入、非法控制计算机信息系统程序，情节严重的事实清楚，证据确实、充分，其行为已构成侵入、非法控制计算机信息系统程序罪。另外，被告人张某认罪认罚，具有自首、退缴违法所得、预缴罚金的量刑情节。江西省南昌市高新技术产业开发区人民法院判决如下：

一、被告人张某犯提供侵入、非法控制计算机信息系统程序罪，判处有期徒刑六个月，缓刑一年，并处罚金人民币 5000 元；

二、违法所得人民币 15060 元予以没收，上缴国库；

三、扣押未移送的作案工具手机一台、笔记本电脑一台予以没收，由扣押机关依法处理。

案件宣判后，判决已生效。

**【法官后语】**

关于民用无人机飞控系统是否属于计算机信息系统这个问题，根据《最高人民法院、最高人民检察院关于办理危害计算机信息系统安全刑事案件应用法律若干问题的解释》第十一条第一款的规定，“计算机信息系统”是指具备自动处理数据功能的系统，包括计算机、网络设备、通信设备、自动化控制设备等，凡是能够自动处理数据的系统均属于刑法意义上的计算机信息系统和计算机系统。

无人机的飞控系统作为无人机的核心技术，通过机载计算机、传感器、导航设备、执行器等硬件设备，在遥控、程控或者自主飞行的模式下，能够实现对飞行姿态、航线、任务及故障等方面的自动控制。故无人机飞控系统具备自动处理数据功能，属于刑法意义上的计算机信息系统。

本案中的解禁证书程序是否属于专门用于侵入、非法控制计算机信息系统的程序，这个问题要从以下层面进行分析。

首先，“侵入”是一种权限获取手段，对其进行法律评价可理解为未经授权或超越授权，获得对计算机信息系统进行增加、删除、修改或者获取操作的权限的访问行为。本案中，被告人张某未通过合法途径申请，显然没有得到授权，利用自动刷写程序脚本非法进入无人机飞控系统的行为属于“侵入”。

其次，“非法控制”的本质是在于未经授权或者超越授权获取他人的操作权限，其目的是控制计算机信息系统执行特定的操作。在本案中，行为人使“客户”的无人机在未进行申请的情况下，就可以突破无人机原厂计算机系统设置的安全保护措施，在飞行时不受禁飞、限高等限制。可见，该程序具有避开或者突破计算机信息系统安全保护措施，未经授权或者超越授权对计算机信息系统实施控制的功能。

最后，仅仅具备以上提到的“侵入”和“非法控制”这两个条件的程序和工具并不必然属于“专门用于侵入、非法控制计算机信息系统的程序、工具”，如果是中性软件，则可以排除“侵入”和“非法控制”的评价。所以还需要具备专门性。而从《最高人民法院、最高人民检察院关于办理危害计算机信息系统安全刑事案件应用法律若干问题的解释》第二条的“列举+兜底”条款的规定可以看出，只要在功能或设计目的上具有专门性即可满足专门性的要求。

在功能上，本案的该解禁证书程序显然是专门用于在未经授权的情况下违法对无人机程序进行篡改，显然不属于“中性程序”，具有未经授权或者超越授权对计算机信息系统实施控制的功能，具有专门性。本案中，被告人将对应无人机型号的解禁证书程序刷写导入至“客户”的某品牌无人机固件程序中，使其突破某品牌原厂计算机系统设置的安全保护措施，飞行时不受禁飞、限高等限制，该程序属于刑法意义上的“专门程序”。

而在设计目的上，本案中被告人所使用的解禁证书是针对特定品牌定制的，其具有高度的指向性，属于专门为解除该品牌无人机禁飞、限高程序而设计的，故该程序在设计目的上也具有专门性。

综上，该程序区别于“中性程序”，在功能上和设计目的上均具有专门性，是在未经授权或超越授权的状态下侵入并控制计算机系统，篡改系统内部的正常程序并干扰其对设备运行环境的识别，以达到“非法控制”的意图，属于专门用于侵入、非法控制计算机信息系统的程序。

**编写人：南昌高新技术产业开发区人民法院　陈宇　叶雅青**

22

# 非法控制计算机信息系统罪与破坏计算机信息系统罪的适用界定

## ——尹某某等非法控制计算机信息系统案

**【案件基本信息】**

1. 裁判书字号

浙江省丽水市中级人民法院（2023）浙 11 刑终 40 号刑事裁定书

2. 案由：非法控制计算机信息系统罪

**【基本案情】**

2021 年 7 月至 11 月 23 日，被告人尹某某、陈某某合谋，由尹某某利用黑客技术入侵中继网关并配置生成电话线路，由陈某某将电话线路对外销售。尹某某使用网上购买的网关管理软件漏洞工具，扫描有漏洞的中继网关后入侵，在后台添加新的管理员账号，获取管理员权限。尹某某租赁了 6 台云服务器并安装某话务管理系统，分别在入侵的中继网关和某话务管理系统上做了 IP（地址格式）配置，实现二套设备间数据通信。尹某某通过某话务管理系统的客户端登录入侵中继网关，并发生成几十至上百条可同时拨打的电话线路，每条电话线路设置账号、密码，提供给陈某某，再由陈某某出售给张某某等人，尹某某、陈某某共非法获利至少 250 余万元。

2021 年 12 月 20 日，公安民警对尹某某租赁的 6 台服务器及某系统进行远程勘查，提取上述服务器尹某某添加的 136 个中继网关 IP、历史话单等数据。通过历史话单中的被叫号码在国家反诈大数据平台进行查询，查明其中 75 个中继网关关联到张某某等人 605 起电信网络诈骗案件，涉案金额共计 66589400. 62 元。

**【案件焦点】**

被告人尹某某、陈某某的犯罪行为构成非法控制计算机信息系统罪还是破坏计算机信息系统罪，应如何区分。

**【法院裁判要旨】**

浙江省丽水市松阳县人民法院经审理认为：尹某某入侵的中继网关系通信设备，属于计算机系统。经查，中继网关是将公用电话交换网 PSTN（公共交换电话网络）与 IP 网络连接起来，从而实现通过网络进行语音通话功能的通信设备。某话务管理系统软件是一套 VOIP（基于 IP 的语音传输技术）话务计费管理系统，可控制某话务管理系统下用户拨打电话时的并发数量。尹某某、陈某某事前共谋，由尹某某利用其精通计算机技术的优势负责黑客入侵中继网关并生成电话线路交由陈某某出售，二被告人侵入相关计算机系统，控制 136 个中继网关，利用控制权对其中至少 75 个中继网关实现了和用户一样的拨打电话行为，该行为虽未造成计算机系统功能实质性破坏或者不能正常运行，但侵犯了用户完整的控制权和支配权，被告人尹某某、陈某某的行为构成非法控制计算机信息系统罪。因双方分工不同，作用相当，而不区分主从犯。被告人在实施非法控制计算机信息系统过程中，是否使用控制权配置成电话线路并使用，是造成危害后果的量刑评价问题，不影响本罪的成立。浙江省丽水市松阳县人民法院判决：

一、被告人尹某某犯非法控制计算机信息系统罪，判处有期徒刑五年六个月，并处罚金人民币 150 万元；

二、被告人陈某某犯非法控制计算机信息系统罪，判处有期徒刑五年六个月，并处罚金人民币 150 万元；

三、继续追缴被告人尹某某、陈某某未退出的违法所得人民币 250 万元。

一审宣判后，尹某某、陈某某提出上诉。

浙江省丽水市中级人民法院经审理认为：原判认定事实清楚，证据确实、充分，定罪准确，量刑适当。审判程序合法。被告人尹某某、陈某某违反国家规定，侵入国家事务、国防建设、尖端科学技术领域之外的计算机信息系统，

**实施非法控制，情节特别严重，其行为已构成非法控制计算机信息系统罪。据此，裁定如下：**

**驳回上诉，维持原判。**

**【法官后语】**

非法控制计算机信息系统罪与破坏计算机信息系统罪在客观行为方面存在一定的竞合，二罪之间的界限应从本质区别进行辨别。

非法控制计算机信息系统罪与破坏计算机信息系统罪在犯罪行为模式上存在高度相似性。从客观方面来看，对于破坏计算机信息系统罪，《中华人民共和国刑法》第二百八十六条第一款、第二款规定了该罪的客观行为方式为删除、修改、增加，而在规定非法控制计算机信息系统罪时并未明确列举或解释"非法控制"的行为类型。但从实际侵害计算机信息系统来看，均先侵入计算机信息系统，之后如要进行非法控制，则不可避免对系统数据进行修改、增加、删除；如要对系统进一步造成破坏，亦需对系统功能或数据进行修改、增加、删除，并且破坏行为建立在非法控制的基础之上。从客体来看，二罪侵犯的客体具有同一性，均为国家事务、国防建设、尖端科学技术领域以外的普通计算机信息系统的安全。二罪在犯罪行为模式和侵犯的客体权益上高度竞合，极易造成实务中定罪的混乱，应当结合行为目的和造成的客观危害后果两个方面辩证分析。

1. 从主观方面来看，非法控制计算机信息系统罪的主观方面系非法控制计算机信息系统的目的，并且行为人往往带有营利目的，但营利目的并非构成本罪的前提条件。而在破坏计算机信息系统罪中，行为人主观上存在破坏的目的，对计算机信息系统的功能造成实质性破坏或者使系统无法正常运行。两者的主要区别在于行为人是否存在破坏计算机信息系统功能或数据的目的。实施非法控制计算机信息系统罪的犯罪行为人因要利用控制权实施营利等后续行为，需要确保计算机信息系统能够正常运行，故该罪名下行为人不应当带有毁坏计算机信息系统的主观故意。如若行为人实现控制计算机信息系统目的后，进一步实施篡改代码或者编写自毁程序等意在破坏计算机信息系统正常运行的犯罪行为，其主观目的应当认定为具有毁坏计算机信息系统的主观故意。

2. 从侵害计算机信息系统程度来看，非法控制计算机信息系统罪中对数据进行修改、增加、删除的程度远不及破坏计算机信息系统罪，因非法控制需依赖有效的系统功能及有价值的数据，从而利用系统的控制权及支配权进行牟利等其他非法目的。因此，非法控制是以计算机信息系统能够正常运行为前提，破坏了他人享有的完整控制权及支配权，未经他人授权或者超越授权，根据行为人的想法控制计算机信息系统执行特定的操作，不能达到破坏程度。但行为人实施破坏计算机信息系统行为时以破坏系统功能或使系统不能正常运行为目的，对系统功能或者数据修改、增加、删除的程度、范围远远大于非法控制行为。

综上，非法控制计算机信息系统罪与破坏计算机信息系统罪的本质区别在于对计算机信息系统及数据进行修改、增减的程度和范围是否对系统功能造成实质性破坏或者不能正常运行的后果，并结合犯罪行为人的主观目的进行综合认定。

编写人：浙江省丽水市松阳县人民法院　朱奇杰

23

# 为了逃避追捕驾车撞击民警执法车辆，没有危及民警人身安全的，构成妨害公务罪

## ——钟某等走私国家禁止进出口的货物、妨害公务、危险驾驶案

**【案件基本信息】**

1. 裁判书字号

广东省高级人民法院（2023）粤刑终10号刑事判决书

2. 案由：走私国家禁止进出口的货物罪、妨害公务罪、危险驾驶罪

【基本案情】

2021 年 7 月 12 日下午，被告人钟某等人按照同案人雷某（另案处理）的安排，组织他人在某村某路江边停车场将走私入境的冻品卸载、装运。次日凌晨，民警对该停车场进行搜查，查获冻品共计 26.585 吨，总价值 147.7475 万元。

2021 年 7 月 13 日凌晨，被告人叶某驾驶货车（车尾喷涂粤 A9××××号牌）搭载押车人员被告人田某，运输走私冻肉行驶至某路及某大道红绿灯路口处时，遇缉私民警拦截，叶某遂驾车逃离。当货车行驶至某大道路段，民警驾驶两辆轻型拦板货车（即皮卡车，车牌号分别为粤 AS××××和粤 A3××××）共同对粤 A9××××号牌货车实施堵截。其中，粤 AS××××号牌车行至货车车头意图逼停货车，车上民警打开车窗持工作证向货车驾驶员及车内人员表明身份，用手势示意其停车。叶某继续驾驶货车撞击粤 AS××××号牌车尾部，致该车横挡在货车车头处，其仍驾驶货车推行该车向前行驶约 60 米，致车损严重，同时造成某大道中间近 20 米白色铁栅栏被撞倒碾轧，靠近右侧人行道旁的数根铁柱护栏均被撞倒。直到车上民警持枪用手势倒数，叶某、田某才停下货车并试图逃跑，后被民警抓获。经鉴定，前述两辆执法轻型拦板货车的损失价格共计 18250 元。此外，钟某还有醉驾等犯罪事实。

【案件焦点】

叶某、田某在运输走私冻肉逃离过程中，驾驶车辆撞击、推行民警执法车辆，构成妨害公务罪还是袭警罪。

【法院裁判要旨】

广东省广州市中级人民法院经审理认为：被告人钟某、叶某、田某等人的行为均已构成走私国家禁止进出口的货物罪；被告人叶某、田某的行为还构成袭警罪；被告人钟某的行为还构成危险驾驶罪。据此，以走私国家禁止进出口

的货物罪、危险驾驶罪判处钟某有期徒刑九年，并处罚金 12000 元。以走私国家禁止进出口的货物罪、袭警罪判处叶某有期徒刑七年，并处罚金 5 万元；判处田某有期徒刑六年，并处罚金 4 万元。以走私国家禁止进出口的货物罪判处其他被告人有期徒刑九年至一年六个月不等，并处罚金。

一审宣判后，钟某、叶某、田某等人提出上诉。

广东省高级人民法院经审理认为：原判认定基本事实清楚，证据确实、充分，判决各上诉人、原审被告人犯走私国家禁止进出口的货物罪及上诉人钟某犯危险驾驶罪的定罪准确，审判程序合法。但对上诉人叶某、田某暴力拒捕的部分事实认定有误，予以纠正。关于该部分事实的定性，叶某在田某的指使下虽然有驾驶货车撞击执法车辆的行为，但车上民警未受到人身攻击，货车的推行速度也不足以达到严重危及人身安全的程度，可见叶某、田某主观上并无积极追求袭击正在执行职务的人民警察的故意，客观上驾驶货车撞击执法车辆是为了逃避检查，并非暴力袭击，根据主客观一致及罪责刑相适应原则，其行为不构成袭警罪，应认定为妨害公务罪。此外，对上诉人钟某等人的量刑不符合罪责刑相适应原则，应予纠正。据此，判决如下：

以走私国家禁止进出口的货物罪、危险驾驶罪判处钟某有期徒刑八年，并处罚金 12000 元。以走私国家禁止进出口的货物罪、妨害公务罪判处叶某有期徒刑五年，并处罚金 5 万元；判处田某有期徒刑四年，并处罚金 4 万元。以走私国家禁止进出口的货物罪判处其他被告人有期徒刑八年至一年六个月不等，并处罚金。

**【法官后语】**

本案的争议焦点是被告人叶某、田某暴力拒捕的行为构成妨害公务罪还是袭警罪。《中华人民共和国刑法》第二百七十七条规定了妨害公务罪和袭警罪两个罪名，妨害公务罪是指以暴力、威胁方法阻碍国家机关工作人员依法执行职务的行为，袭警罪是指暴力袭击正在依法执行职务的人民警察的行为。从立法沿革看，袭警原先作为妨害公务罪的从重处罚情节，后经《中华人民共和国刑法修正案（十一）》规定为特定犯罪，可见袭警罪是从妨害公务罪中抽离出来的罪名，二者为特别条款与一般条款的关系。成立袭警罪以符合妨害公务罪的构成要件为前提，同时要额外满足其他构成要件。本案中，叶某、田某暴力拒捕的行为符合妨害公务罪的构成要件没有争议，主要问题在于其二人的行为是否进一步构成袭警罪。对此，需要从客观和主观两方面进行分析辨别。

一、客观上从暴力的对象及程度区分妨害公务罪与袭警罪

妨害公务罪中的暴力是广义的暴力，是指对依法执行职务的国家机关工作人员行使有形力。此种暴力不要求直接对国家机关工作人员的身体实施暴力，通过对物实施暴力从而间接影响职务行为正常实施的，也可以构成妨害公务罪。例如，通过打砸执行职务人员使用车辆或者其他设备，阻碍职务行为的，可能成立妨害公务罪。袭警罪中的暴力则是指狭义的暴力，即对人民警察的身体行使有形力，其对象只能是人民警察，不包括其他国家机关工作人员。此种暴力系对人民警察的人身攻击，此种攻击至少对人民警察的人身安全有具体的危险，对人身安全不具有现实危险的，不宜被认定为袭警罪。同时，从袭警罪的罪状描述来看，袭击是指出其不意的突然攻击，渐进式的抵抗，不具备攻击的瞬时性，也不宜被认定为袭警罪。

本案中，叶某、田某驾驶货车运输走私冻品逃离民警追捕，在逃离过程中，两辆执法车辆欲前后夹击截停叶某、田某二人驾驶的货车，当一辆执法车辆加速超车实施堵截时，叶某、田某二人驾车撞击该执法车辆尾部并向前推行约60米，致车损严重。从客观上看，若行为人驾车撞击针对的是人民警察的身体，能够通过撞击车辆伤害车内警察，则可以构成袭警罪。但本案中执法车辆与叶某、田某二人驾驶车辆先是并行，民警加速超车意欲截停，叶某、田某二人才撞上执法车辆尾部，并将执法车辆向前推行约60米，在整个过程中，叶某、田某二人并未直接针对民警进行撞击，向前推行的速度也很慢，事实上也未达到危及人身安全的程度，同时，此种撞击也并非瞬时性的袭击，不属于袭警罪中的暴力，在客观上仅符合妨害公务罪的构成要件。

二、主观上从实施暴力的认识和目的区分妨害公务罪与袭警罪

构成妨害公务罪，要求行为人主观上明知国家机关工作人员正在依法执行

职务，而故意以暴力、威胁方法予以阻碍。袭警罪则不仅要求行为人对暴力阻碍人民警察执行职务有认识，还要求有对人民警察进行人身攻击的故意。若行为人采取暴力手段妨害公务，过失致使人民警察遭受人身伤害，不构成袭警罪。

本案中，叶某、田某均辩称不知道当时拦车的是警察，以为是“黑吃黑”，其他同案人也供述称被要求遇到“黑吃黑”拦车抢货的要继续撞过去。经查，当晚执法的民警虽然开的都是民用号牌的车，但车上有穿着制服的辅警、有人佩戴证件，民警在截停过程中多次贴靠开窗表明身份，打手势呼叫，在被推行之后掏枪警告，在货车仍不刹停的情况下朝天鸣枪示警，最后才拿枪对着叶某打手势倒数。可见执法的民警是理性、克制地逐步加大力度的，此过程持续了一段时间、经过相当长的路段，叶某和田某坐在货车驾驶室，视野较高，应当能够意识到是警察在进行缉私执法活动。但其二人驾驶货车强行撞击执法车辆是为了逃避检查、逃离现场，而不是意欲对警察进行人身攻击，没有袭警的故意，不构成袭警罪。

综上，妨害公务罪与袭警罪在客观上存在暴力对象及程度的不同，主观上存在对暴力的认识及目的的不同。本案二被告人驾驶车辆为了逃避追捕而撞击执法车辆，属于以暴力方法阻碍国家机关工作人员依法执行职务，应认定为妨害公务罪，但此种暴力手段没有伤害民警人身安全的现实危险，不构成袭警罪。

**编写人：广东省高级人民法院　刘晓光　张伟隆**

24

# 以航道清淤为名在内河非法采砂，情节严重的，构成非法采矿罪

## ——仇某等非法采矿，掩饰、隐瞒犯罪所得案

### 【案件基本信息】

1. 裁判书字号

江苏省南京市中级人民法院（2023）苏01刑终448号刑事裁定书

2. 案由：非法采矿罪，掩饰、隐瞒犯罪所得罪

### 【基本案情】

2021年6月中旬至8月，被告人仇某、张某在未取得河道采砂许可证的情况下，组织被告人张某及陈某、陶某等人至某码头附近水域采砂。被告人仇某、张某经分别与被告人简某、蔡某事先共谋，简某与王某事先共谋，由仇某、张某组织采砂、安排黄某等运砂船将开采的河砂运至码头过驳，由王某等人提供码头过驳，由简某、蔡某等人销售河砂。

因航道堵塞，2021年6月28日，某市交通运输局等部门就恢复航道畅通召开应急疏浚会议，确定抢通疏浚航段。2021年6月29日至7月4日，仇某等人协助应急疏浚。

2021年6月中旬至8月，仇某、张某等人在某码头附近水域采砂共计57662.58吨，价值2821939.84元。其中，23948吨河砂由简某等人收购并销售，均运至王某经营或联系、安排的码头过驳。12386.76吨河砂由蔡某收购并销售，均运至彭某、周某经营的码头过驳。

**【案件焦点】**

1. 以航道疏浚为名在内河非法采砂的行为，是否构成非法采矿罪；2. 非法采砂期间，行政机关组织应急疏浚的部分，是否计入非法采砂犯罪数额；3. 掩饰、隐瞒犯罪所得行为人与上游非法采砂行为人“事前”通谋的时间节点如何认定。

**【法院裁判要旨】**

江苏省如皋市人民法院经审理认为：河砂属河流相沉积天然石英砂，主要化学成分为二氧化硅，经长期地质作用形成。仇某等在河道管理范围内挖掘售卖河砂，查扣物样品检测结论印证其矿产资源属性。各被告人以河砂为目标，且能明确认识到开采、运输、过驳、销售的是河砂，而非土。根据主客观相统一原则，本案开采的河砂属于矿产资源。河砂中的泥质含量不影响其矿产资源属性。建筑用砂标准是工程建筑上对砂的技术性要求，属于产品标准，不是认定河砂矿产资源属性的依据。

在案证据能够证明 2021 年 6 月底 7 月初，因案涉水域发生航道堵塞，海事等部门经会商，组织包括案涉采砂船在内的船舶进行航道应急疏浚，未涉及疏浚出的物品如何处置。虽然仇某组织购买采砂船、实施非法采砂行为在先，协助应急疏浚在后，但应急疏浚期间实施的采砂行为应当视为在行政主管部门安排之下所实施的修复抢通，客观上与未取得河道采砂许可证而擅自采砂的行为存在本质区别。因为非法采砂行为侵犯的法益是砂资源的所有权和国家的砂资源管理制度，而根据行政主管部门的安排进行应急疏浚的行为不应当受到刑法的否定性评价，不应以仇某等人擅自将应急疏浚出的河砂进行销售而反向认定其协助应急疏浚的行为系非法采砂行为。因此，应急疏浚期间的采砂数额应当从犯罪数额中扣除。

明知是犯罪所得的矿产品而予以转移、收购、代为销售，且事前与非法采矿犯罪分子通谋的，以非法采矿罪的共犯论处。判断“事前”的时间节点应当以掩饰、隐瞒行为人参与的时间为依据，与非法采砂行为是否已经开始着手实施并无关联，只要上游犯罪尚未完成即可。简某等四人明知仇某等非法采砂的犯罪内容、危害后果而在收购、销售之前与其通谋，形成共同犯罪故意，客观上对于仇某等人非法采砂犯罪行为予以配合，应当以共犯论处。据此，以非法采矿罪对仇某等 17 人判处有期徒刑四年九个月至八个月不等，处罚金 50 万元至 3 万元不等，以掩饰、隐瞒犯罪所得罪对彭某、周某分别判处有期徒刑三年，缓刑四年，并处罚金 5 万元；对蔡某以非法采矿罪，掩饰、隐瞒犯罪所得罪数罪并罚，执行有期徒刑三年，缓刑四年，并处罚金 10 万元。

一审宣判后，被告人提出上诉。

江苏省南京市中级人民法院经审理认为：原审判决认定事实清楚，证据确实、充分，定罪准确，量刑适当，审判程序合法。依照《中华人民共和国刑事诉讼法》第二百三十六条第一款第一项之规定，裁定：

驳回上诉，维持原判。

**【法官后语】**

本案是一起典型的内河非法采砂案。涉及的争议问题主要包括以下三个：一是河砂能否认定为矿产资源；二是行政机关组织应急疏浚的采砂数量，是否计入非法采砂犯罪数额；三是掩饰、隐瞒犯罪所得罪与上游盗采犯罪事前通谋的认定。

一、河砂具有矿产资源属性，可以成为非法采矿罪的犯罪对象

矿山砂石、江砂的矿产资源属性一般没有争议。但法律法规对于矿产资源的范围并没有统一的技术标准可供鉴别，仅在《中华人民共和国矿产资源法实施细则》[①] 及其所附的《矿产资源分类细目》[②] 中提出了定义，并列举了矿产资源的矿种和分类。

与江砂不同的是，河砂中的含泥量较高、砂子细度模数较低、销售价值也远远低于江砂，不法分子往往以河砂不属于矿产资源为由提出辩解，试图逃脱

---

① 《中华人民共和国矿产资源法实施细则》第二条规定，矿产资源是指由地质作用形成的，具有利用价值的，呈固态、液态、气态的自然资源。

② 该分类细目在对非金属矿产的列举中，包括天然石英砂（玻璃用砂、铸型用砂、建筑用砂、水泥配料用砂、水泥标准砂、砖瓦用砂）。

法律制裁。

在判断河砂是否属于矿产资源时，应当坚持主客观相一致的原则。客观上，河砂属河流相沉积天然石英砂，主要成分为二氧化硅，经长期地质作用形成，属于《矿产资源分类细目》中的天然石英砂。因此，河砂的矿产资源属性在客观上毋庸置疑。主观上，需要结合在案证据，判断行为人在盗采河砂过程中，是否认识到盗采的对象是具有经济价值的河砂，而非土。

司法实践中，由于河砂的含泥量较高、细度模数较低，被告人、辩护人往往以河砂达不到建筑用砂标准为由提出辩解，认为河砂不属于矿产资源，但上述观点难以成立。这是因为，从河道中直接开采出来的砂称为原状砂，其中泥质含量相对成品砂而言较高符合常理，但是，河砂中的泥质含量不影响河砂的矿产资源属性。建筑用砂标准是工程建筑上对砂的技术性要求，属于产品标准，并非认定河砂矿产资源属性的依据。且河砂的含泥量、细度模数影响的是河砂价值，无论是销赃金额还是认定价格，均包含上述因素，而且会作为量刑因素予以体现。

二、犯罪事实的认定不仅要从形式上判断是否符合构成要件，更需进行实质违法性的判断

犯罪行为必须是实质上为法律所不允许的行为，即必须是违法的行为。所谓违法，就是指行为违反法律，为法律所不允许。违法性的实质是对法益的侵害与威胁。刑法的任务与目的是保护法益。换言之，刑法之所以以刑罚禁止某种行为，是因为它侵害或者威胁了法益。实质违法性判断，有利于评价行为的违法程度，合理确定正当化事由的根据与范围。

对于非法采矿罪等行政犯，均以违反行政法律法规为前提，因此，与自然犯相比，在认定行政犯是否构成犯罪以及具体的犯罪事实时，不仅要从形式上判断是否符合构成要件，更有必要进行违法性的实质判断，否则，极易陷入机械司法的怪圈，进而得出违反常情常理的结论。

在被告人非法采砂期间，案涉水域发生航道堵塞，海事等部门组织包括案涉采砂船在内的船舶进行航道应急疏浚，并未涉及疏浚出的物品如何处置。虽

然被告人仇某等人组织实施非法采砂行为在先，协助海事等部门应急疏浚在后，但应急疏浚期间实施的采砂行为应当视为在行政主管部门安排之下所实施的修复抢通，客观上与未取得河道采砂许可证而擅自采砂的行为存在本质区别。因为非法采砂行为侵犯的法益是砂资源的所有权和国家的砂资源管理制度，而根据行政主管部门的安排进行应急疏浚的行为不应当受到刑法的否定性评价，不应以仇某等人擅自将应急疏浚出的河砂进行销售而反向认定其协助应急疏浚的行为系非法采砂行为。基于上述实质违法性判断，该案将应急疏浚期间的采砂数额从犯罪数额中进行了扣减。

三、掩饰、隐瞒犯罪所得罪与上游盗采犯罪事前通谋的认定

实践中，一些行为人未直接实施盗采行为，但在盗采、运输、销赃等环节充当“黄牛”，提供便利条件或者居间联络，对盗采行为的实现、持续实施或者转化为经济利益起到了实质性的帮助作用。对此类行为，一方面，应当坚持“全要素、全环节、全链条”打击；另一方面，应当依据法律规定和共同犯罪理论，准确区分盗采矿产资源帮助型共犯与掩饰、隐瞒犯罪所得罪。

具体而言，认定共犯的关键在于，主观上行为人存在意思联络，客观上帮助行为与本罪犯罪后果之间存在因果关系。掩饰、隐瞒犯罪所得的行为是事后帮助行为，“犯罪所得”中的“犯罪”应当是指既遂犯罪。对于事前与非法采砂犯罪分子通谋，实施掩饰、隐瞒犯罪所得的，主观上明知非法采砂行为人的犯罪内容、危害后果而与其通谋，形成共同的犯罪故意，客观上对非法采砂犯罪分子实施犯罪予以配合，应当以共同犯罪论处。

可见，上下游犯罪行为人是否存在“事前”通谋，直接关系到下游行为的性质认定。判断“事前”的时间节点应当以掩饰、隐瞒行为人参与的时间为依据，即掩饰、隐瞒行为人在参与犯罪之前，与盗采行为人进行通谋，加入犯罪，与非法采砂行为是否已经开始着手实施并无关联，只要上游犯罪尚未完成即可。二者的“事前”共谋既包括在上游非法采砂实行行为实施之前形成，也包括在上游犯罪实施过程中形成。如果上游犯罪既遂之后才知道上游犯罪行为的，自然不能认定为与上游犯罪人通谋。

实践中，存在掩饰、隐瞒行为人事先并未与上游盗采行为人通谋，而是在上游犯罪尚未完成时介入，但其并未直接参与上游盗采犯罪，而是以掩饰、隐瞒的方式协助盗采行为人完成犯罪，应当认定为非法采矿罪的共犯。仇某与陈某等人盗采河砂在先，在此过程中，简某等四人加入，并与仇某形成非法采砂的共同犯罪故意，而后按照约定分工，简某一方实施收购、销售河砂等行为，应当以共犯论处。

编写人：江苏省如皋市人民法院　张弦

25

# 私募基金领域非法集资行为的定性

## ——某基金公司、闫某某等非法吸收公众存款案

**【案件基本信息】**

1. 裁判书字号

河北省廊坊市中级人民法院（2023）冀10刑终119号刑事裁定书

2. 案由：非法吸收公众存款罪

**【基本案情】**

被告单位某基金公司于2014年11月18日注册成立，靳某某担任该公司法定代表人，被告人闫某某担任总经理，被告人黄某某担任市场部总经理。2015年，该公司经中国证券投资基金业协会登记为私募基金管理人，2019年7月26日，中国证券投资基金业协会注销该公司私募基金管理人登记。

2016年至2019年，该公司发行多个合伙制私募股权投资基金，期间违反私募基金投资规定，以私募基金投资名义通过公开宣传的方式与集资参与人签订合同，并承诺返还本息，向社会不特定人群4万余人次吸收资金，截至2019

年 8 月 1 日，共计吸收本金人民币 2310700000 元，兑付本金 1650277500 元，支付利息共计 77498720 元，尚欠本金 660422500 元未兑付。被告人闫某某、黄某某作为该公司的直接负责的主管人员，积极参与实施该公司的非法吸收公众存款行为。

**【案件焦点】**

1. 经依法登记的私募基金管理人通过发售合法备案的私募基金向不特定社会公众吸收资金的行为性质应如何认定；2. 私募基金领域非法吸收公众存款罪与集资诈骗罪应如何区分。

**【法院裁判要旨】**

河北省廊坊市广阳区人民法院经审理认为：被告单位某基金公司以私募基金投资名义通过公开宣传的方式与集资参与人签订合同，承诺在一定期限内还本付息，向社会不特定人群吸收资金，扰乱金融秩序，数额巨大，其行为构成非法吸收公众存款罪。被告人闫某某、黄某某作为某基金公司的高级管理人员，积极参与该公司的犯罪行为，系单位犯罪中直接负责的主管人员，二人行为均构成非法吸收公众存款罪。在共同犯罪中，闫某某、黄某某起主要作用，均系主犯。闫某某、黄某某主动到公安机关投案并如实供述犯罪事实，系自首，依法可以从轻处罚。被告人闫某某、黄某某无前科劣迹，系初犯，自愿认罪认罚，可酌情从轻处罚。

河北省廊坊市广阳区人民法院依照《中华人民共和国刑法》第一百七十六条、第二十五条第一款、第二十六条第一款、第四款、第三十条、第三十一条、第五十二条、第五十三条、第六十七条第一款、第六十一条、第六十四条及《最高人民法院关于审理非法集资刑事案件具体应用法律若干问题的解释》第一条第一款、第三条第一款第一项、第二款第一项及《中华人民共和国刑事诉讼法》第十五条之规定，作出如下判决：

一、被告单位某基金公司犯非法吸收公众存款罪，判处罚金人民币 30 万元；

二、被告人闫某某犯非法吸收公众存款罪，判处有期徒刑八年，并处罚金人民币10万元；

三、被告人黄某某犯非法吸收公众存款罪，判处有期徒刑八年，并处罚金人民币10万元；

四、公安机关扣押的涉案资产予以追缴，返还集资参与人；

五、被告单位某基金公司、被告人闫某某、黄某某非法吸收公众存款的违法所得予以追缴，返还集资参与人。

一审宣判后，公诉机关提起抗诉，认为被告单位某基金公司、被告人闫某某、黄某某在被告单位被注销私募基金管理人资质后，继续非法集资的行为符合集资诈骗罪的犯罪构成，原审判决未予认定确有错误。被告人闫某某、黄某某提起上诉，认为一审判决量刑过重。

河北省廊坊市中级人民法院经审理认为：在案证据证实，某基金公司吸收集资参与人投资后，确有正常投资和经营活动，同时对集资参与人也有还本付息行为，其并非以非法占有为目的，骗取集资参与人资金，其行为符合非法吸收公众存款罪构成要件，且属数额巨大。在2019年7月26日中国证券投资基金业协会注销某基金公司私募基金管理人资质后至2019年8月1日，某基金公司继续以在中基协备案尚未清算的某股权投资基金名义吸收资金的行为，应当认定为非法吸收公众存款行为的延续。原审判决认定事实清楚，证据确实、充分，适用法律正确，量刑适当，审判程序合法。

河北省廊坊市中级人民法院依照《中华人民共和国刑事诉讼法》第二百三十六条第一款第一项、第二百四十四条的规定，作出如下裁定：

驳回抗诉、上诉，维持原判。

## 【法官后语】

一、私募基金领域非法吸收公众存款行为的认定

非法吸收公众存款行为是非法吸收公众存款罪和集资诈骗罪成立的基础。根据《最高人民法院关于审理非法集资刑事案件具体应用法律若干问题的解释》第一条的规定，非法吸收公众存款行为具有非法性、公开性、利诱性、社

会性等四个特征要件。其中，非法性是认定吸收公众存款行为构罪的前提条件，体现为行为主体未经有关部门依法许可或者借用合法经营的形式吸收资金。这里的" 未经有关部门依法许可"，仅适用于法律明确规定应当审批而未经审批许可的非法融资行为。对于私募基金而言，根据《私募投资基金监督管理暂行办法》及《私募投资基金监督管理条例》的相关规定，私募基金管理机构的设立和基金的发行实行行政审批豁免，私募基金管理人应当向基金业协会申请登记，募集完毕后办理备案；登记备案不构成对私募基金管理人投资能力、持续合规情况的认可。可见，私募基金登记和备案并不属于" 有关部门依法许可"，私募基金管理人的主体资格和私募基金的备案情况只是基本的形式要件，无论私募基金管理人是否按规定办理登记并为发行的基金进行备案，均不影响对集资行为非法性的认定。本案中，被告单位虽按规定进行了登记，发行的涉案基金亦进行了备案，但并不意味其集资行为合法。被告单位披着合法私募基金的外衣，通过与集资参与人签订私募基金投资合同吸收资金，对其实施的集资行为的性质，应当根据法律和金融法规对私募基金募集对象、募集方式、收益分配等方面的相关规定进行实质审查。其集资行为违背私募基金非公开募集、收益不固定及投资者特定化等特性，因此不属于私募基金的合法经营行为。结合被告单位通过公开宣传吸引了大量不特定社会公众参与投资，并向投资人承诺固定年收益，符合非法吸收公众存款的公开性、利诱性、社会性等要件特征，其行为系非法吸收公众存款行为。

二、私募基金领域非法吸收公众存款罪与集资诈骗罪的适用

（一）非法吸收公众存款罪与集资诈骗罪的区分

非法吸收公众存款罪与集资诈骗罪的本质区别，在于行为人的主观上是否具有非法占有目的。对集资诈骗犯罪中" 非法占有目的" 的认定，要坚持主客观相一致的原则，不能单纯以诈骗方法代替非法占有目的的认定，也不能仅根据损失结果客观归罪。对于涉私募基金非法集资案件中行为人是否具有非法占有目的，应综合考察私募基金运行全过程的基础上，从以下角度进行判断：第一，私募基金募集阶段，宣称的投资项目是否系虚构，是否明显不具有盈利可

能性；第二，私募基金募集完毕后，行为人是否改变资金用途，是否将主要资金用于生产经营以外的活动；第三，在投资项目运营过程中，行为人有无明显不负责任的行为表现，是否采取最低限度的成本控制及风险管控措施，是否通过借新还旧填补资金缺口，有无抽逃资金行为；第四，投资期限届满或投资项目结束后，行为人是否有逃避返还投资款的行为表现。具体到本案中，某基金公司依法进行了私募基金管理人登记并对涉案基金进行了备案；吸收集资参与人投资后，确实按基金合同的约定开展了正常投资和经营活动，大部分资金投向真实存在的项目而不是用于个人挥霍；同时对集资参与人也有还本付息行为，截至案发本金兑付率达到70%以上，相关人员并无恶意逃避返还资金迹象；虽存在借新还旧情形，但尚不足以认定归还本息主要通过借新还旧实现。因此，生效裁判认定各被告主观上不具有非法占有目的，其行为构成非法吸收公众存款罪。

（二）非法吸收公众存款罪与集资诈骗罪的转化

非法集资活动是一个持续的动态过程。实践中，既存在自始即以非法占有为目的、以诈骗手段吸收资金的单一集资诈骗犯罪，也存在从非法吸收公众存款罪转化的集资诈骗犯罪。在非法吸收公众存款行为持续的情形下，二罪的分水岭在于行为人非法占有目的的产生，具体表现为对没有归还能力的明知。本案中，被告单位虽在涉案私募资金运营期间被注销私募基金管理人登记，但该登记仅为形式要件，是否登记不影响对其行为性质的认定。各被告在被告单位注销管理人登记前后实施的吸收资金行为及运营投资项目行为并无差异，不能认定其犯意发生了转化，产生了非法占有目的；被告单位已于注销登记前将所吸收资金的绝大部分投向相关项目，注销登记后仅六天即被查处，不能认定注销登记对其归还能力构成影响。被告单位被注销登记后继续以尚未清算的涉案基金名义吸收资金，与之前的非法吸收公众存款行为具有连续性、一致性，应当认定为前行为的延续。

编写人：河北省廊坊市中级人民法院　徐兵

26

# “借故生非型”寻衅滋事行为的审查认定[①]

## ——丁某、王某某寻衅滋事案

**【案件基本信息】**

1. 裁判书字号

上海市第一中级人民法院（2024）沪01刑终538号刑事裁定书

2. 案由：寻衅滋事罪

**【基本案情】**

2023年5月29日凌晨，被告人丁某、王某某等人饮酒后途经上海市某娱乐场所楼下时，遇酒醉的被害人庄某某骂其说话声音大而发生口角，后被旁人劝开。丁某、王某某等人回到娱乐场所旁酒店后心生不甘，为泄愤又返回至道路寻找庄某某。丁某率先殴打庄某某，庄某某遂逃跑。丁某、王某某等人追逐庄某某至附近公路，庄某某在逃跑过程中倒地，丁某、王某某追上后一起对庄某某拳打脚踢，致庄某某身体多处受伤。经鉴定，庄某某受外力作用致肋骨骨折6处以上损伤，构成轻伤一级，另有5处伤势分别构成轻微伤。

**【案件焦点】**

1. 本案被告人丁某、王某某是否具有寻衅滋事的共同犯罪故意；2. 在被害人对于矛盾纠纷的引发有一定责任的情况下，被告人丁某、王某某的行为是否构成寻衅滋事罪。

---

① 入库案例，参见人民法院案例库2025-05-1-269-001。

## 【法院裁判要旨】

上海市浦东新区人民法院经审理认为：被告人丁某、王某某在公共场所共同随意殴打他人，情节恶劣，破坏社会秩序，其行为均已构成寻衅滋事罪，且应认定为共同犯罪。经查，丁某、王某某与被害人发生口角被旁人劝开后，心生不甘，为泄愤又返回寻找被害人，丁某率先殴打被害人，被害人遂逃跑，在被被告人追逐过程中摔倒，后丁某、王某某一起对被害人拳打脚踢致其多处受伤，足以认定被告人已构成寻衅滋事罪。据此，依照《中华人民共和国刑法》第二百九十三条第一款第一项、第二十五条第一款、第六十七条第三款，《中华人民共和国刑事诉讼法》第十五条之规定，以寻衅滋事罪判处被告人丁某有期徒刑一年四个月；判处被告人王某某有期徒刑一年三个月。

一审宣判后，丁某、王某某提出上诉。

上海市第一中级人民法院经审理认为：原审法院根据丁某、王某某犯罪的事实、性质、情节和对于社会的危害程度等所作出的定罪量刑并无不当，且审判程序合法。据此，依照《中华人民共和国刑事诉讼法》第二百三十六条第一款第一项之规定，裁定如下：

驳回上诉，维持原判。

## 【法官后语】

本案的争议焦点有二：一是被告人丁某、王某某是否具有寻衅滋事的共同犯罪故意；二是在被害人对于矛盾纠纷的引发有一定责任的情况下，被告人丁某、王某某的行为是否构成寻衅滋事罪。

一、寻衅滋事的共同犯意可通过明示或默示的方式形成

判断是否具有共同犯罪故意，关键在于行为人之间是否存在犯意联络。共同犯罪的犯意联络是指各行为人关于相互协同实施特定犯罪行为的意思沟通，这种意思沟通既可采用明示的方式进行，也可采用默示的方式进行，其实质上是各行为人共同实施特定犯罪行为的“合意”。

本案中，被告人丁某、王某某具有寻衅滋事的共同犯罪故意。丁某、王某

某的供述证实，其四人返回酒店后越想越气，最终决定一同下楼找被害人理论。被害人庄某某的陈述，现场监控视频，丁某、王某某的供述等证据证实，丁某、王某某等人回到路边发现被害人时，丁某先抱住被害人并掌掴其面部，王某某紧随其后，在被害人挣脱丁某的束缚欲逃跑时，王某某冲上前试图配合丁某拉住被害人。在被害人逃跑过程中，丁某、王某某等人继续追逐，至被害人摔倒在地仍未罢休，丁某先踢了被害人一脚，紧接着王某某打了被害人三拳，随后二人一同对被害人拳打脚踢，致被害人多处受伤。其间，王某某目睹丁某打人非但没有制止，反而不假思索地跟上动手，足以说明其所谓“找被害人理论”实则是争强斗狠、逞强耍横，包含随意殴打他人的犯罪故意，故二人在酒店至少已通过默示的方式形成寻衅滋事的合意。

二、被告人丁某、王某某的行为属于“借故生非型”寻衅滋事

《最高人民法院、最高人民检察院关于办理寻衅滋事刑事案件适用法律若干问题的解释》（以下简称《解释》）第一条第二款规定：“行为人因日常生活中的偶发矛盾纠纷，借故生非，实施刑法第二百九十三条规定的行为的，应当认定为‘寻衅滋事’，但矛盾系由被害人故意引发或者被害人对矛盾激化负有主要责任的除外。”据此，对于“借故生非型”寻衅滋事行为是否构成寻衅滋事罪，关键在于准确判断矛盾纠纷的起因和性质，以及行为人与被害人在矛盾纠纷引发或者激化中的责任。“借故生非”，意味着即便被害人对日常生活中偶发性的矛盾纠纷也有责任，但在事态已经平息、纠纷已经中止、双方已分开的情况下，行为人为了争强斗狠、逞强耍横，仍然小题大做、借题发挥；或在冲突过程中，特别是在双方口角时，行为人一方陡然加大侵害力度，实施与常情常理背离的随意殴打他人或者任意毁损他人财物等行为。该类案件看似事出有“因”，但“因”在常人来看非正常非正当，行为人实施的侵害行为明显不属于解决纠纷的合理方式，明显超出解决纠纷的合理限度，明显违背一般人应具备的基本是非观和普遍应遵守的道德标准，属于“借故生非型”寻衅滋事，不适用《解释》）第一条第二款规定的例外条款。

本案中，在案证据证实，案发前，被害人庄某某确实在醉酒状态下先骂丁

某、王某某等人说话大声，双方产生口角但没有肢体冲突，事态平息后双方各自离开，丁某、王某某等人回到酒店，庄某某则走到路边等车。然而，丁某、王某某等人明知纠纷已经结束，仍抓住此小事不放，并且单方面夸大矛盾纠纷的严重程度，又从酒店折返至道路寻找庄某某对其拳打脚踢，重生事端，在庄某某试图逃跑时仍追逐不舍，在其倒地后继续随意殴打、加大侵害力度，致其轻伤一级，另有五处轻微伤，对社会秩序造成严重不良影响。鉴于此，本案属于《解释》第一条第二款规定的“借故生非型”寻衅滋事，且不具有该条款规定的例外情形，依法以寻衅滋事罪论处。

编写人：上海市第一中级人民法院　阳韵

## （二）共同犯罪

27

# 电信诈骗中起辅助作用的从犯，以预期违法所得为限承担退赔责任

——陈某诈骗案

**【案件基本信息】**

1. 裁判书字号

福建省厦门市海沧区人民法院（2023）闽0205刑初526号刑事判决书

2. 案由：诈骗罪

**【基本案情】**

2023 年 2 月开始，被告人陈某与上家“某某”共谋，欲通过网络使用话术引流被害人骗取钱款，后陈某通过聊天软件使用他人照片伪装自己与多名被害人聊天，骗取被害人信任，准备进一步骗取钱款。其间，上家“某某”让被告人陈某找人背设备发射信号或者向他人收购电话卡供其使用。2023 年 6 月，被告人陈某以每张人民币 600 元价格向朱某某（另案处理）收购其名下的三张移动手机卡并提供给上家“某某”引流使用。2023 年 6 月 19 日，被害人叶某某接到电话，对方冒充银行工作人员对其实施诈骗，最终导致叶某某被骗人民币 214999 元。

2023 年 7 月 11 日，被告人陈某在某路××号××楼××室被民警抓获，并扣押手机二部随案移送。被告人陈某到案后如实供述上述犯罪事实。

另查明，陈某向上家提供案涉三张手机卡，上家承诺支付其报酬人民币 2300 元，但未实际支付。

**【案件焦点】**

被告人陈某作为诈骗犯罪的从犯，未直接参与实施诈骗被害人，且尚未实际获得违法所得，对被害人的经济损失应如何承担退赔责任。

**【法院裁判要旨】**

福建省厦门市海沧区人民法院经审理认为：被告人陈某以非法占有为目的，伙同他人通过电信网络骗取他人钱款，诈骗数额为人民币 214999 元，其行为已构成诈骗罪，属数额巨大。本案系共同犯罪。被告人陈某在共同犯罪中起辅助作用，系从犯，依法应当减轻处罚。被告人陈某归案后如实供述自己的罪行，系坦白，依法可以从轻处罚。被告人陈某曾被判处有期徒刑以上刑罚，刑罚执行完毕后五年内再犯应当判处有期徒刑以上刑罚之罪，系累犯，依法应当从重处罚。被告人陈某曾因电信网络诈骗犯罪受过刑事处罚，可酌情从重处罚。被告人陈某认罪认罚，依法可以从宽处理。因被告人陈某系从犯，且未直接参与实施诈骗被害人叶某某，对被害人叶某某经济损失 214999 元可以其预期违法所得人民币2300元为限承担退赔责任。据此，依照《中华人民共和国刑法》第二百六十六条、第二十五条第一款、第二十七条、第六十五条、第六十七条第三款、第六十四条及《中华人民共和国刑事诉讼法》第十五条之规定，判决如下：

一、被告人陈某犯诈骗罪，判处有期徒刑一年五个月，并处罚金人民币5000元；

二、责令被告人陈某退赔被害人叶某某经济损失人民币2300元；

三、随案移送的手机两部，均依法予以没收。

案件宣判后，判决已生效。

## 【法官后语】

本案的主要争议焦点在于，被告人陈某作为诈骗犯罪的从犯，未直接参与实施诈骗被害人，且尚未实际获得违法所得，对被害人的经济损失应如何承担退赔责任？是否应对被害人的所有经济损失承担共同退赔责任？本案涉及电信网络诈骗共同犯罪案件中如何划分各被告人退赔责任问题，这是实践中的一个难点问题。

根据《中华人民共和国刑法》第六十四条之规定，犯罪分子违法所得的一切财物，应当予以追缴或者责令退赔。但该规定没有明确共同犯罪中如何划分各被告人的退赔责任。在司法实践中，“部分行为整体责任”的连带退赔责任观点占主流，即同案犯应对被害人损失共同承担退赔责任。但这种做法在打击网络犯罪时会产生诸多问题。例如，电信网络诈骗犯罪，呈现犯罪分子人数众多、内部分工细致、被害人人数众多、犯罪金额巨大等特点。不同犯罪分子参与的程度、所起的作用差别巨大，如果不加以区别地责令同案犯承担连带退赔责任，会出现在共同犯罪中起辅助作用的从犯共同承担巨额退赔责任的现象，显失公平。

责令退赔是法院责令犯罪分子赔偿被害人经济损失的制度，虽非刑罚，但也是对犯罪分子经济上的一种强制，也应符合罪责刑相适应原则和公平原则，应根据犯罪主体在共同犯罪中的作用、地位予以差别认定。实践中，对于主犯的退赔责任没有太大争议，而对从犯的退赔责任划分是实践中的难点。以电信网络诈骗为例，整个犯罪链条，从犯所起作用多种多样。有的是直接实施某起诈骗犯罪行为从犯；有的是提供支付结算帮助的从犯；有的则是提供通讯技术帮助的从犯；等等。

对于电信诈骗犯罪的从犯应如何划分退赔责任的问题，笔者认为，应根据具体案件情况，区分从犯所起的作用来划分从犯的退赔责任。根据《中华人民共和国刑法》第二十七条第一款之规定，从犯区分为起“次要作用”或“辅助作用”。两种作用存在程度上的不同。比如，对直接实施具体诈骗行为的从犯，应认定为起次要作用的从犯，这类从犯应当对其行为给被害人造成的全部经济损失承担退赔责任；对提供银行卡等直接结算工具或提供通讯技术帮助的从犯，应认定为起辅助作用的从犯，可以违法所得为限承担退赔责任。

本案中，被告人陈某向他人收购移动手机卡并提供给上家引流使用，上家使用该手机卡向被害人拨打电话实施诈骗行为，上家承诺支付被告人陈某报酬人民币2300元，但未实际支付。笔者认为，被告人并未直接实施诈骗被害人的行为，根据被告人参与程度，认定被告人陈某系在共同犯罪中起辅助作用的从犯。如果责令其对被害人的所有经济损失承担共同退赔责任，显然违反罪责刑相适应原则和公平原则，故应以被告人的违法所得为限承担退赔责任。但本案特殊之处在于，被告人尚未实际获得违法所得，是否能以此免除退赔责任？对此，笔者认为，被告人虽未实际获得违法所得，但仍应当承担退赔责任，可以其预期违法所得为限承担退赔责任。该裁判方法一定程度上解决实务中起辅助作用的从犯在尚未实际获得违法所得情况下如何承担退赔责任的问题，具有参考意义。

**编写人：福建省厦门市海沧区人民法院　张晨玮　尹志泉**

28

# 提供车辆构成醉酒型危险驾驶罪共犯的认定

——国某某危险驾驶案

## 【案件基本信息】

1. 裁判书字号

山东省淄博市博山区人民法院（2024）鲁0304刑初108号刑事判决书

2. 案由：危险驾驶罪

## 【基本案情】

被告人国某某系鲁×××××号小型轿车的所有人。2023年8月3日下午，刘某某（已另案处理）驾驶该车载国某某前往某烧烤店院内聚餐；其间，被告人国某某与刘某某、谷某某、翟某某均共同大量饮酒。21时50分许，国某某通过微信联系孙某某前往用餐处代其驾车，但孙某某未前往。21时52分45秒左右时，四人离席后，刘某某驾车驶出大院，国某某随即上车。在大院门口，因车辆右前胎胎压不足，翟某某下车用气泵给轮胎充气。随后，刘某某继续驾驶车辆沿人民路行驶。22时02分，车辆行驶至某小区门口附近时，将步行的任某某、孟某撞倒，致使任某某当场死亡，造成道路交通事故。民警当晚带刘某某抽血并送鉴定，经鉴定，在刘某某血液检材中检出乙醇成分，乙醇含量为130.26毫克/100毫升，属于醉酒后驾驶机动车。经认定，刘某某负事故的全部责任。

## 【案件焦点】

明知他人醉驾仍提供车辆是否构成危险驾驶罪的共犯。

**【法院裁判要旨】**

山东省淄博市博山区人民法院经审理认为：被告人国某某作为机动车所有人和管理人，违反道路交通安全法规，明知他人醉酒，仍为他人提供其管理的机动车并同乘，未采取实质性劝阻措施，放任他人醉酒驾驶机动车在道路上行驶，发生道路交通事故并负事故的全部责任，其与他人在危险驾驶罪范围内成立共同犯罪。公诉机关指控被告人国某某犯危险驾驶罪成立。被告人国某某在共同犯罪中起次要作用，系从犯，到案后如实供述犯罪事实，具有视为自首情节，庭审中自愿认罪认罚，已按照赔偿协议赔偿被害人近亲属经济损失并取得了谅解，符合缓刑适用条件，依法对其从轻处罚并适用缓刑。公诉机关提出的量刑建议适当，应予采纳。关于被告人国某某的辩护人辩称国某某不构成犯罪的意见，法院综合评判如下：（1）被告人确与刘某某等人一起饮酒，之后明知刘某某饮酒后仍提供车辆由其驾驶并同乘，对此有监控视频及证人证言、被告人与同案人员供述互相印证，足以证实，辩护人辩称无证据直接证明该事实与查明的事实不符，本院不予采纳。（2）在案证据显示，被告人国某某案发前虽有口头劝阻及提前联系代驾的举动，但最终未转化为实质性有效劝阻措施，未尽到车辆所有人和管理人应尽的义务，放任他人醉酒驾驶，进而发生道路交通事故，双方存在危险驾驶的共同故意，发生事故亦未超出其应当预见的范畴。

依照《中华人民共和国刑法》第一百三十三条之一第一款第二项、第二十五条第一款、第二十七条、第六十七条第一款、第七十二条第一款及第三款，第七十三条第一款及第三款，第五十二条、第五十三条、第六十一条，《最高人民法院关于处理自首和立功具体应用法律若干问题的解释》第一条及《中华人民共和国刑事诉讼法》第十五条之规定，判决被告人国某某犯危险驾驶罪，判处：

拘役一个月，缓刑二个月，并处罚金人民币 2000 元。

案件宣判后，判决已生效。

## 【法官后语】

危险驾驶罪的主体主要是机动车驾驶人员，但从司法实践看，机动车驾驶人员以外的主体可以与机动车驾驶人员一起共同实施危险驾驶犯罪，比较典型的为机动车所有人、管理人明知他人醉酒驾驶仍为其提供机动车的情形。如何准确认定提供车辆而构成醉驾型危险驾驶罪的共同犯罪问题，成为实务中亟须厘清的难题。

一、出借车辆存在构成醉驾型危险驾驶罪共同犯罪的适用空间

根据我国刑法理论，共同犯罪是指二人以上共同故意犯罪。理论界大部分学者认同，在醉驾型危险驾驶罪中，只要行为人对于醉驾行为本身具有故意，就应当构成故意犯罪，而不能根据其对于危险结果具有过失而认定为过失犯罪。[①] 笔者同意该观点，据此认为共同犯罪理论应当适用于醉驾型危险驾驶罪共犯的认定。关于醉驾型危险驾驶罪共犯主体范围的认定，实践中存在一定争议。有观点认为，醉驾型危险驾驶罪的共犯应仅限于对车辆负有安全管理和安全驾驶义务且教唆并引发他人醉驾犯意，并提供车辆的人员。持此观点者认为，单纯的出借车辆行为并不会侵害相关法益，危险驾驶与否仍由驾驶人自身意志所决定，只有实施了教唆行为引发驾驶人醉驾犯意的才具有刑事可罚性。除前述人员外的其他同乘、同饮人员，既不具有安全管理等法定义务和能力，也不具有左右驾驶人醉驾与否的原因力，即便其具有劝酒、教唆、胁迫、命令等行为，也不应认定为危险驾驶罪的共犯。另一种观点认为，不应对醉驾型危险驾驶罪共犯的主体范围作限制认定，按照一般共同犯罪理论作出认定即可。笔者同意后一种观点，认为醉驾型危险驾驶罪的共犯主体应为一般主体。根据刑法共同犯罪理论，教唆他人犯罪或者明知他人要实施犯罪而给予帮助的，教唆者和帮助者都与实施犯罪者构成共同犯罪。由此可推导得出，在危险驾驶罪的共犯认定中，教唆他人危险驾驶者或者明知他人危险驾驶仍给予帮助的，教唆者和帮助者都与危险驾驶人存在共同犯罪的可能性。据此，醉驾型危险驾驶罪的

---

① 陈兴良：《风险刑法理论的法教义学批判》，载《中外法学》2014年第1期。

共犯主体并不局限于机动车所有人、管理人等对机动车负有安全管理和安全驾驶义务的人员这些特定主体，应确定为一般主体。如若同乘、同饮人员实施了劝酒、教唆、胁迫、命令等行为，亦可能会被认定为危险驾驶罪的共犯。据此，出借车辆人员存在构成醉驾型危险驾驶罪共同犯罪的适用空间。是否构成共同犯罪，并不取决于驾驶人醉驾的决定性原因力。《中华人民共和国刑法》第十八条第四款规定，醉酒的人犯罪，应当负刑事责任。即我国刑法认为醉酒的人是负有辨认和控制能力的。醉驾与否是驾驶人自由意志决定的，但该认定不能否定教唆和帮助行为被认定为犯罪行为。因为所有犯罪都是实施犯罪者自由意志选择的结果，在其他犯罪中犯罪原因力不影响教唆者、帮助者共同犯罪认定的情况下，醉驾型危险驾驶罪共犯的认定也无须过多考量驾驶人醉驾的原因力问题。

二、因出借车辆而构成醉驾型危险驾驶罪共犯的，需以主观明知为前提

车辆所有人、管理人因出借车辆而构成醉驾型危险驾驶共同犯罪的，需存在共同犯罪的故意，即各行为人通过犯意联络，明知自己与他人共同实施危险驾驶犯罪会造成某种危害结果，并且希望或者放任这种危害结果发生的心理态度。在危险驾驶共同犯罪中存在共同直接故意、共同间接故意及直接故意与间接故意的组合三种具体罪过形态，个案中需具体分析后准确认定。对车辆所有人、管理人而言，明知的范围不仅是他人已醉酒，还包括明知他人实施危险驾驶行为。实践中，单纯地明知他人醉酒并不必然能够推导得出出借人明知他人醉驾而出借的结论。实务中确存在醉酒者委托其他未饮酒者驾驶或本人酒醒后才驾驶的情形，具体仍需结合行为人的供述、场景的还原综合认定，只有确有证据证实出借车辆者明知对方醉酒且自驾，才能构成醉驾型危险驾驶罪共犯主观上的明知。本案中，被告人在与驾驶人共饮后，仍提供车辆供他人驾驶，自己还同乘离开，主观上的明知是清晰且无争议的。

三、因出借车辆而构成醉驾型危险驾驶罪共犯的，其刑事责任按危险驾驶行为人的入罪构成要件予以评判

行为是否成立犯罪，以行为是否符合刑法分则的构成要件规定、是否具备

犯罪成立条件为准。[①] 实务中，对出借车辆的机动车所有人、管理人予以刑事评价通常以危险驾驶行为人血液中酒精含量的检测结果作为认定依据。如若无其他特殊情节，综合危险驾驶行为人驾驶的动机和目的，机动车类型、道路情况、行驶情况及认罪悔罪表现等因素综合认定即可。出借车辆的行为系对醉驾的帮助行为，出借行为人构成醉驾型危险驾驶罪的帮助犯，根据双方在共同犯罪中的地位和作用，前述帮助犯一般可认定为从犯，做到区别对待。

如若危险驾驶行为人醉驾同时构成交通肇事罪、过失以危险方法危害公共安全罪、以危险方法危害公共安全罪等其他犯罪的，对危险驾驶行为人依照处罚较重的规定定罪，依法从严追究刑事责任，对此法律有明确规定，并无争议。但在危险驾驶行为人构成其他犯罪的情况下，如何对出借车辆的机动车所有人、管理人的入罪标准、定罪情节予以恰当评价存在一定争议。以本案为例，在危险驾驶行为人因醉驾发生道路交通事故构成交通肇事罪的情况下，是否将发生道路交通事故作为出借车辆共犯的入罪标准、定罪情节予以评价，存在两种不同观点。一种观点认为，驾车造成交通事故一般而言是过失行为，过失行为不成立共同犯罪，因此，一般不应将发生道路交通事故作为出借车辆者的入罪标准、定罪情节。持此观点者认为，在《最高人民法院、最高人民检察院、公安部、司法部关于办理醉酒危险驾驶刑事案件的意见》（以下简称醉驾意见）实施后，如提供车辆者无法预见事故的发生，危险驾驶行为人醉驾时血液酒精含量不满 150 毫克/100 毫升的，如不具有醉驾意见第十条规定的其他情形的，可对提供车辆者不作犯罪处理。另一种观点认为，此种情形下，出借车辆者与危险驾驶行为人在危险驾驶罪范围内成立共犯，出借车辆者主观上应当能够预见驾驶行为人醉酒驾驶可能会发生道路交通事故的后果，放任该后果的发生，实际发生交通事故后果并未超出行为人预期，应将发生交通事故纳入出借车辆者定罪、量刑情节在危险驾驶罪中予以评价。笔者同意第二种观点，根据理论通说，醉驾型危险驾驶罪属于抽象危险犯，即立法者对“只需一般的社会经验即可认定具有危险”的行为的类型化。学界通常认为，醉驾型危险驾驶行为的抽

---

① 周光权：《论刑事一体化视角的危险驾驶罪》，载《政治与法律》2022 年第 1 期。

象危险是对公共交通安全造成侵害的危险，或者说使公共交通安全处于危险的状态。站在一个受过正常社会教育的一般人视角，其在提供车辆供醉酒者驾驶时，应当会意识到即使凌晨在目测无人的道路上醉酒驾驶，内心也会有“隐约的担忧”，不能排除道路上突然窜出来行人或者车辆，进而发生事故的可能，因而应当确定提供车辆者对发生事故具有预见可能性。但致人伤亡等其他严重后果则可能超出车辆出借者的预期，当事人之间对危害后果不存在共同罪过，不符合共同犯罪原理。另外，应正确把握醉驾意见第十条和第十二条的理解与适用。根据体系解释可以确定，醉驾意见第十条除量刑时起从重处罚作用外，还结合第十二条规定起反向排除作用，将那些反映醉驾情节严重的情形排除在认定为情节显著轻微之外，处理上体现从严立案。在危险驾驶行为人醉驾发生严重道路交通事故，构成其他犯罪的情况下，如还对提供车辆者认定为情节显著轻微，明显超出人民群众朴素的法律认知，有违实质性公平正义。

四、出借车辆者阻却犯罪需采取实质性举措阻止驾驶人醉驾发生

犯罪的实行行为是指刑法分则中具体犯罪构成客观方面的行为。刑法理论认为，在共同犯罪领域，实行行为是实行犯成立的基本要件，是实行犯与教唆犯和帮助犯相区别的重要标志。“没有行为则没有犯罪”，实行行为的存在，是实行犯得以成立并被追究刑事责任的客观要件和前提①。在醉驾型危险驾驶共同犯罪中，提供车辆者的犯罪形态以驾驶行为人的犯罪形态为标准把握。作为危险驾驶罪构成要件意义上的“醉驾”，即醉酒后在道路上驾驶机动车的行为，要求机动车在道路上处于运动的状态。《中华人民共和国刑法》第二十三条规定的犯罪既遂标准是“得逞”。这种“得逞”是站在立法者、社会立场上对犯罪行为所进行的评价。换言之，当犯罪行为对刑法规范所保护的特定利益即刑法法益实施了侵犯时，就是犯罪“得逞”。这一法定既遂标准适用于包括危险驾驶罪在内的所有的犯罪形态。据此可以这样理解，行为人一旦着手实施“醉驾”行为，其行为即被立法者认为对公共交通安全造成了抽象危险，无须考虑其持续的时间长短。时间长短仅仅是刑罚裁量的因素。换言之，“醉驾”行为

---

① 叶良芳：《实行犯研究》，法律出版社2001年版，第33页。

与“抽象危险”的出现具有同步性，须臾不可分离，二者之关系犹如“影”与“形”之关系。[①] 现实中，醉驾人员实施的发动机动车引擎、上路前的热车准备之类的行为不应被理解为“醉驾”行为，可认定为“危险驾驶罪”的预备行为。据此，醉驾型危险驾驶罪并不存在犯罪未遂形态的余地，行为人一旦醉酒驾驶引发了抽象危险，危险驾驶罪即告既遂，此时不再存在行为人消除危险的中止情况。对于车辆提供者而言，阻却违法的关键在于事前采取实质性措施阻止驾驶人着手实施犯罪，如若仅采取口头劝阻等措施，未能采取实质性举措阻止驾驶人醉驾的，不阻却本人犯罪（共犯）的成立。

编写人：山东省淄博市博山区人民法院　卜凡国

29

# 虚构平台、夸大前景以引人“老带新”投资属于传销活动

## ——李某、谢某等组织、领导传销活动案

**【案件基本信息】**

1. 裁判书字号

湖南省永州市中级人民法院（2023）湘 11 刑终 750 号刑事裁定书

2. 案由：组织、领导传销活动罪

**【基本案情】**

2020 年 8 月至 2022 年 5 月，生物科技公司以推行小白鼠养殖获取分红为借口，在小白鼠养殖未实现营利情况下，在某区块链平台（基于区块链的去中心化平台）发行 A 币，以人民币兑换 C 币购买 A 币、在商城购买商品等形式变相

---

① 陆诗忠：《论“危险驾驶罪”司法适用中的几个疑难问题》，载《甘肃政法学院学报》2018 年第 2 期。

收取会员门槛费，大肆宣传，以发展下级会员给予上线及团队长奖励，吸引资金拉升A币值，获得释放并交易A币获利。该组织以李某为主要发起人、策划人、操纵人，以谢某、王某、廖某、许某、黄某等人为传销组织的管理、协调、宣传、培训人员，聘请技术人员和系统运维人员，为该组织持续发展会员，骗取更多钱财实现稳定运行。

2020年11月，李某通过考察做小白鼠养殖项目，并决定把小白鼠养殖与H币项目结合起来，以小白鼠养殖这一实体项目的巨大利润为诱饵来包装、宣传推广H币。2021年2月左右，李某、王某、黄某、黄某1、李某1等人在某租赁办公场所将生物科技公司搬到东莞市办公。为了包装生物科技公司推广的小白鼠养殖项目，李某及相关推广人员为生物科技公司和小白鼠养殖项目拍摄宣传片，欺骗群众投资小白鼠养殖项目，对外宣称生物科技公司是与“A国卫生研究院”进行战略合作的，“A国卫生研究院”负责高价回收与生物科技公司合作的小白鼠养殖户的小白鼠血清。2021年7月左右，因为H币项目出现问题，李某决定另外发行一种新的虚拟币，将H币项目的会员数据进行转移。

2021年8月22日，生物科技公司在某区块链平台发行A币，发行数量300万个，发行成功后，李某安排王某销毁其中的268万个，余下32万个，留出1.3万个A币用于公司运营以及市值管理，除平移的A币及公司留下的1.3万个A币外，余下的20多万个A币属于生物科技公司所有，并放入李某、王某、黄某与下面的团队长共建的监管钱包里共同监管。公司预留A币1.3万个交由王某管理，用于给会员发放发展下线奖励、给团队长发放团队发展会员奖励等方面开支。生物科技公司发行A币之后，开始在线上以公司代会员养殖小白鼠可获得高额血清分红的模式推广A币，但实际会员购买A币营利并不是完全与公司代养小白鼠分红相关联，而是通过不断地扩大授课、培训等多种模式宣传推广，依靠不断发展下线、拉会员来拉升A币价值及其释放比例，再将A币变现营利。

生物科技公司按时间先后推行了股东会员、蓝钻会员、白金会员、鼠宝宝会员等四种会员模式。要求加入人员先在平台上花几千元到3万元不等的人民币投资A币并质押到监管钱包才能成为相应的会员，享受小白鼠血清分红，变相收取门槛费，成为公司会员后通过感恩码发展下线得到奖励。

自生物科技公司2021年8月22日在某区块链平台发行A币上线运营至2022年5月29日止，经鉴定：（1）通过对数据库进行分析，发现平台具备发展下线会员，并按照下线人员投资金额进行获利的功能。（2）对数据库中人员信息进行统计，以某区块链平台钱包登录过系统的总数为442490个，通过实名认证的用户共计191035人。其中股东会员264个；蓝钻会员11972个；白金会员42384个；鼠宝宝会员1671个。用户之间存在上下层关系，层级最多的用户共计30层。（3）对数据库中转入“监管钱包”和“资金池”的资金进行统计，转入“监管钱包”总计：261486.6A币；转入“资金池”总计：101569.6A币。“血清收益”中“已打款”总计：585897元（分红收益：538193元；团队收益：47704元）。用户每推荐激活两名蓝钻会员，会释放0.1A币到该用户钱包，释放记录总计4714条，总计释放A币数量：511.6个。（4）商城管理系统中商城会员总数为：442558个。已完成订单：7873条，其中已完成订单金额总计：8688205.5元。（5）商城管理系统中具有团队奖励资格的有九人。商城奖励中直推释放记录2280条，总计释放A币数量：140.685379个。团队释放记录19条，总计释放A币数量：0.384923个。经某会计师事务所鉴定：某生物科技公司获取的资金流入为92271934.51元（含C币13027021.44个，按该时间段美元兑人民币最低换算比率2022年3月1日1C币等于6.3014元比率折合人民币82088472.90元）。结合某司法鉴定所会员鉴定数量（蓝钻会员为11972个、白金会员为42384个、鼠宝宝会员1671个），测算会员缴纳门槛费位于332559050.00元至452279050.00元区间内。

**【案件焦点】**

1. 李某等六名被告人的行为是否构成组织、领导传销活动罪；2. 鉴定意见能否作为定案依据；3. 关于六名被告人主犯、从犯的认定；4. 被告人非法所得的认定。

【法院裁判要旨】

湖南省蓝山县人民法院经审理认为：

一、本案各被告人是否构成组织、领导传销活动罪

经查，被告人李某伙同谢某、王某、廖某、许某、黄某等人以经营活动为名，要求加入者以缴纳相应等级数额的费用，换取一定价值的数字货币获得加入资格，并按照一定的顺序组成层级，以直接或间接发展人员的数量作为计酬或返利依据，引诱加入者继续发展他人参加、骗取财物，扰乱经济社会秩序，情节严重，其行为均已构成组织、领导传销活动罪。被告人黄某的辩护人提出被告人黄某不构成组织、领导传销活动罪的辩护意见，本院不予采纳。

二、关于某司法鉴定所、某会计师事务所出具的鉴定意见能否作为定案依据

经查，某县公安局就全案被告人涉案相关事项委托鉴定机构进行鉴定，其中，某司法鉴定所根据委托事项对手机、电脑提取恢复和固定的电子数据分析得出的电子数据鉴定意见，并在电子数据的基础上得出了司法鉴定意见。某会计师事务所根据委托事项对本案涉案银行、微信、支付宝、易宝付账户及账户交易流水、交易记录，涉案金额，获利进行会计鉴定，上述鉴定机构具有鉴定资质、鉴定程序合法，内容客观真实、具有法律效力。被告人及辩护人辩称本案鉴定意见存在“一人多号”等情形，不能直接以此认定各被告人实际发展的传销活动下线人数和层级，经查，根据被告人的供述和多位证人的证言，本案确有部分传销活动参与者借名注册多个会员账号使用的情况，但参与者已通过借名注册的方式形成了事实上的多层级，并且达到了个人获取更多直推奖励及A币释放比例等收益的目的，为传销活动进一步发展起到了推进作用，此现象也是本案传销活动组织、领导者所设置的规则为吸引更多资金流入所导致，不能以此从轻、减轻各被告人的处罚，对于被告人及辩护人的该辩护意见本院不予采纳。

三、关于被告人李某、谢某、王某、廖某、许某、黄某主从犯的认定

经查，被告人李某系传销组织的发起人、策划人、操纵人，担任公司的董

事长、法定代表人，通过线上、线下进行宣讲培训，发展会员，属于传销活动的组织者、领导者，是主犯，应当按照其所组织、指挥或者所参与的全部犯罪处罚。被告人谢某系传销组织的管理人员，担任生物科技公司的“副董事长”、地方团队长等职务，除管理自己的团队外，还协助兼管了较多的公司事务，积极开拓市场、发展会员，对促进传销组织的发展和扩大起主要作用，是主犯，应当按照其所组织、指挥或者所参与的全部犯罪处罚。被告人王某负责公司的财务管理，其工作涉及公司大小事务，属于涉案公司重要的管理人员，是主犯，应当按照其所组织、指挥或者所参与的全部犯罪处罚。被告人黄某在传销组织中承担部分财务、协调等职责，在共同犯罪中，起次要作用，系从犯，应当减轻处罚。被告人廖某、许某在传销组织中承担推广宣传、培训等职责，担任地方团队长、讲师，对会员上课、培训，宣传公司运营模式，对传销活动的扩大发展起次要作用，均系从犯，应当减轻处罚。

四、关于各被告人非法所得的认定

根据各被告人供述，各种收入、待遇、奖励等均是以虚拟货币的发放体现，或者由王某等人出售虚拟货币兑现后支付，但个人名下的虚拟货币是否出售、兑现，及如何使用等，在会计鉴定中没有明确。对于各被告人非法所得，法院结合各被告人供述、网络传销平台相关数据及银行交易明细，综合予以确认。其中，被告人王某炒A币获得人民币12万元、公司收的海南购房款40万元给其哥哥王某1、公司的钱18万元给其哥哥王某1和父亲王某2，合计个人非法所得为700000元；被告人谢某两次分红11847元、公司奖励黑色轿车一辆、卖A币变现17万元，合计个人非法所得为181847元及黑色轿车一辆；被告人廖某获得四次分红共1万元、卖A币获得22万元、讲师费28965元，合计个人非法所得为258965元；被告人许某非法所得为兑现A币250000元；被告人黄某将公司手机款449600元放在其姐黄某某处、兑现A币175万元用于归还个人债务，合计非法所得为2199600元。

被告人李某伙同谢某、王某、廖某、许某、黄某等人以经营活动为名，要求加入者缴纳相应等级数额的费用换取一定价值的数字货币获得加入资格，并按照一定的顺序组成层级，以直接或间接发展人员的数量作为计酬或返利依据，引诱加入者继续发展他人参加、骗取财物，扰乱经济秩序，情节严重，其行为均构成组织、领导传销活动罪。在共同犯罪中，被告人李某、谢某、王某起主要作用，是主犯，应当按照其所组织、指挥或者所参与的全部犯罪处罚。被告人廖某、许某、黄某起辅助作用，是从犯，应当减轻处罚。被告人李某、谢某、王某、廖某、许某、黄某到案后如实供述自己的犯罪事实，是坦白，可依法从轻处罚。被告人李某、谢某、王某、黄某配合公安机关将被扣押的虚拟货币转化为人民币或退缴部分非法所得，可以酌情从轻处罚。被告人李某系盲人，可以从轻处罚。被告人李某、谢某、王某、廖某、许某、黄某当庭自愿认罪认罚，均可以依法从宽处理。被告人廖某、许某在案发后退出全部非法所得，有悔罪表现，没有再犯罪危险，宣告缓刑对所居住的社区没有重大不良影响，并经司法行政部门社区调查评估，建议适用社区矫正，可以宣告缓刑。综上所述，经本院审判委员会讨论决定，判决如下：

一、被告人李某犯组织、领导传销活动罪，判处有期徒刑七年六个月，并处罚金人民币 40 万元；

二、被告人谢某犯组织、领导传销活动罪，判处有期徒刑五年六个月，并处罚金人民币 20 万元；

三、被告人王某犯组织、领导传销活动罪，判处有期徒刑五年六个月，并处罚金人民币 20 万元；

四、被告人黄某犯组织、领导传销活动罪，判处有期徒刑四年，并处罚金人民币 20 万元；

五、被告人廖某犯组织、领导传销活动罪，判处有期徒刑三年，缓刑四年，并处罚金人民币 20 万元；

六、被告人许某犯组织、领导传销活动罪，判处有期徒刑三年，缓刑四年，并处罚金人民币 20 万元；

七、被告人廖某退出的个人非法所得人民币 258965 元、被告人许某退出的非法所得人民币 250000 元，被告人黄某在公安机关退出的非法所得人民币

539600元予以没收，上缴国库；继续追缴被告人谢某的个人非法所得人民币181847元、被告人王某的个人非法所得人民币700000元、被告人黄某的个人非法所得人民币1660000元，予以没收；

八、对涉案非法财物，被公安机关依法扣押的生物科技公司950台手机、公司所有李某名下的汽车一辆、谢某名下获得奖励的汽车一辆、李某虚拟货币9479926.4C币换算成人民币59973962.2元、谢某虚拟货币C币134571.71个换算成人民币913259元、王某的虚拟货币C币25389.74个换算成人民币172305元、黄某虚拟货币173994C币换算成人民币1180799元的涉案财产，依法予以没收，上缴国库；其他扣押的财物，由公安机关依法处置。

一审宣判后，李某等人提出上诉。

湖南省永州市中级人民法院同意一审法院的裁判意见，裁定：

驳回上诉，维持原判。

## 【法官后语】

一、关于组织、领导传销活动罪中组织、领导行为的认定

由于传销活动本质是一种层级性、金字塔式的诈骗活动，涉案人员多、等级复杂，传销组织中只有极少部分人员是受益者，其余绝大部分均是传销活动的受害者。因此，不能对所有传销人员均处以刑罚，而需要根据其在传销活动中的地位、作用，分别作出不同的裁决。根据《中华人民共和国刑法》第二百二十四条之一的规定，对传销活动的组织者、领导者，应当依法追究其刑事责任。所谓传销活动的组织者、领导者，是指组织、领导传销组织的犯罪分子，是传销活动犯罪的首要分子；是在传销活动中起组织、领导作用的发起人、决策人、操纵人，以及在传销活动中担负策划、指挥、布置、协调等重要职责，或者在传销活动中起到关键作用的人员。

根据相关法律及司法解释的规定，结合近年来的司法实践，笔者认为，对传销活动的组织、领导行为可以作如下理解。

1.“组织”行为。对本罪的组织者应当作限制解释，该罪与一般的集团犯罪不同，不处罚那些仅仅是传销的积极参加者，应当将组织者同积极参加者及

一般的参与人员区分开来。在传销组织中，其组织者是指策划、纠集他人实施传销犯罪的人，即那些在传销活动前期筹备和后期发展壮大中起主要作用，同时获取实际利益的骨干成员，除此之外的人不应当作为组织者加以处理，以免扩大打击面，不利于突出对首要分子的制裁力度。

2. “领导”行为，主要是指在传销组织中居于领导地位的人员，对传销组织的活动进行策划、决策、指挥、协调的行为，也包括一些幕后组织者对传销组织的实际操纵和控制行为。传销组织的领导者主要是指在传销组织的层级结构中居于最核心的，对传销组织的正常运转起关键作用的极少数成员。对领导者的身份，应当从负责管理的范围、在营销网络中的层级、涉案金额等三个方面综合认定。

基于上述分析，下列行为均属于组织、领导行为：为传销活动的前期筹备、初步实施、未来发展实施谋划、设计起到统领作用的行为；在传销初期，实施了确定传销形式、采购商品、制定规则、发展下线和组织分工等宣传行为；在传销实施过程中，积极参与传销各方面的管理工作，如财务管理、讲课、鼓动、威逼利诱、胁迫他人加入行为。因而在本案中，被告人在传销活动前期筹备、传销初期、实施过程中，起到了组织领导作用，属于获取实际利益的骨干成员，其中，作为董事长、发起人、策划人的李某，副董事长、协助管理者谢某，财务人员王某认定为主犯，其他参与人员认定为从犯。

二、关于组织、领导传销活动罪名的具体认定

罪与非罪的认定，重点是要理顺和区分以下两个层面的关系。

一是传销与单层次直销的关系问题。单层次直销是商品和服务的生产者将生产的产品通过专卖店或者营销人员直接把产品销售给终端客户，且给予服务的销售方式，是一种合法且受法律保护的经营行为。它与传销具有本质的区别，主要表现在以下几个方面。

1. 是否以销售产品为企业营运的基础。直销以销售产品或者提供服务作为公司收益的来源。而传销则以拉人头牟利或者借销售伪劣或质次价高的产品变相拉人头牟利，有的传销甚至根本无销售产品可言。

2. 是否收取高额入门费。单层次直销企业的推销员无须缴付任何高额入门费，也不会被强制认购货品。而在传销中，参加者通过缴纳高额入门费或者被要求先认购一定数量质次价高（通常情况下价格严重高于产品价值）的产品以变相缴纳高额入门费作为参与的条件，进而刺激下线人员不择手段地拉人加入以赚取利润。

3. 是否拥有经营场所。单层次直销企业都有自己的经营场所，有自己的产品和服务，销售人员都直接与公司签订合同，其从业行为直接接受公司的规范与管理。而传销的“经营者”没有自己的经营场所，也没有从事销售产品或者提供服务的经营活动，只是假借“经营活动”骗取他人信任和逃避有关机关的管理和打击，通过收取高额入门费为整个传销组织的组织者和领导者攫取暴利，其本身不会产生任何的利润和收益，也不会为国家和社会创造任何的经济价值。

4. 是否遵循价值规律分配报酬。单层次直销企业的工作人员主要通过销售商品、提供服务获取利润，其薪酬的高低主要与工作人员的销售业绩相挂钩。而通过以高额回报为诱饵招揽人员从事“变相销售”的传销行为，因为其不存在销售行为，故不会产生任何的销售收入，其报酬全部来源于高额的会员费。更主要的是，并非所有传销人员都能够获取报酬，从整体上看，只有处于组织核心和顶层的领导者和组织者才能获取暴利，其余人员均是损失的承担者，不会获取任何收入。

5. 是否具有完善的售后服务保障制度。单层次直销企业作为正规经营的经济体，有合格、规范、快捷的售后服务操作流程，通常能够为顾客提供完善的退货保障。而传销活动绝大部分没有产品和服务，即便提供也通常强制约定不可退货或者退货条件非常苛刻。再者，传销组织一般也不会设立专门的售后服务部门，消费者已购的产品难以退货，遇到质量问题也得不到解决，消费者退货和投诉无门的情况普遍存在。

6. 是否实行制度化的人员管理。单层次直销形式下，企业对工作人员的管理模式正规、科学，有健全的工会组织，充分尊重人员的自由，保障员工的合法权益。而在传销组织中，上线主要通过非法拘禁、诱骗，甚至在某种情况下采取非常暴力的手段控制下线，并以此对下线产生威慑进而使其继续发展下线，因而在传销活动中，传销人员尤其是处于底层的人员没有人身自由，合法权益难以得到保障。正因如此，传销活动往往诱发其他类型的犯罪，给正常的社会秩序和公民的生命财产安全带来严重影响。

二是区分传销行为与多层级直销行为（团体计酬）的罪名适用问题。从《中华人民共和国刑法》第二百二十四条之一关于“直接或者间接以发展人员的数量作为计酬或者返利依据”的规定可以看出，组织、领导传销活动罪规制的是以“人头数”作为计酬标准的犯罪行为；而多层级直销的团体计酬方式则表现为上线以下线的销售业绩为依据计算报酬，而不是下线的人数。

这一显著区别一方面体现出以上两种行为的不同；另一方面也表明多层次直销行为不在对传销活动的刑罚打击范围之内。《中华人民共和国刑法修正案（七）》施行之后，对于团体计酬行为是否以非法经营罪定罪处罚，目前还存在争议。因此，司法实践中有必要将传销行为与多层级直销行为（团体计酬）区别开来。

本案中，被告人李某等人自2020年至案发期间，以某区块链平台钱包登录过系统的总数为442490个，通过实名认证的用户共计191035人。其中股东会员264个；蓝钻会员11972个；白金会员42384个；鼠宝宝会员1671个，资金流水数额高达9000万余元，属于“拉人头”计酬，明显区别于单层次直销的按销售计酬和多层次直销的团体计酬行为，符合组织、领导传销活动罪的构成特征，达到了追究刑事责任的标准。

**编写人：湖南省蓝山县人民法院　晏斐斤**

30

# 强奸罪共同犯罪中关于主观故意的认定

## ——吉某某等强奸案

**【案件基本信息】**

1. 裁判书字号

广东省深圳市中级人民法院（2023）粤 03 刑终 1267 号刑事判决书

2. 案由：强奸罪

**【基本案情】**

案发前几天，包某通过某软件与同乡人吉某前结识后，二人相约 2022 年 2 月 1 日晚一起吃饭，吉某前邀请被告人沙某、吉某 1、吉某某、吉某里一同前往，包某邀请了被害人热某、孙某、海某，五男四女在某市场附近一饭店吃饭。当晚饭后 22 时 20 分许，包某和海某先往某电子公司厂门口走，吉某 1 追往二人走的方向。后热某和孙某往也往厂门口方向走，沙某和吉某 1 跟随二人。在工厂附近，热某和孙某看到包某，三人遂一起往厂门口方向走。在厂门口沙某提议一同去娱乐场所唱歌，被热某等人拒绝，被害人热某因人脸识别问题未能进入厂内。

22 时 34 分左右，吉某某、吉某 1、沙某拉住被害人热某，未让其进入厂内。后吉某 1、沙某强行控制被害人从厂门口拖拽至河边座椅处，吉某某跟随在后。吉某 1、沙某、吉某某与被害人热某在长椅处停留 5 分钟左右。在此处被害人打了吉某 1 一巴掌，沙某提出强奸被害人，吉某 1 表示同意，吉某某未回答。热某挣脱并躲进附近的便利店里，三人跟随被害人进入便利店并拉扯热某，最后吉某 1 一人将热某拉出便利店。之后吉某 1 和沙某采用一人拉一边的方式将热某再次拉往河边长椅处。23 时 35 分许，被害人热某挣脱后再次迅速跑向厂门口，吉某 1、沙某快速追上热某，采取一人抬上半身一人抬下半身的方式，将热某抬往龙华区观澜桂香社区燕鹏煤气供应站附近的河边草地上，沙某与吉某 1 二人轮流控制被害人，强行与被害人发生性关系，发生性关系期间被害人热某在生理期。其间，吉某某在离现场 50 多米处的长椅上。2022 年 2 月 2 日 0 时许，在沙某第二次与热某发生性关系时，证人张某等人经过案发现场附近，沙某、吉某 1 见状迅速逃离现场。张某等向被害人热某询问情况后报警。被害人热某在案发现场看到吉某某，并对其进行质问，后吉某某逃离现场。

**【案件焦点】**

1. 原审被告人吉某某是否构成犯罪；2. 沙某、吉某 1 量刑是否不当，二人是否量刑应有所差别。

**【法院裁判要旨】**

广东省深圳市龙华区人民法院经审理认为：吉某某既没有参与被告人沙某、吉某 1 强奸被害人的犯意谋划与联络，也没有实施强奸被害人的行为，亦不明知他人实施强奸行为而为其提供帮助或协助，因此，被告人吉某某既无犯意，亦无犯罪或帮助行为，其无需亦不应对被告人沙某、吉某 1 的强奸行为承担罪责。被告人沙某、吉某 1 无视国家法律，违背妇女意志，强行在公共场合轮流与被害人发生性关系，其行为均已构成强奸罪。被告人沙某、吉某 1 归案后能够如实供述自己的罪行，依法可从轻处罚。在本案的共同犯罪中，被告人沙某、吉某 1 均是主犯，被告人沙某系强奸的犯意提起者，并与被害人发生了两次性关系；被告人吉某 1 与被害人发生了一次性关系，对此，在量刑时予以区分。各被告人及其辩护人所提辩护意见中的合理部分，人民法院予以采纳。综上，根据被告人沙某、吉某 1 的犯罪事实、性质、情节以及悔罪表现等，依照《中华人民共和国刑法》第二百三十六条第三款第三项、第四项、第二十五条第一款、第二十六条第一款及第四款、第六十七条第三款、第六十一条，《中华人民共和国刑事诉讼法》第二百条第二项之规定，经原判审判委员会讨论决定，判决如下：

一、被告人沙某犯强奸罪，判处有期徒刑十二年；

二、被告人吉某 1 犯强奸罪，判处有期徒刑十年；

三、被告人吉某某无罪。

广东省深圳市中级人民法院经审理认为：原审被告人沙某、吉某 1 无视国家法律，违背妇女意志，强行在公共场合轮流与被害人发生性关系，其行为均已构成强奸罪。二人在公共场所轮奸，应从重处罚。原审被告人吉某某既没有参与被告人沙某、吉某 1 强奸被害人的犯意谋划与联络，也没有实施强奸被害人的行为，亦不明知他人实施强奸行为而为其提供帮助或协助，因此，被告人吉某某既无犯意，亦无犯罪或帮助行为，其无需亦不应对被告人沙某、吉某 1 的强奸行为承担罪责。被告人沙某系强奸的犯意提起者，并与被害人发生了两次性关系，应从重处罚；被告人吉某 1 与被害人发生了一次性关系，对此，在量刑时对二主犯予以区分。广东省深圳市中级人民法院判决：

一、维持广东省深圳市龙华区人民法院（2022）粤 0309 刑初 866 号刑事判决第一项、第二项关于沙某、吉某 1 的定罪部分，撤销量刑部分，维持第三项吉某某的无罪判决；

二、被告人沙某犯强奸罪，判处有期徒刑十五年；

三、被告人吉某 1 犯强奸罪，判处有期徒刑十三年

**【法官后语】**

在本案的审理过程中，焦点问题是：一是原审被告人吉某某是否构成犯罪；二是沙某、吉某 1 量刑是否不当，二人是否量刑应有所差别。尤其是吉某某是否构成犯罪的问题，是最重要的焦点。

一、吉某某是否构成犯罪

犯意提出与意思联络是本案的关键之处，被告人沙某、吉某 1 明确供述并当庭确认强奸被害人的犯意系沙某与吉某 1 二人将被害人从便利店门口拉往河边方向的过程中提出的，被告人吉某某没有参与其中，且二人不知其去向。公诉人抛开犯意提起者被告人沙某对犯意提起供述的直接证据，和参与犯意联络

的被告人吉某1的犯意产生于吉某某在便利店拉被害人之后的供述，而以微信聊天记录相关内容等间接证据以及其对监控录像的解读来推定强奸犯意产生于吃饭前或在第一次工厂门口拉扯被害人时，据理不足，于法无据。

案发当晚，饭后沙某提议众人一起去娱乐场所唱歌，遭到女方拒绝后，随后拉扯女方，被害人热口伍牛因人脸识别问题未能进入工厂，吉某1、沙某上去拉被害人至河边座椅处，热口伍牛拒绝去娱乐场所唱歌并躲进便利店里，对此不仅有被告人沙某、吉某1等人稳定的供述，且与被害人热口伍牛案发后的陈述、证人的证言等相印证，已形成完整证明体系，足以认定，而非公诉人所主张的被告人从一开始拉被害人的目的就是要与被害人发生性关系，前往娱乐场所唱歌只是幌子，以唱歌之名行强奸之实，饭后的拉扯行为、便利店的拉扯行为和后面抬被害人、强奸被害人意图是一个连贯发展的过程，不能割裂开来看。本案中，强奸被害人的犯意产生于吉某1、沙某将被害人从便利店门口拉往河边方向的过程中，此过程被告人吉某某并未参与其中，强奸犯意产生于吉某某在便利店里面拉被害人之后，吉某某与沙某、吉某1之间没有强奸被害人的犯意联络，其在便利店里拉被害人之时沙某、吉某1尚无强奸被害人的意图，其拉被害人仍为前面拉被害人去娱乐场所唱歌意图之延续，因此其不属于被告人沙某、吉某1强奸被害人之共犯。

被告人沙某、吉某1一致供述吉某某在便利店里拉了被害人之后便不知去向，二人没有指使吉某某为其望风，被告人吉某某稳定供述其没有为沙某、吉某1望风。在沙某、吉某1实施强奸行为时，双方均不清楚对方具体在何处，如何为另一方报信望风，事实上也是沙某、吉某1自行发现有路人经过，二人遂停止强奸行为，落荒而逃，此时吉某某才看到从草丛中跑出来的沙某、吉某1。因此，公诉机关指控被告人吉某某有望风行为，与查明的事实不符。

二、沙某、吉某1量刑是否不当，是否量刑应有所差别

对沙某和吉某1的焦点有两个：一是原审被告人沙某、吉某1的量刑是否不当；二是原审被告人沙某、吉某1是否量刑应有所差别。

1. 原审被告人沙某、吉某1的量刑不当，理由如下：原审认为被告人沙

某、吉某1具有如实供述、自愿认罪、初犯、有悔罪表现等情节，所以对二人可酌情从轻处罚。经查，第一，沙某刚到案时并未认罪，其称被害人自愿，系相约发生性关系等，后期供述是面对录像等铁证不得已而认罪，其虽然认自己的罪，但是对于同案犯吉某某的行为自始至终并未如实供述，所以不属于全案如实供述，也体现不出其悔罪之心；第二，本案性质恶劣，大年初一，虽非光天化日，但确是在公共场所，人来人往之河边道路上，没有任何树木遮挡，也没有草丛掩藏，从拉扯、跟随、守候、拖拽、控制、硬抬，强暴，2小时内暴力程度逐步升级，实属罕见，其主观恶性极深，依法应从重处罚；第三，本案被害人身心受损，财产受损。综上，本案无论从主观、客观和结果上都应从重处罚。原判属于量刑不当。

2. 原审被告人沙某、吉某1是否量刑应有所差别。原判认为，被告人沙某、吉某1均是主犯，被告人沙某系强奸的犯意提起者，并与被害人发生了两次性关系；被告人吉某1与被害人发生了一次性关系，对此，在量刑时予以区分。经查，第一，被告人沙某确系强奸的犯意提起者，其主观恶性更深；第二，客观行为上，沙某与被害人发生了两次性关系，吉某1与被害人发生了一次性关系；第三，沙某自始至终未能如实供述全案犯罪事实，而吉某1经过教育基本供述了犯罪事实。所以沙某的量刑应重于吉某1。检察机关抗诉认为不应区分沙某和吉某1量刑并不恰当。

对于吉某某罪与非罪的问题，经过证据缜密分析，按照存疑有利于嫌疑人的原则，对吉某某判处无罪。

编写人：广东省深圳市中级人民人民法院　王晓磊

# 二、刑罚的具体运用

## （一）量刑

31

### 年满七十五周岁老年人故意杀人“特别残忍手段”的把握认定

——丁某故意杀人案

**【案件基本信息】**

1. 裁判书字号

江苏省泰州市中级人民法院（2023）苏12刑初3号刑事判决书

2. 案由：故意杀人罪

**【基本案情】**

被告人丁某（案发时七十九周岁）因夫妻关系长期不和而与其妻朱某（殁年八十二周岁）积怨，曾产生与朱某同归于尽的念头。2022年6月1日上午，丁某与朱某因琐事再次发生争吵，对此怀恨在心。次日15时许，丁某在其家院内，手持不锈钢菜刀和不锈钢水果刀各一把，对被害人朱某头面部及双上肢等部位连续用力砍击，致朱某倒地后又持续用力砍击，直至被闻讯赶到现场的邻居喝止。朱某经送医院抢救无效死亡。经鉴定，被害人朱某符合被他人用长刃锐器反复砍、切头面部、双上肢致失血性休克合并蛛网膜下腔出血死亡。被告人丁某作案后自杀未遂，归案后如实供述自己的罪行。

## 【案件焦点】

对于犯罪时年满七十五周岁的丁某如何量刑，其故意杀人手段是否属于“特别残忍”。

## 【法院裁判要旨】

江苏省泰州市中级人民法院经审理认为：被告人丁某故意非法剥夺他人生命，致一人死亡，其行为构成故意杀人罪，且犯罪情节恶劣，犯罪后果严重，依法应予惩处。被告人丁某犯罪以后如实供述自己的罪行，属坦白，依法对其从轻处罚。被告人丁某犯罪时已满七十五周岁，依法可以从轻处罚，对其不适用死刑。据此，依照《中华人民共和国刑法》第二百三十二条、第六十七条第三款、第十七条之一、第四十九条第二款、第五十七条第一款、第六十四条之规定，作出如下判决：

一、被告人丁某犯故意杀人罪，判处无期徒刑，剥夺政治权利终身；

二、作案工具菜刀及水果刀各一把，予以没收。

案件宣判后，判决已生效。

## 【法官后语】

本案在对已满七十五周岁的被告人丁某故意杀人如何准确量刑产生两种观点：

第一种观点认为，被告人丁某持双刀持续猛击被害人头面部和双上肢，致其妻朱某头面部被砍至血肉模糊，共计六十多处创伤，手段特别残忍，虽然审判时丁某已年满七十五周岁，但依法应当适用死刑。

第二种观点认为，被告人丁某审判时候已满七十五周岁，不适用死刑，充分考虑犯罪的具体事实、起因、情节综合认定，其杀人手段并不属于特别残忍。

本案采纳第二种观点。具体理由如下。

1. 对年满七十五周岁的人犯罪在量刑时，应当准确把握刑法对犯罪年龄与量刑的特殊规定和立法本意，充分考虑老年人个体的特殊情况。《中华人民共和国刑法》第十七条之一规定，已满七十五周岁的人故意犯罪的，可以从轻或者减轻处罚，而2011年颁布的《中华人民共和国刑法修正案（八）》中增加一款为《中华人民共和国刑法》第四十九条第二款的规定，即“审判的时候已满七十五周岁的人，不适用死刑，但以特别残忍手段致人死亡的除外”。要注意把握“特别残忍手段”的认定，应当走出“凡是杀了人，手段必然特别残忍”的思维定式，综合考虑案发起因、使用的凶器、事发经过持续状态、打击的方式和力度以及老年人自身的心理和生理状态，结合具体案情综合判断。

2. “特别残忍手段”在司法适用中并无明确的列举，在个案具体判断时应当结合已满七十五周岁的老年人年龄本身以及该法条规定的内涵进行综合分析，不适用死刑既包括不适用死刑立即执行也不适用死刑缓期二年执行。“特别残忍手段”的故意杀人结合具体的司法实践，一般应当包括以造成被害人严重肢体残缺或人体机能丧失而采用极端肉刑折磨，故意延长被害人的痛苦时间，给被害人带来巨大的精神痛苦，手段严重挑战社会一般民众心中对善良风俗、伦理底线、人类恻隐之心的底线。本案中，丁某使用双刀数十次连续砍击被害人朱某头面部在尸检报告照片中的显示确实给人难以忍受的残暴观感，但是考虑事发突然性以及因双方多年夫妻矛盾激化情感积怨导致的累积因素，加之被告人丁某选择的作案工具来自家用的水果刀和菜刀，且在作案后自杀未遂的心态情绪，自身亦已届八十周岁的老人身体机能等情况，结合具体案件事实综合分析，应当审慎把握评价“特别残忍手段”而判处死刑的适用，不宜认定被告人丁某手段特别残忍，对其不适用死刑。

3. 本案中，丁某故意杀人致人死亡，犯罪情节恶劣、后果严重，但因其犯罪时已年满七十五周岁、有坦白情节，结合本案具体事实，依法可以从轻处罚，不再对其适用死刑或者死缓。

**编写人：江苏省泰州市中级人民法院　高红祥　蔡萍**

32

# 一审宣判后发现前罪尚有未执行完毕的剥夺政治权利的刑期应当如何计算

——潘某交通肇事案

## 【案件基本信息】

1. 裁判书字号

江苏省泰州市中级人民法院（2023）苏 12 刑终 58 号刑事判决书

2. 案由：交通肇事罪

## 【基本案情】

2004 年 1 月 15 日被告人潘某因犯抢劫罪、强奸罪被人民法院判处无期徒刑，剥夺政治权利终身，并处罚金人民币 3 万元。其在服刑期间，因确有悔改表现被减刑七次，刑期减至 2020 年 5 月 1 日，附加剥夺政治权利四年。2022 年 9 月 1 日 19 时 50 分左右，被告人潘某驾驶重型低平板半挂车，沿京沪高速公路上海方向行驶至泰州市境内，违法跨实线变更车道，所驾车辆与正常行驶的小型轿车相撞，致小型轿车内驾驶员陈某及乘客谭某当场死亡、两车受损。经交警部门认定，潘某负此事故的全部责任。因涉嫌交通肇事罪，被告人潘某 2022 年 10 月 13 日被取保候审，2023 年 4 月 3 日被逮捕。

## 【案件焦点】

一审宣判后发现前罪尚有未执行完毕的剥夺政治权利刑期如何计算。

## 【法院裁判要旨】

江苏省泰州市高港区人民法院经审理认为：被告人潘某的行为已构成交通

肇事罪。依照《中华人民共和国刑法》第一百三十三条、第六十七条第一款，《中华人民共和国刑事诉讼法》第十五条、第二百零一条之规定，以犯交通肇事罪判处被告人潘某有期徒刑三年六个月。

一审宣判后，公诉机关江苏省泰州市高港区人民检察院提起抗诉，认为被告人潘某前罪尚有未执行完毕的附加剥夺政治权利，原审判决未对其依法数罪并罚，系适用法律错误。江苏省泰州市人民检察院支持抗诉。

江苏省泰州市中级人民法院经审理认为：原审被告人潘某刑满释放后开始执行的附加刑剥夺政治权利四年，期满应至 2024 年 4 月 30 日，其间因涉嫌交通肇事罪被取保候审，并在原审宣判后于 2023 年 4 月 3 日被逮捕，属于在执行附加剥夺政治权利期间又犯新罪，其剩余的一年零二十七天附加剥夺政治权利尚未执行完毕，依法应与新犯交通肇事罪数罪并罚。对抗诉意见予以采纳，原判认定的交通肇事罪的事实清楚，证据确实充分，定性准确，唯对原审被告人潘某前罪尚未执行完毕的附加剥夺政治权利未与其所犯交通肇事罪实行数罪并罚不当，应予纠正。据此，依照《中华人民共和国刑事诉讼法》第二百三十六条第一款第二项、第十五条，《中华人民共和国刑法》第一百三十三条、第六十七条第一款、第七十一条、第六十九条、第五十八条第一款之规定，作出如下判决：

一、撤销江苏省泰州市高港区人民法院（2023）苏 1203 刑初 8 号刑事判决；

二、原审被告人潘某犯交通肇事罪，判处有期徒刑三年六个月，与前罪尚未执行完毕的附加剥夺政治权利一年零二十七日并罚，决定执行有期徒刑三年六个月，剥夺政治权利一年零二十七日。

【法官后语】

本案被告人潘某涉嫌交通肇事罪于 2022 年 10 月 13 日被取保候审，一审宣判时间为 2023 年 3 月 22 日，原审法院决定对潘某逮捕的时间为 2023 年 4 月 3 日。后因宣判后原审检察机关发现潘某前罪尚有未被执行完毕的剥夺政治权利刑期遂抗诉。本案争议焦点在于：一审宣判后发现被告人前罪尚有未执行完毕的剥夺政治权利刑期应当如何计算。

一、审判实务中的几种争议意见

第一种意见认为，新罪生效前，前罪未执行完毕剥夺政治权利刑期不中止执行，应将前罪剥夺政治权利刑期计算至新罪主刑有期徒刑执行之日。如在新罪一审、二审已经经过的审理时间在该判决未生效执行前均应当计入前罪剥夺政治权利的执行期间，如在此期间剥夺政治权利期满执行完毕则无须数罪并罚再行执行。

第二种意见认为，应当以犯新罪被采取强制措施，本案中即潘某因新罪交通肇事被取保候审时间作为前罪未执行完毕剥夺政治权利刑期的中止执行日。

第三种意见认为，前罪剥夺政治权利的刑期应当计算至涉嫌犯新罪被羁押之日，本案中潘某因一审宣判前未被羁押，宣判后于 2023 年 4 月 3 日被逮捕，应以此作为前罪未执行完毕剥夺政治权利刑期的中止执行计算日。

二、本案采取第三种意见

《中华人民共和国刑法》第五十八条第一款规定，附加剥夺政治权利的刑期，从徒刑、拘役执行完毕之日或者从假释之日起计算；剥夺政治权利的效力当然施用于主刑执行期间。2009 年 5 月 25 日《最高人民法院关于在执行附加刑剥夺政治权利期间犯新罪应如何处理的批复》（以下简称《批复》）中进一步明确，对判处有期徒刑并处剥夺政治权利的罪犯，在执行附加刑剥夺政治权利期间又犯新罪时，前罪尚有未执行完毕的附加刑剥夺政治权利的刑期从新罪的主刑有期徒刑执行之日起停止计算，从新罪的主刑有期徒刑执行完毕之日或者假释之日起继续计算，剥夺政治权利的效力施用于主刑执行期间。故计算前罪尚未执行完毕的剥夺政治权的刑期，应以被告人犯新罪的被羁押时间作为中止时间为宜。理由如下：

首先，本案中被告人潘某在前罪获得减刑刑满释放后的剥夺政治权利四年执行期间犯新罪，新罪并不判处附加剥夺政治权利，但新罪所判的主刑执行期间也需要实际执行剥夺政治权利，故而如若按照第一种观点以新罪判决生效之日作为前罪剥夺政治权利停止计算时间，则对“剥夺政治权利期间犯新罪”失去了数罪并罚的意义；同时潘某一审期间一直处于取保候审的状态，该部分期间因未被先行羁押也不能折抵新罪刑期，亦不会导致剥夺政治权利执行机关无法执行的情况，故无须以第二种意见计算中止执行日。

其次，如果新罪在生效前被先行羁押的时间计入前罪剥夺政治权利的刑期，则会导致一审、二审不同审级时对剥夺政治权利刑期计算的不可确定性。也使得一审宣判时并未能确定该判生效执行之日，那么在该审级不适用数罪并罚的法律条款则并不必然发生适用法律错误或疏漏的后果和逻辑悖论。本案中，检察机关因为宣判后发现未数罪并罚的前罪未执行完毕的剥夺政治权利刑期的抗诉具有法律依据，若此时按照第一种观点在二审审级未终结前仍处于在执行前罪剥夺政治权利刑期期间则可能发生新罪未生效，而前罪附加剥夺政治权利执行完毕的情形，那么一审适用法律错误之处无纠正可能性，这亦与《批复》中明确规定的在执行剥夺政治权利期间又犯新罪的，应当依照《中华人民共和国刑法》第七十一条数罪并罚相违背。故而以新罪被羁押之日作为前罪附加剥夺政治权利的中止执行之日，符合刑罚确定性和立法本意，亦不至于发生多种不可测的结果使得《中华人民共和国刑法》第七十一条数罪并罚的条款处于不确定应否适用的待定状态。

最后，“新罪的主刑有期徒刑执行之日起停止计算”并不等同于第一种观点所认为的新罪判决生效之日。结合本案，其特殊性在于被告人潘某在一审并未被羁押，案发后处于取保候审状态，直至一审宣判后才被逮捕，检察机关在抗诉期内发现了前罪被减刑刑满释放后仍然存在尚未执行完毕的附加剥夺政治权利，二审对原审并未适用数罪并罚的法律适用错误予以纠正，并以对潘某的逮捕时间作为前罪尚有未执行完毕的剥夺政治权利的中止时间节点，该计算方式是与新罪主刑有期徒刑执行之日停止计算前罪剥夺政治权利的要求相契合的，符合数罪并罚和剥夺政治权利的法律规定。

**编写人：江苏省泰州市中级人民法院　蔡萍**

33

# “垂钓”式非法捕捞水产品罪的定罪量刑

## ——薛某非法捕捞水产品案

**【案件基本信息】**

1. 裁判书字号

江苏省如皋市人民法院（2023）苏 0682 刑初 454 号刑事判决书

2. 案由：非法捕捞水产品罪

**【基本案情】**

被告人薛某曾因犯盗窃罪被判处有期徒刑一年；因在长江干流江苏段水域非法垂钓多次被农业农村局罚款。2021 年 5 月至 2022 年 4 月，其在明知长江十年禁捕、长江水域禁止垂钓的情况下，仍在取保候审期间以出售牟利为目的，在长江刀鲚国家级水产种质资源保护区内，使用钓具路亚竿非法捕捞 33 次，捕获渔获物 229. 71 斤，并分别销售至张某某、石某某等人处，获利 12156. 88 元。2022 年 4 月，被告人薛某在以垂钓方式实施非法捕捞时，被公安民警当场抓获。

**【案件焦点】**

1. 被告人薛某的行为是否构成非法捕捞水产品罪；2. 对被告人薛某如何定罪量刑。

**【法院裁判要旨】**

江苏省如皋市人民法院经审理认为：被告人薛某实施的行为看似是在长江水域休闲垂钓，但其垂钓的目的是捕获渔获物用于出售牟利，其在长江种质资源保护区内实施捕捞多达数十次，显有别于休闲垂钓，应当认定为非法捕捞水产品的行为，且已经严重破坏了长江水产种质资源保护区内的渔业资源和生态环境，社会危害性较大，依法应予严惩。

薛某以出售渔获物牟利为目的，在全面禁捕的长江刀鲚国家级水产种质资源保护区内多次使用钓具实施非法捕捞，渔获物数量和价值构成情节严重，构成非法捕捞水产品罪。结合其受过同种行政处罚、前科、取保候审期间仍非法垂钓等情节，对其判处：

有期徒刑八个月，追缴全部违法所得，没收犯罪工具。

案件宣判后，判决已生效。

**【法官后语】**

本案的特殊性在于，被告人在实施非法捕捞水产品行为时，并未采用电毒炸、三重刺网等常见的禁用方法、渔具，而是利用单人单竿此种看似“休闲垂钓”的方式进行非法捕捞，犯罪手段新颖且不易被发现。明确休闲垂钓与非法捕捞的合法性边界，如何精准打击此类“隐形化”非法捕捞犯罪活动是本案的难点与重点。

一、坚持罪刑法定原则，确保入罪的正当性依据

本案中，虽然垂钓并非典型的非法捕捞方式，但根据《中华人民共和国刑法》第三百四十条的规定，并结合《最高人民法院、最高人民检察院、公安部、农业农村部依法惩治长江流域非法捕捞等违法犯罪的意见》的规定：“依法严惩非法捕捞犯罪。违反保护水产资源法规，在长江流域重点水域非法捕捞水产品，具有下列情形之一的，依照刑法第三百四十条的规定，以非法捕捞水产品罪定罪处罚……2. 非法捕捞具有重要经济价值的水生动物苗种、怀卵亲体或者在水产种质资源保护区内捕捞水产品五十公斤以上或者一千元以上的。”本案中，被告人薛某违反保护水产资源法规，在全面禁捕的长江刀鲚国家级水产种质资源保护区内多次使用钓具路亚竿非法捕捞水产品，渔获物数量达 50 公斤以上，价值达 1000 元以上，实质上实施的是非法捕捞行为，亦侵害了非法捕捞水产品罪所保护的法益，对长江渔业资源造成了严重破坏，符合《中华人民

共和国刑法》对于非法捕捞水产品罪的规定。

借助于垂钓工具在全面禁捕的长江流域重点水域非法捕捞水产品，违反了《中华人民共和国长江保护法》等法律法规的禁止性规定，依法应受行政处罚，但如量变引起质变，当行为人渔获物的数量或者价值达到或超过入罪标准，其行为的违法性就需要通过刑法评价，就要承担相应的刑事责任。因此，虽然在通常意义上垂钓不具备违法性，但如将垂钓作为非法捕捞的手段和犯罪工具，通过所谓“垂钓”大量获利，并将本应得到保护的长江水产品销售流向市场，成为饭店餐桌上的“江鲜”，此种行为就应当通过刑罚坚决打击，以维护刑事法律的严肃性和刑罚处罚的必定性。

二、坚持罪责刑相适应原则，确保入罪后的实质正义

尽管被告人薛某的行为具有有责性，应当对其处以刑罚。但需要充分考量到垂钓与电毒炸等非法捕捞行为存在显著区别，需要结合被告人的主观恶性、行为危害性和危害结果，以期保证裁判更符合罪责刑相适应原则，也更接近公众的合理预期。一方面，使用地笼网、底拖网、电鱼、毒鱼等灭绝式工具或方法进行非法捕捞的行为，破坏的不仅仅是所捕获的渔业资源，还会对水质、其他水生生物乃至水域生态系统造成毁灭性损害。而以垂钓工具实施的非法捕捞行为，对于生态环境的破坏范围一般仅限于所钓获的渔业资源，不会对水域生态环境产生严重威胁，因此，量刑时应当有所区分，以体现宽严相济的刑事政策。

另一方面，需要考量被告人自身的表现。被告人薛某被公安机关抓获归案后，对于其非法捕捞的犯罪事实能够如实供述，并自愿认罪认罚，可以对其从轻处罚、从宽处理。但是考虑被告人薛某有前科，即便曾因在长江水域垂钓受到行政处罚，仍再次实施本案非法捕捞行为，甚至在被取保候审期间仍然违反规定，继续在长江水域非法垂钓，主观恶性明显，对其应酌情从重处罚，故未对其适用缓刑。

编写人：江苏省如皋市人民法院　黄幸幸

34

# 如实供述犯罪数额的认定[①]

## ——孙某伪造国家机关证件案

**【案件基本信息】**

1. 裁判书字号

北京市第二中级人民法院（2022）京02刑终323号刑事判决书

2. 案由：伪造国家机关证件罪

**【基本案情】**

2017年至2022年3月，被告人孙某在北京市某区出租屋内，通过“国家企业信用信息公示系统”等网站获取他人名下企业的真实信息，后使用图像处理软件伪造注册地涉及北京市多个区的营业执照和食品经营许可证电子版共计320余张，用于在某外卖平台注册商铺，通过商铺获利。经北京市大兴区市场监督管理局等单位比对核实，上述证件均系伪造。被告人孙某于2022年3月28日主动投案。

**【案件焦点】**

被告人虽未准确供述犯罪涉及的罪量要素，但对于据以认定罪量要素的基础事实能够如实供述，是否属于如实供述主要犯罪事实。

**【法院裁判要旨】**

北京市大兴区人民法院经审理认为：被告人孙某伪造国家机关证件，其行

① 入库案例，参见人民法院案例库2023-03-1-237-001。

为已构成伪造国家机关证件罪，依法应予惩处。被告人孙某认罪认罚，依法从轻处罚。其主动投案，酌予从轻处罚。对被告人孙某认为构成自首的辩解，经查，被告人孙某虽然系主动投案，但未能如实供述自己的罪行，故不构成自首。据此判决：

一、被告人孙某犯伪造国家机关证件罪，判处有期徒刑一年六个月，并处罚金人民币1万元；

二、扣押在公安机关的手机一部，变价后折抵罚金，不足部分继续追缴。扣押在公安机关的电脑主机一台、食品经营许可证一张、营业执照三张，予以没收。

一审宣判后，孙某提出上诉。北京市第二中级人民法院经审理认为：上诉人（原审被告人）孙某伪造国家机关证件，其行为已构成伪造国家机关证件罪，依法应予惩处。孙某具有自首、认罪悔罪情节，可对其予以从轻处罚。一审法院认定孙某的犯罪事实清楚，定性准确，对扣押物品处理无误，审判程序合法，但未认定孙某具有自首情节，导致量刑过重，依法予以改判。据此判决：

一、维持北京市大兴区人民法院（2022）京0115刑初738号刑事判决主文第二项，即扣押在公安机关的手机一部，变价后折抵罚金，不足部分继续追缴。扣押在公安机关的电脑主机一台、食品经营许可证一张、营业执照三张，予以没收；

二、撤销北京市大兴区人民法院（2022）京0115刑初738号刑事判决主文第一项，即被告人孙某犯伪造国家机关证件罪，判处有期徒刑一年六个月，并处罚金人民币1万元；

三、上诉人孙某犯伪造国家机关证件罪，判处有期徒刑一年三个月，并处罚金人民币1万元。

**【法官后语】**

本案争议焦点在于，被告人虽未准确供述犯罪涉及的罪量要素，但对于据以认定罪量要素的基础事实能够如实供述，是否属于如实供述主要犯罪事实。

依据《最高人民法院关于处理自首和立功具体应用法律若干问题的解释》

第一条的相关规定，如实供述自己的罪行，是指犯罪嫌疑人自动投案后，如实交代自己的主要犯罪事实。对此，应从“质”和“量”两个角度予以阐述，即，如实供述的内容本身应属于犯罪事实；多次实施同种罪行的，如实供述的犯罪情节应重于未供述的犯罪情节，或如实供述的犯罪数额多于未供述的犯罪数额。具体到本案中，“质”的问题是指犯罪数额是否属于应当如实供述的内容；“量”的问题是指如何认定如实供述的犯罪数额占更大比重。对此，首先应准确界定犯罪数额的性质。

我国刑事采取定性与定量相结合的立法模式，存在大量“情节”“数额”等要素的规定，理论上将其归纳为“罪量要素”，意即表明犯罪行为社会危害程度的数量要素。犯罪数额并未脱离于犯罪的客观要件，例如，伪造国家机关证件罪中，作为犯罪对象的“假证件”属于犯罪客观要件，只要能够准确认定犯罪对象，伪造的数量自然得以被证明。故犯罪数额仍属于犯罪构成要件的评价范围，根据主客观相一致的原则，需要行为人主观上有所认知，在认定如实供述的时候，也要求行为人如实说明自己所认知到的犯罪数额，前文所提“质”的问题，应得出肯定的答案。

关于“量”的问题，本案中被告人虽未能准确供述犯罪数额，但不能据此简单否认如实供述的成立，应当结合罪量要素的认定特点实质判断。首先，被告人可能对犯罪数额仅具有概括故意，例如，因参与的犯罪起数多、犯罪对象多，或由于个人记忆等因素，对精准的犯罪数额并不掌握。其次，犯罪数额可能涉及评价因素，被告人难以准确认知，如实施盗窃行为的被告人对于被盗物品的具体市场价格可能并不知晓。最后，犯罪数额等罪量要素包含于犯罪客观要件，只要被告人对其犯罪行为的基本模式、犯罪的对象、时间、地点等主要客观要素如实供述，就能与法庭依据在案证据认定的罪量要素产生印证关系。综上，被告人虽未准确供述犯罪涉及的罪量要素，但对于据以认定罪量要素的基础事实能够如实供述，也应当认定为如实供述。

本案中，被告人使用图像处理软件伪造营业执照和食品经营许可证的行为构成伪造国家机关证件罪。被告人主动投案后，虽未准确供述伪造国家机关证件的数量，但明确表示电脑中储存的证件都是其制作的假证。公诉机关和一审法院根据从其电脑中提取的假证数量，认定其伪造国家机关证件的事实，被告人当庭亦无异议，足以认定被告人已如实交代据以认定犯罪数额的基础事实，一审法院未认定其具有自首情节不当，二审依法纠正并对量刑一并予以改判。

编写人：北京市第二中级人民法院　何朕

## （二）自首和立功

35

# 作案后在现场藏匿未主动现身，虽有“合理解释”亦不能认定自动投案

——杨某故意杀人案

**【案件基本信息】**

1. 裁判书字号

上海市第一中级人民法院（2023）沪01刑初78号刑事判决书

2. 案由：故意杀人罪

**【基本案情】**

2023年6月22日0时40分许，被告人杨某在某河堤平台处，因琐事与途经该处的凌某、申某、李某遮发生争执。其间，杨某使用随身携带的尖刀刺戳被害人凌某头面部、胸腹部等处数十刀，刺戳被害人申某头面部、背部、腹部等处数刀，致凌某当场死亡、申某受伤，后逃逸。经鉴定，被害人凌某系生前

被他人用锐器刺戳胸、腹部造成右肺及左髂外动脉破裂致失血性休克死亡；被害人申某枕部头皮创口、左面部创口、肢体创口，均构成轻微伤。被告人杨某遭受外力作用致左侧肱骨撕脱性骨折、右手两处以上瘢痕长度累计 1.5 厘米以上，均构成轻微伤。

作案后，被告人杨某在明知他人报警的情况下藏匿在现场附近一桥洞中，后被公安人员抓获，到案后如实供述主要犯罪事实。

**【案件焦点】**

被告人杨某得知他人报警没有逃离，而是就近找地方藏匿，警方到达时未主动现身，被捕时并无拒捕行为且到案后如实供述，并对藏匿行为作出了合理解释，能否认定自动投案。

**【法院裁判要旨】**

上海市第一中级人民法院经审理认为：被告人杨某故意杀死一人的事实清楚，证据确实充分，其行为已构成故意杀人罪。被告人杨某系在被判处有期徒刑刑罚执行完毕后，五年以内再犯应当判处有期徒刑以上刑罚之罪，系累犯，依法应当从重处罚。被告人杨某到案后如实供述自己的犯罪行为，且相关细节能够得到在案证据的印证，可对其从轻处罚。被告人杨某的供述和被害人申某、证人李某遮的证言相互印证，证实凌某、申某、李某遮翻越路边栏杆前往杨某坐的沙发处，与杨某发生冲突，结合事发时已是深夜、凌某等三人均喝酒的情况，可以认定被害人一方对本案的发生具有一定的责任，但不宜认定存在过错。依照《中华人民共和国刑法》第二百三十二条、第六十五条第一款、第六十七条第三款、第四十八条第一款、第五十七条第一款、第六十四条之规定，判决如下：

一、被告人杨某犯故意杀人罪，判处死刑，缓期二年执行，剥夺政治权利终身；

二、查获的犯罪工具等予以没收。

案件宣判后，经上海市高级人民法院复核后，判决已生效。

【法官后语】

本案的争议焦点在于，被告人杨某得知他人报警没有逃离，而是就近找地方藏匿，警方到达时未主动现身，被捕时并无拒捕行为且到案后如实供述，并对藏匿行为作出了合理解释，能否认定自动投案。

笔者认为，对现场待捕型自首应从严认定，即使对藏匿行为作出合理解释，依然不属于自动投案。理由如下。

一、现场待捕型自首的主动性标准相较一般自首已有所降低，不宜对现场藏匿被动被抓的情况再就低认定自动投案

现场待捕型自首的法律依据来源于《最高人民法院关于处理自首和立功若干具体问题的意见》中的规定，明知他人报案而在现场等待，抓捕时无拒捕行为，供认犯罪事实的，应当视为自动投案。此类自首要求行为人在客观具备逃离条件但未逃的情况下，通过等待方式被动表达接受法律制裁的意愿。与传统自首所要求的主动向公安机关投案相比，主动性标准已有所降低，若再对现场藏匿行为就低认定自首，已突破该类自首主动性标准的最低限度。对该行为就低认定自动投案，部分犯罪分子很可能故意滞留现场以“投机性”取得从宽处罚，严重削弱刑罚的威慑功能。本案中，被告人虽然明知他人报警，在“能逃而不逃”的情况下待在现场附近，但采取了藏匿方式消极逃避侦查，在公安机关到达后未主动现身，说明其心存侥幸心理，本质上属于消极逃避，缺乏投案的主动性。

二、在现场藏匿且在公安机关到场后未主动现身，客观上并未节约司法成本

自动投案的核心价值在于通过被告人主动配合，减少侦查、抓捕环节的资源消耗，客观上能够节约司法成本是现场逮捕型自首成立的应有之义。相关判例亦已明确现场待捕型自首中的现场范围不宜过大，犯罪嫌疑人没有藏匿等行为，侦查人员到达犯罪现场后即可发现，或者通过简单排查、走访、询问便能找到犯罪嫌疑人，方可视为“现场等待”。本案中，由于事发时间系深夜，公安机关经查看周边道路监控并未发现杨某的踪迹，故根据侦查经验采取大量警

力排查周边居住区，在一个半小时后才找到离案发地50米左右桥洞下的杨某，杨某藏匿在现场附近的行为并未减少司法成本。

三、自首的认定应以客观行为为核心，合理解释不能替代

自动投案的成立应当以客观行为为判断标准，因为主观心态具有极强的隐蔽性和易变性，主观上的悔罪态度未通过具体行为表现出来，若缺乏客观证据佐证，行为人认罪态度的真实性无从考证。即使存在合理解释，但缺乏相应的客观行为，亦不能弥补行为要件的缺失。若允许合理解释替代客观要件，极容易因对藏匿理由的解释差异较大导致同案不同判，或行为人通过编造“合理解释”规避法律严惩，影响适法统一。因此，合理解释只能作为影响量刑幅度的参考要件之一，无法改变藏匿行为的性质。

本案中，杨某对自己躲在桥洞且不主动出现的理由解释为防止被另两名被害人报复，对警方到场后未主动现身的解释是怕自己出来后先碰到被害人而不是警察，这样依然会被打，反正知道警察一定会找到其，就在桥洞等着。该解释的逻辑虽然符合杨某的生活背景和一直处于自我保护状态的性格，具有一定合理性，但并不能弥补其客观行为的缺失。其在明知警方已到达现场，可以保证其安全的情况下，仍不出现，反映其缺乏投案的主动性，不宜认定为自动投案。

**编写人：上海市第一中级人民法院　陈霄**

*36*

## 境外劝返案件中自首的认定

——陈某诈骗案

**【案件基本信息】**

1. 裁判书字号

上海市高级人民法院（2024）沪刑终61号刑事裁定书

2. 案由：诈骗罪

**【基本案情】**

2017年10月至2019年10月，被告人陈某隐瞒以原价或接近原价向上家唐某某购买各类消费卡券和向上家徐某购买某品牌手机、手表等产品的事实，虚构陈有低价进货渠道，将上述商品远低于进价出售，以此吸引购买人不断向陈转账购买。在此过程中，陈某通过部分交付低价卡券、商品的方式，引诱购买人更多投入。部分购买人先期获利后发展他人作为下线并持续向陈转账购买卡券等，陈某于交易中不但将收款和发货进行错配、而且拖延甚至不再发货。直至2019年5月，众多购买人因迟迟未收到商品纷纷报警时，陈某已出逃境外。陈某所收取购买人的巨额钱款，部分用于向上家购买商品，部分用于出境旅游、购买奢侈品等个人高消费，最终导致被害人沈某某、华某某等人、被害单位龙某公司、翊某公司等单位被骗钱款共计9000余万元。2023年3月2日，陈某经公安机关规劝从A国回沪，在浦东国际机场被民警抓获，到案后拒不供认。

**【案件焦点】**

1. 陈某经规劝回国的行为能否认定为主动投案；2. 能否适用自首从宽处罚的规定。

**【法院裁判要旨】**

上海市第一中级人民法院经审理认为：被告人陈某以非法占有为目的，采取虚构事实，隐瞒真相的方法，诈骗公私财物，数额特别巨大，其行为已构成诈骗罪。陈某案发前出逃境外，造成被害人巨额损失，至今无法得到弥补，且在到案后拒不供认相关犯罪事实，依法应予严惩。依照《中华人民共和国刑法》第二百六十六条、第五十七条第一款、第五十九条、第六十四条之规定，判决如下：

一、被告人陈某犯诈骗罪，判处无期徒刑，剥夺政治权利终身，并处没收个人全部财产；

二、违法所得予以追缴，不足部分责令被告人退赔，并发还被害人。

一审宣判后，陈某提出上诉。

上海市高级人民法院于2024年11月29日裁定：

驳回上诉，维持原判。

**【法官后语】**

对于境外劝返能否认定为自首，应当结合自首的两个成立要件进行审查，从自动投案和如实供述主要犯罪事实两个层面予以判断，其重点在于对自动投案的认定。

一、自动投案行为和意愿的认定

《最高人民法院关于处理自首和立功若干具体问题的意见》（以下简称《自首意见》）指出，自动投案的两个核心要素，系投案行为的主动性和自愿性。在境外劝返活动中，对于犯罪嫌疑人的回国行为同样有自愿性的要求。

第一，自动投案的主动性要求犯罪嫌疑人在客观上具有主动投案的行为。在境外劝返案件中，只要犯罪嫌疑人自愿回国，即使其系在入境时被公安机关、监察机关等抓获并采取拘留、逮捕、留置等强制措施，仍然可以根据《自首意见》中有关“经查实确已准备去投案，或者正在投案途中，被公安机关捕获的，应当视为自动投案”的规定，并结合该犯罪嫌疑犯人到案后的供述情况，依法认定其是否具有自首情节。

第二，自动投案的主动性要求犯罪嫌疑人主观上具有主动投案的意愿。境外劝返工作可以是劝返工作人员直接劝返对象，也可以是劝返工作人员通过劝返对象的亲友规劝劝返对象接受劝返，甚至存在亲友将劝返对象送回国内的情况。对此，都可以参照相关亲友规劝自首、陪同自首或者送首的规定，可以将该回国的犯罪嫌疑人视为自动投案。

二、投案主体和对象的限定

（一）投案主体的限定

境外劝返与一般自首中自动投案的主体略有差异，但是并不影响劝返案件中自首的认定。在境外劝返案件中，犯罪嫌疑人以书信向国内公安机关或者其他组织等先行表达投案意愿或者委托亲友先代为投案的情形较为普遍。此种情形应当视为自动投案。

（二）投案对象的限定

处于境外的犯罪嫌疑人向我国驻外大使馆、领事馆等机构投案的，可以视为自动投案。具体理由如下：第一，《最高人民法院、最高人民检察院关于办理职务犯罪案件认定自首、立功等量刑情节若干问题的意见》规定，犯罪分子向所在单位等办案机关以外的单位、组织或者有关负责人员投案的，应当视为自动投案。我国驻外大使馆、领事馆等机构未超出“办案机关以外的单位、组织”的范畴。第二，我国驻外使领馆等机构作为我国派驻的常设外交代表机关，犯罪嫌疑人向我国驻外使领馆主动投案可以视为向我国国家机关投案。第三，根据部分双边刑事司法协助条约，我国驻外使领馆等机构可以有限制地开展部分司法行为。例如，《中华人民共和国和加拿大关于刑事司法协助的条约》第十八条规定，一方可以通过其派驻在另一方的外交或领事官员向在该另一方境内的本国国民送达文书和调查取证，但不得违反驻在国法律，并不得采取任何强制措施。

三、投案时间的限制

境外劝返与一般自首中自动投案的投案时间也可存在差异。根据《最高人民法院关于处理自首和立功具体应用法律若干问题的解释》第一条第二款的规定，一般自首中的自动投案的时间应当是犯罪事实未被司法机关发觉，或者虽然被发觉，但是犯罪嫌疑人尚未受到讯问、未被采取强制措施之前。但是，在境外劝返案件中，无论是司法机关工作人员还是经司法机关授权的犯罪嫌疑人亲友对犯罪嫌疑人进行劝返时，司法机关必然已经掌握了该犯罪嫌疑人的犯罪事实，不属于犯罪事实或者犯罪嫌疑人未被司法机关发觉的情形。而且，在诸多境外劝返案件中，犯罪嫌疑人已经因非法移民等问题被所在国羁押，或者被请求国应我国有关引渡、遣返等请求后已经对犯罪嫌疑人采取羁押、监视居住等强制措施。

但笔者认为，经劝返后自愿从境外回国的，可以视为主动投案。具体理由如下：第一，实践中，境外羁押不能一概视为我国司法机关已经对犯罪嫌疑人采取刑事强制措施。因为国家间法律制度的不同，犯罪嫌疑人在境外被采取羁押、监视居住等强制措施并不代表该犯罪嫌疑人很快就能被移送或者遣返回国。第二，从自首的立法目的来看，犯罪嫌疑人自愿回国，有利于提高归国的效率，节约司法资源，这与自首的立法目的是完全契合的。第三，根据事由同一性原则，境外羁押等事由与国内刑事立案事由并非必然存在对应关系。实践中，有不少境外劝返案件中，犯罪嫌疑人被羁押的理由是非法移民被移民局等机关羁押等，而非系因涉嫌请求国所请求之罪名而被被请求国司法机关采取羁押、监视居住等强制措施，本案正是此种情形。

综上所述，在国际追逃追赃案件中，外逃人员在被请求方就引渡请求作出决定前明确表达主动投案意愿的，即使其已经被被请求方羁押，后回国到案接受办案机关处理的，仍可以视为主动投案。本案中，被告人陈某自 2019 年 5 月 16 日被公安机关上网追逃至 2023 年 2 月一直拒不到案，后因其持双重国籍违反 A 国移民局有关规定而被 A 国移民局羁押，不回国将被遣返至新入籍的 B 国或继续羁押在 A 国移民局，陈某才选择回国归案。虽然陈某的到案具有一定的被动成分，但是其毕竟是接受劝返后在尚有其他选择时自愿回国，可以视为自动投案。陈某虽然系经劝返自愿回国，但是其未如实供述自己的主要犯罪事实，依法不能认定其具有自首情节。

**编写人：上海市第一中级人民法院　秦现锋　洪佳一**

37

# 被告人当庭翻供对其行为的认定

## ——刘某、欧某诈骗案

**【案件基本信息】**

1. 裁判书字号

贵州省息烽县人民法院（2022）黔0122刑初106号刑事判决书

2. 案由：诈骗罪

**【基本案情】**

2022年7月，被告人刘某、欧某为牟取非法利益，经共谋后购买有其他人引流好的昵称为“某思”的QQ号（该QQ号实际并非某演员使用的QQ号）引诱粉丝加入，并冒用演员身份进行诈骗。同年7月19日，被害人戴某某使用其父亲的手机添加该QQ号后，被告人刘某、欧某遂以演员身份告诉戴某某，只要参与游戏，支付58.88元即可以获得演员签名照片，并且承诺支付58.88元返588元。戴某某支付了58.88元后，刘某、欧某又以演员身份让其加财务人员的QQ号，告诉她财务人员会退还她588元并且向她确认信息，邮寄签名照等。戴某某加了财务QQ以后，按照财务人员的要求扫描二维码，陆续转账4万余元。后戴某某反应过来其应该是遭遇诈骗，要求对方退款，但所谓的财务人员早已杳无音讯。随后，戴某某向公安机关报警，经过公安机关侦查，戴某某喜欢的某演员和所谓的财务人员均系刘某、欧某假扮。

**【案件焦点】**

1. 刘某与欧某的讯问笔录不一致能否认定二人实施了诈骗行为；2. 欧某当

庭翻供后又如实供述是否可以认定为自首。

【法院裁判要旨】

贵州省息烽县人民法院经审理认为：被告人刘某、欧某以非法占有为目的，利用电信网络，虚构事实、隐瞒真相，骗取他人财物，涉案数额巨大，其行为均已构成诈骗罪，应予依法惩处。公诉机关对被告人刘某、欧某犯诈骗罪的指控，事实清楚，证据确实、充分，罪名成立，依法予以确认。在共同犯罪过程中，两名被告人互相配合、各有分工，所起地位作用相当，不宜区分主从。被告人刘某在公安机关供述自己罪行后当庭翻供，依法不应认定为坦白；欧某经公安机关电话通知，在未被采取强制措施前主动投案，并如实供述了犯罪事实，其当庭翻供后又如实供述了犯罪事实，依法应认定为自首，同时其自愿认罪认罚，并已签字具结，可从轻、减轻处罚。案发后，被告人刘某、欧某亲属已代为赔偿被害人损失并取得谅解，可酌定从轻处罚。庭审中，被告人刘某否认参与实施诈骗，后又称其仅参与了聊天环节，后面要求转款等诈骗行为系欧某负责操作，经查，被告人刘某、欧某到案后在公安机关多次供认冒用演员 QQ 号对被害人实施诈骗的具体方式及过程，供述内容前后稳定一致，二被告人供述在犯罪过程中各自的分工上虽有出入，但在案证据能够证实二人共同参与实施诈骗的事实，虽然被告人刘某在庭审中当庭翻供，提出当时系受到办案民警威胁、诱骗才作出上述供述，但本院在庭前及庭后两次提讯时均明确告知其有申请非法证据排除的权利，其亦提出在公安机关审讯时未受到刑讯逼供，并明确表示不申请非法证据排除，故被告人刘某否认其所作供述不具有合理性，且刘某庭审中翻供其辩解与全案证据矛盾，亦不能作出合理解释，结合其他在案证据相互印证，对被告人刘某的庭前供述应予采信，故对刘某的辩解意见法院不予采纳。被告人欧某的辩护人提出被害人损失已获赔偿，并出具了谅解书，希望对其从轻处罚的辩护意见，法院予以采纳。量刑方面，结合本案被告人的犯罪情节、涉案金额及具体量刑情节，公诉机关对被告人欧某提出的量刑不当，经法院建议，公诉机关未作调整，法院依法作出判决；对被告人刘某的主刑量刑过重，罚金刑不当，法院亦不予采纳，并依法予以调整。据此，判决如下：

一、被告人刘某犯诈骗罪，判处有期徒刑三年，并处罚金人民币20000元；

二、被告人欧某犯诈骗罪，判处有期徒刑二年，并处罚金人民币5000元。

案件宣判后，判决已生效。

【法官后语】

本案的争议焦点在于刘某与欧某的供述互相矛盾，是否能认定其二人实施了诈骗行为，欧某在庭审中当庭翻供后又如实陈述的行为能否认定为自首。

一、被告人之间的供述相互矛盾，是否可以定罪

在本案中，被告人刘某在公安机关供述了其与欧某共谋并实施诈骗的主要过程，在庭审过程中，被告人刘某及欧某均翻供表示其在公安机关的供述不属实。在第二次庭审过程中，被告人欧某又表示其在公安机关的供述属实，被告人刘某仍然表示其在公安机关的供述系受到刑讯逼供作出的有罪供述，不应当作为证据使用。但在庭前及庭后两次提讯时均明确告知其有申请非法证据排除的权利，其亦提出在公安机关审讯时未受到刑讯逼供，并明确表示不申请非法证据排除。被告人刘某在庭后提讯时表示，其在公安机关作出有罪供述是因为公安机关告知只要承认了犯罪事实，就可以办理取保候审。根据被告人刘某的社会阅历及文化程度，其供述系在公安机关的引诱下作出的有罪供述的理由不能成立。公安机关讯问笔录同步录音录像也可以证明，公安机关在侦查过程中审讯程序合法，不存在刑讯逼供，其在公安机关作出的有罪供述应当作为证据使用。被告人刘某与欧某之间的供述，在具体分工和犯意提起上相互矛盾，但均能准确供述实施诈骗过程的细节，被害人被骗经过及具体转账金额，可以认定被告人刘某、欧某实施诈骗行为的事实，被告人刘某、欧某的行为应当认定为诈骗罪。因其二人互相配合、各有分工，所起地位作用相当，不宜区分主从犯。

二、在庭审中翻供又如实供述的，是否认定为自首

本案中，被告人欧某系经公安机关电话通知后到案，到案后其如实供述犯罪事实，应当认定为自首，但在第一次庭审中，被告人欧某当庭翻供，在第二次庭审中，被告人欧某又如实供述犯罪事实，是否继续认定其行为构成自首。

犯罪以后自动投案，并如实供述自己的罪行的，是“自首”。对这一点的理解，应该是：犯罪嫌疑人在作案后，自己主动、直接地投案，同时如实供述自己的罪行的，认定为自首。这一规定，其中包括两点：犯罪以后自动投案；如实供述自己的罪行。犯罪嫌疑人在投案时，如实供述了自己的罪行，但在以后的供述中，推翻原供，否认或部分否认犯罪。这种情况不能认定为自首，因为其所作的虚假供述不符合自首的“如实供述自己的犯罪事实”的条件要求，也就不能对其认定自首。但如果犯罪分子思想上有反复，在如实供述自己罪行后又否定或推翻了自己的罪行，经过批评、教育后，在一审判决前又如实供述的，仍应认定其为自首。本案中，被告人欧某在公安机关侦查过程中如实供述其犯罪事实，在第一次庭审中当庭翻供，在第二次庭审时又如实供述，应对其认定自首。

本案系冒充演员诈骗未成年人财物的典型案例，具有较强的针对性。本案中被告人刘某、欧某利用未成年人涉世未深、社会经验缺乏、容易轻信对方、易受外界诱惑等特点实施诈骗，哄骗未成年人转账汇款，严重侵害未成年人合法权益，也给其家庭造成经济损失。人民法院对刘某、欧某依法处罚，充分体现了人民法院坚决保护未成年人合法权益，严厉惩处针对未成年人犯罪的鲜明立场。对此，学校、家庭要加强对未成年人的防骗教育，引导未成年人理性追星，切实增强网络防范意识，不要轻信网络中演员效应及返利活动，防止被诱骗落入诈骗陷阱。

**编写人：贵州省息烽县人民法院　张清　钟亚兰**

38

# 取保候审期间脱逃又主动投案如实供述犯罪事实的能否认定自首

## ——李某盗窃案

### 【案件基本信息】

1. 裁判书字号

山东省淄博市淄川区人民法院（2024）鲁 0302 刑初 105 号刑事判决书

2. 案由：盗窃罪

### 【基本案情】

2022 年 11 月 22 日凌晨，被告人李某与他人（另案处理）到某小区，盗窃刘某虎年茅台酒 1 瓶、大苏烟 1 条；盗窃肖某茅台精品酒 4 瓶、六瓶装茅台王子酒 3 箱、六瓶装茅台飞天酒 3 箱、茅台飞天酒 4 瓶；盗窃郭某六瓶装茅台王子酒 1 箱、六瓶装五粮液酒 1 箱、硬中华烟 1 条、黄鹤楼烟 1 条、蓝八喜烟 1 条、天子烟 1 条、红方印烟 1 条。经鉴定，盗窃物品总价值人民币 93610 元。经查，被告人李某在取保候审期间脱逃，公安机关网上追逃，后在逃人员李某在家属的陪同下投案自首。

### 【案件焦点】

取保候审期间脱逃，又主动投案如实供述犯罪事实的，能否认定为自首。

### 【法院裁判要旨】

山东省淄博市淄川区人民法院经审理认为：被告人李某以非法占有为目的，伙同他人秘密窃取他人财物，数额巨大，其行为已构成盗窃罪。本案系一般共同犯罪，不宜区分主从犯。被告人李某系坦白，对其可从轻处罚；被告人李某自愿认罪认罚，对其可从宽处理。被告人李某积极退赔被害人损失，可酌定从轻处罚。据此，判决：

被告人李某犯盗窃罪，判处有期徒刑三年，缓刑三年，并处罚金人民币1万元；追缴到案的涉案款93610元，依法退赔被害人。

案件宣判后，判决已生效。

**【法官后语】**

《中华人民共和国刑法》第六十七条第一款中规定，犯罪以后自动投案，如实供述自己的罪行的，是自首。司法实践中，存在这样一种情形：犯罪嫌疑人在取保候审期间脱逃后又主动投案如实供述犯罪事实的，这种情况下是否应认定为自首。相关法律法规和司法解释没有作出明确规定，对此存在两种不同观点。一种意见认为构成自首，理由是犯罪嫌疑人逃跑已经受到没收保证金等法律制裁，脱逃后自动投案仍然符合自动投案的本质属性，有利于其认罪悔过，减少司法成本；另一种意见认为不构成自首，理由是认定自首无疑是传达、鼓励犯罪嫌疑人脱逃后仍能获得从轻处罚，不能体现法律的公平公正与权威，与自首制度的价值相冲突。

应当说第二种意见是正确的。理由是：

一、认定自首不符合自动投案的成立要件

《最高人民法院关于处理自首和立功具体应用法律若干问题的解释》（以下简称《解释》）第一条第一项规定，自动投案，是指犯罪事实或者犯罪嫌疑人未被司法机关发觉，或者虽被发觉，但犯罪嫌疑人尚未受到讯问、未被采取强制措施时，主动、直接向公安机关、人民检察院或者人民法院投案……

由此，自动投案需要具备自动性和时间要求。自动性指行为人主动将自己置于司法机关控制之下接受审查。在涉嫌犯罪的情况下，犯罪嫌疑人在取保候审期间脱逃，脱离司法机关的控制，躲避司法机关追诉，不符合自动性要求。同时，根据《解释》规定，自动投案是在犯罪以后，尚未被采取强制措施之前（本文不讨论特殊自首），“尚未”应是指在案发后一直未曾受到讯问、未采取强制措施。有观点认为，犯罪嫌疑人在取保候审期间脱逃，强制措施效力消失，应视为未归案，再次主动投案符合自首条件。若按此逻辑，无论是侦查、审查起诉还是审判阶段，任何时间都有成立自首的可能性，自首认定标准随时可能发生变化，自首的适用将被反复调整，强制措施的效力将会大打折扣，法律稳定性和权威性将受到挑战；同时《解释》规定，犯罪嫌疑人自动投案后又逃跑的，不能认定为自首。也就是在投案之后的侦查、审查起诉以及审判阶段均不应有逃跑的行为，否则不应认定为自首，对于犯罪嫌疑人逃跑后又主动归案的行为应理解为对其在取保候审期间逃跑行为所产生后果的事后弥补。以此类推，《解释》中“犯罪后逃跑，在被通缉、追捕过程中，主动投案的……应当视为自动投案”的规定，针对的也是犯罪后始终未被抓捕归案的在逃犯罪人员主动投案的情形。

二、认定自首不符合罪责刑相适应原则

对具有自首情节的行为人是否从宽处罚以及从宽处罚的幅度，应当综合考虑其犯罪事实、犯罪性质、犯罪情节、危害后果、社会影响以及行为人的主观恶性和人身危险性进行量刑。对取保候审期间脱逃后又自动投案的犯罪嫌疑人，适用自首不能与其认罪悔罪的态度、人身危险性、造成的社会影响等相统一，有违罪责刑相适应原则，不利于法律的公平公正。

一方面，《中华人民共和国刑事诉讼法》第七十一条规定了被取保候审人的义务及违反义务的法律后果，而犯罪嫌疑人仍然不顾法律约束，公然挑战国家司法追诉程序的权威，躲避司法机关追究，其人身危险性相对较高，同时对其犯罪行为不能深刻认识到错误，没有真诚认罪悔罪态度，仍有再犯的可能性，即便后来又主动投案，也不能因此忽视其之前的逃跑行为，不可避免是否仍然存在思想上的反复，对社会稳定性有着较大的威胁。另一方面，适用自首制度容易导致量刑失衡。对于未脱逃的犯罪嫌疑人与脱逃的犯罪嫌疑人相同适用自首量刑，容易让人产生对法律的错误理解，不利于实现法律的公平公正。当然，对于取保候审期间脱逃后又主动投案的，也有其积极价值，不认定该情形属于自动投案，并不影响将其作为归案后如实供述、认罪态度较好等酌定从宽情节在量刑时予以考虑，完全可以做到罪责刑相适应，也在一定程度上起到鼓励违反强制措施逃跑的犯罪嫌疑人积极主动到案的作用。

三、认定自首不符合立法价值追求

《中华人民共和国刑法》实行宽严相济的刑事政策，落实惩罚与教育相结合。自首制度对于鼓励犯罪人悔过自新、节约司法成本，提高司法审判效率以及维护社会稳定具有重要意义。然而犯罪嫌疑人在取保候审期间脱逃行为，即便是后来又主动投案，认定自首实际上不利于犯罪嫌疑人深刻认识到自身脱逃行为及犯罪行为的错误，同时也造成了司法资源的浪费。

一方面，该行为认定自首无疑是鼓励犯罪嫌疑人可以不受法律强制措施下的约束而肆意妄为，只要最后能主动投案仍然可以获得法律的从轻处罚，显然这并不能让犯罪嫌疑人认识到触犯法律所带来的后果，一个对法律都没有敬畏心的人是无法通过法律制裁来达到法律惩罚与教育的目的。另一方面，评价是否造成司法资源的浪费，不应将脱逃和投案行为分开评价。犯罪嫌疑人的脱逃导致被公安机关网上通缉消耗公安侦查资源、加大追捕成本，影响法院正常审理程序的开展，加大改造教育成本……即便后来主动投案，但是这些司法成本可以不额外消耗，因为犯罪嫌疑人的逃跑而加大了司法机关人力、物力、财力的投入，并不能达到节约司法资源，提高审判效率的效果，违背了自首制度设立的立法精神。

综上，取保候审期间脱逃，又主动投案如实供述犯罪事实的，不能认定为自首，但可以结合犯罪嫌疑人归案后如实供述、认罪态度较好等酌定从宽情节综合确定量刑。

编写人：山东省淄博市淄川区人民法院　王子莹

39

# 经侦查机关以其他事由通知到案行为的定性[①]

## ——许某某掩饰、隐瞒犯罪所得案

**【案件基本信息】**

1. 裁判书字号

上海市第一中级人民法院（2024）沪01刑终25号刑事判决书

2. 案由：掩饰、隐瞒犯罪所得罪

**【基本案情】**

被告人许某某系某机场地面服务公司高级管理人员。2020年7月、8月，许某某招募、安排、指挥多人在明知钱款来路不正的情况下，通过用他人的支付宝账户接收钱款、在多个账户之间流转、转换成虚拟币、再转回上家账户的方式，转移涉案赃款。其中，涉及他人被诈骗钱款。公安机关在排查出许某某系网上追逃人员后，为保障抓捕安全，于2022年10月2日以对许某某所在单位进行火种安全检查的名义，电话通知许某某到派出所配合检查。许某某接通知到案后未在第一时间供述罪行，但在公安民警出示拘留证、网上追逃文件等材料后如实供述基本犯罪事实。此后，许某某退赔并取得谅解。

**【案件焦点】**

经侦查机关以其他事由通知到案的行为人是否构成“自动投案”。

① 入库案例，参见人民法院案例库2024-18-1-300-001。

【法院裁判要旨】

上海市松江区人民法院经审理认为：被告人许某某的行为已构成掩饰、隐瞒犯罪所得罪。许某某在明知自己是掩饰、隐瞒犯罪所得的涉案人员，接公安机关电话传唤后主动到案，后如实供述基本犯罪事实，符合自首的认定条件，依法对其减轻处罚。据此，以犯掩饰、隐瞒犯罪所得罪判处被告人许某某有期徒刑二年九个月，并处罚金人民币 2 万元；退缴在案的钱款，发还被害单位。

一审宣判后，公诉机关上海市松江区人民检察院提起抗诉，认为原判自首认定错误，导致对许某某适用减轻处罚不当。上海市人民检察院第一分院支持抗诉。

上海市第一中级人民法院经审理认为：原审被告人许某某的行为已构成掩饰、隐瞒犯罪所得罪，原判定罪正确且诉讼程序合法。根据在案证据，公安机关发现许某某系在逃人员后，已经掌握其涉嫌犯罪的证据，因不确定其是否在本市，为避免“打草惊蛇”，故实施抓捕计划，以安全检查的名义电话通知许某某至派出所。公安机关的电话通知距离案发已超过两年，许某某作为机场地面服务公司高级管理人员，配合安全检查系其职责范围。故而，判断自首成立与否的关键在于许某某到案后的供述时间。许某某到案之日未第一时间供述罪行，直至办案人员出示拘留证、网上追逃文件等材料，才如实供述基本犯罪事实，且许某某关于到案前知道公安机关真实意图、确已准备投案的供述缺乏其他证据印证。综上，能够认定许某某在一定程度上相信了公安机关通知其配合检查的理由，表明其始终抱有侥幸和试探的心理，而不具有主动投案的意愿。原判认定许某某具有自首情节不当，依法应予纠正。抗诉机关的抗诉意见及上海市人民检察院第一分院的出庭意见正确，应予支持。许某某到案后如实供述自己的罪行，积极退赔并取得谅解，可以从轻处罚。据此，依法判决如下：

一、维持上海市松江区人民法院（2023）沪 0117 刑初 1260 号刑事判决第二项，即“二、退缴在案的钱款，发还被害单位”；

二、撤销上海市松江区人民法院（2023）沪 0117 刑初 1260 号刑事判决第一项，即“一、被告人许某某犯掩饰、隐瞒犯罪所得罪，判处有期徒刑二年九个月，并处罚金人民币2万元”；

三、原审被告人许某某犯掩饰、隐瞒犯罪所得罪，判处有期徒刑三年，并处罚金人民币2万元（已缴纳）。

**【法官后语】**

自动投案是一般自首成立的首要条件。《最高人民法院关于处理自首和立功具体应用法律若干问题的解释》（以下简称《解释》）规定，自动投案，是指犯罪事实或者犯罪嫌疑人未被司法机关发觉，或者虽被发觉，但犯罪嫌疑人尚未受到讯问、未被采取强制措施时，主动、直接向公安机关、人民检察院或者人民法院投案。据此，自动投案是一个包含了主观要件的客观行为。现实生活中，经侦查机关以其他事由通知到案（以下简称“他事由”）是一种较为常见的归案方式。在该种情形中，投案的客观行为比较容易判断，投案的主观要件即投案的自动性往往是司法实践中的认定难点。

一、经其他事由通知到案认定自动投案原则上应当从严把握

自动投案的司法认定应当符合自首制度的立法本意。其一，从事实认定的准确性来看，与经涉案事由通知到案相比，经他事由通知到案的行为人有更多试探侦查机关态度的机会，极容易产生侥幸心理，侥幸心理与投案意愿都是隐秘的心理活动，司法实践中难以区分，容易引发事实认定的重大错误，故而认定自动投案应当极为审慎。其二，从行为人的主观恶性来看，即使行为人确有投案意愿，也是在接到通知后才作出投案选择，通知虽然不限制行为人的人身自由，却会对其心理造成一定的威慑和压力，故其认罪悔罪的态度及投案的自动性远不如未经通知自动归案的行为人，在认定自动投案的严格程度上有必要进行区分。其三，从节约办案资源的动因来看，司法实践中，侦查机关往往是已经掌握了行为人涉嫌犯罪的主要证据，但因无法确定其行踪轨迹，或认为其仍有较大的人身危险性以及逃避侦查的可能性，才会以其他事由将行为人“诱骗”到案，到案后再立即对其进行讯问或抓捕。故从本质上来说，案件侦破依靠的是侦查机关的努力，抓捕效率的提升也主要源于侦查机关实施了周密有效的抓捕计划，与典型的自动投案行为相比，经他事由通知到案的行为并未有效

地节约司法资源。鉴此，对于侦查机关已经掌握犯罪证据并以他事由通知行为人到案的，应当从严把握自动投案的认定标准，尤其是投案意愿的认定标准。在此种情形中，行为人必须具有强烈的认罪悔罪态度，主观恶性、人身危险性明显降低，才可成立自动投案，否则不应认定自动投案。

二、经其他事由通知到案后未第一时间如实供述的一般不认定为自首

经其他事由通知到案的情形中，行为人能够第一时间如实供述主要犯罪事实的，主观恶性明显减低，应当认定为自动投案；到案后矢口否认与犯罪案件有任何关系的，完全不具有认罪悔罪态度，不应认定自动投案。到案后既没有立即供认，也没有矢口否认的，应结合个案情况具体分析。

第一，对于侦查机关尚未掌握犯罪证据的，行为人经通知到案既体现了认罪悔罪的主观态度，亦节约了司法资源，符合自首制度的立法本意，可以适用《最高人民法院关于处理自首和立功若干具体问题的意见》规定的“尚在一般性排查询问时主动交代自己罪行的”，视为自动投案。

第二，对于侦查机关已经掌握犯罪证据的，行为人必须到案后第一时间如实供述基本犯罪事实，才可成立自动投案。其中，“基本犯罪事实”是指定罪的最基本事实，包括时间、地点、人物等基本要素。“第一时间”既指排除客观阻碍因素（如有）后最早的时间点，也指先于侦查机关的时间点。之所以作此严格要求，在于行为人到案后只可能有三种互不相容的心理状态——自动投案的心理、侥幸试探的心理或者完全出于错误认识。后两者决定了行为人到案后不可能第一时间提及犯罪，足以阻断投案的自动性，行为人之后再形成的认罪悔罪态度不能视为归案时的主观意愿。若行为人到案后立即被侦查机关采取强制措施或出示犯罪证据的，实际上这也是一种客观阻碍因素，但该因素意味着行为人已丧失先于侦查机关作出意思表示的机会，尚未来得及主动提及犯罪事实的，原则上不成立自动投案，除非有充分证据印证行为人确已准备投案。

**编写人：上海市第一中级人民法院　黄伯青　阳韵**

40

# 形迹可疑型自首的把握认定

## ——阮某抢劫案

**【案件基本信息】**

1. 裁判书字号

江苏省泰州市中级人民法院（2023）苏12刑终85号刑事判决书

2. 案由：抢劫罪

**【基本案情】**

2022年5月13日凌晨4时许，被告人阮某采用先扒窗再开锁的方式，进入被害人以某租住的车库内实施盗窃，窃得以某的手机1部（价值人民币4600元），以某发现后，抓住阮某手臂并呼喊，阮某为脱身即拳击以某的面部、臂部等处，致以某受伤，阮某迅即逃离现场。经鉴定，以某损伤程度已构成轻微伤。阮某因形迹可疑，在公安机关对其进行一般性排查时主动交代罪行。阮某归案后积极赔偿被害人损失并得到谅解，所劫手机由公安机关依法扣押并发还被害人。

**【案件焦点】**

对形迹可疑型自首的准确把握认定。

**【法院裁判要旨】**

江苏省泰州市海陵区人民法院经审理认为：被告人阮某以非法占有为目的，入户秘密窃取他人财物，为抗拒抓捕而当场使用暴力，其行为已构成抢劫罪，应依法惩处。阮某归案后如实供述自己的罪行，依法对其从轻处罚。阮某积极预交罚金、赔偿被害人损失并得到谅解，酌情对其从轻处罚。依照《中华人民共和国刑法》第二百六十三条第一项、第二百六十九条、第五十六条第一款、第六十七条第三款之规定，以抢劫罪判处被告人阮某有期徒刑十年，剥夺政治权利三年，并处罚金人民币5000元。

一审宣判后，阮某提出上诉。

江苏省泰州市中级人民法院经审理认为：上诉人阮某以非法占有为目的，入户秘密窃取他人财物，为抗拒抓捕而在户内当场使用暴力，其行为已构成抢劫罪，应依法惩处。本案中阮某因形迹可疑，在公安机关对其进行一般性排查时主动交代罪行，应当视为主动投案，其归案后如实供述了全部犯罪事实，构成自首，依法可以减轻处罚。辩护人提出的“阮某构成自首”的意见予以采纳。上诉人阮某积极预缴罚金、赔偿被害人损失并得到谅解，酌情对其从轻处罚。

江苏省泰州市中级人民法院依照《中华人民共和国刑事诉讼法》第二百三十六条第一款第二项，《中华人民共和国刑法》第二百六十九条、第二百六十三条第一项、第六十七条第一款之规定，作出如下判决：

一、撤销江苏省泰州市海陵区人民法院（2022）苏1202刑初204号刑事判决；

二、上诉人（原审被告人）阮某犯抢劫罪，判处有期徒刑五年六个月，并处罚金人民币5000元。

**【法官后语】**

本案的争议焦点是上诉人（原审被告人）阮某是否构成自首，而是否构成自首的认定关键在于阮某是形迹可疑还是有犯罪嫌疑。研判时存在两种不同意见。

第一种意见认为，公安机关已掌握罪证确定了阮某的犯罪嫌疑，其属于罪行已被司法机关发觉，之后的主动交代犯罪事实，应当认定构成坦白而非自首。

第二种意见认为，根据二审期间公安机关出具的阮某归案情况说明，应当认定案发后公安人员至阮某家中盘问时，仅是认为其形迹可疑，其主动交代犯罪事实，应当视为自动投案，构成自首。

经二审审理查明，被害人以某报案后，公安人员经调取小区监控录像，发现阮某形迹可疑，至其家中进行盘问时，阮某主动交代了犯罪事实。该事实得到二审庭审中出庭检察员当庭宣读的“以某被抢劫案”的侦破情况说明等证据的证实。本案一审中，公安机关曾经出具归案情况说明，该情况说明与二审中出具的情况说明存在一定差异，区别在于前者认定已经掌握罪证确定了阮某的犯罪嫌疑，而后者认为未掌握实质性罪证，只是认为阮某形迹可疑。

二审生效判决综合全案事实和证据审查采信了二审公安机关出具的侦破情况说明，采纳第二种意见，认定阮某构成自首。理由如下：(1) 本案中阮某属于“形迹可疑”的状态。公安机关接到报警后，调取了小区内的监控录像进行研判，发现一男子在案发时段大步从被害人所住楼栋向北跑动，经视频追踪发现男子在小区内多处出现、走动，且当日凌晨4时出现在被害人租住房附近的小区南门，根据侦查经验将其圈定为排查对象是合理的，但因被害人未看到犯罪嫌疑人的相貌，此时公安人员尚未掌握实质性的犯罪证据，是基于阮某可疑表象，主要依据常识、常情、常理和公安工作的经验直觉形成的推测，此时形成的对阮某状态的判断属于“形迹可疑”。而犯罪嫌疑是对事实证据进行分析、判断后形成的针对性推定，须以事实证据为依据，此时公安虽然对视频监控中的黑衣男子进行人脸识别，确认为阮某，但阮某居住在案发小区，租住房离被害人住处相距不远，其从案发地点附近经过、出现在小区南门正常行走亦属正常，单凭此疑点表象并不足以构成证据线索指向阮某并锁定其犯罪嫌疑。(2) 公安机关上门找阮某调查属于盘问。案发当天下午公安机关至阮某家，是作为可疑对象的排查，未作为犯罪嫌疑人立案，在调查过程中阮某主动交代了犯罪事实，并带领公安人员起获赃物。从公安机关排查询问的性质上看，应当认定为盘问，而非讯问调查。(3) 是否属于形迹可疑还是锁定犯罪嫌疑属于分析意见，应当依法判定。公安机关出具的情况说明，主要在于反映侦破案的真实情况，采取什么措施、如何开展排查、怎样关联犯罪嫌疑人，在此过程中会不断产生分析意见，如何确认当时的行为性质，有赖于最终的司法认定。本案

一、二审所举证前后两份归案（侦破）情况说明对于破案的经过、细节的描述基本一致，不同之处在于运用视频监控研判时如何评价形迹可疑还是犯罪嫌疑。在较多案件中，可以根据视频监控掌握犯罪分子的特征，建立起与案件的直接关联，锁定其犯罪嫌疑；而有些案件中视频监控尚未建立起较强的关联，只是作为可疑人员对待，需要通过进一步侦查发现犯罪分子，两种情形应当区别对待。

本案中，侦查人员经重新回顾评析，纠正了先前情况说明中的意见，二审法院认同并予采纳。阮某被公安机关上门盘问时仅是一般性怀疑，存在其可能与该案存在联系的疑点，但证据线索并未达到针对性怀疑“犯罪嫌疑”的程度，此时阮某如实交代犯罪事实并带领公安人员起获赃物的行为，根据《最高人民法院关于处理自首和立功具体应用法律若干问题的解释》的规定，阮某系罪行未被发觉，仅因形迹可疑受到公安机关盘问后主动交代自己所犯罪行，应当视为自动投案，故阮某构成自首。

编写人：江苏省泰州市中级人民法院　徐佼　蔡萍

41

# 重大立功情节中如何认定提供线索对侦破案件或抓捕犯罪嫌疑人具有“实际作用”

## ——柳某受贿案

**【案件基本信息】**

1. 裁判书字号

北京市顺义区人民法院（2023）京0113刑初321号刑事判决书

2. 案由：受贿罪

**【基本案情】**

2014 年初至 2023 年初，被告人柳某利用担任某镇党委副书记、镇长，某区城市管理委员会党组书记、主任的职务便利，多次收受当地建筑工程企业法定代表人、实际控制人给予的款物共计人民币 274 万余元，并为相关人员承接工程项目等提供帮助。柳某于 2023 年 2 月 2 日被某区会查获。被告人柳某到案后，提供了其之前听闻的王某、熊某二人于 2003 年至 2004 年将他人打死的情况，并提供了王某、熊某藏匿的大致地点信息，经查，该两名犯罪嫌疑人为一起已经破获的故意伤害致死案件的逃犯，公安机关根据柳某提供的信息并结合技术侦查手段锁定了该两名犯罪嫌疑人并予以抓获。

**【案件焦点】**

被告人柳某虽然提供了其知晓的王某、熊某实施犯罪行为及大致藏匿地点的信息，但该案件已经被公安机关侦破，且仅提供了犯罪嫌疑人大致的藏匿地点区域，公安机关另外借助了技术侦查手段才抓获犯罪嫌疑人，在这种情况下，柳某提供的相关信息是否能够认定对于侦破案件或者抓捕犯罪嫌疑人有“实际作用”。

**【法院裁判要旨】**

北京市顺义区人民法院经审理认为：经查，被告人柳某向公安机关提供的王某、熊某实施犯罪行为的线索属于已侦破案件的信息，案件的相关犯罪嫌疑人情况属于公安机关掌握的事实，故柳某检举揭发不属于“提供侦破其他案件的重要线索，经查证属实”的情形，但是，现有证据足以证明公安机关借助柳某提供的两名犯罪嫌疑人藏匿地点信息，成功抓获了犯罪嫌疑人，根据公安机关对抓获犯罪嫌疑人具体过程的说明，应当认定柳某提供的线索对抓捕犯罪嫌疑人具有实际作用，柳某属于“协助司法机关抓捕其他犯罪嫌疑人”。被告人柳某提供线索协助司法机关抓捕可能被判处无期徒刑以上刑罚的犯罪嫌疑人，构成重大立功。

北京市顺义区人民法院对被告人柳某犯受贿罪依照《中华人民共和国刑

法》第三百八十五条第一款，第三百八十六条，第三百八十三条第一款第二项、第二款、第三款，判决如下：

一、被告人柳某犯受贿罪，判处有期徒刑三年，并处罚金人民币 30 万元；

二、被告人柳某退缴在案的人民币 2741570 元，依法予以没收，上缴国库。

案件宣判后，判决已生效。

【法官后语】

根据《最高人民法院关于处理自首和立功具体应用法律若干问题的解释》第七条第一款之规定，犯罪分子有检举、揭发他人重大犯罪行为，经查证属实；提供侦破其他重大案件的重要线索，经查证属实；阻止他人重大犯罪活动；协助司法机关抓捕其他重大犯罪嫌疑人（包括同案犯）；具有其他有利于国家和社会的突出表现的，应当认定为有重大立功表现。根据《最高人民法院、最高人民检察院关于办理职务犯罪案件认定自首、立功等量刑情节若干问题的意见》的规定，据以立功的线索或者协助行为对于侦破案件或者抓捕犯罪嫌疑人要有实际作用。提供的线索或者协助行为对于其他案件的侦破或者其他犯罪嫌疑人的抓捕不具有实际作用的，不能认定为立功表现。

结合本案，判断柳某的立功行为的类型以及其提供的信息是否对侦破案件或抓捕犯罪嫌疑人具有“实际作用”，主要考虑了以下几个因素：

第一，柳某检举揭发不属于“提供侦破其他案件的重要线索，经查证属实”的情形。经公安机关核查，柳某提供的线索涉及 2003 年在北京市通州区发生的一起故意伤害致死案中两名在逃嫌疑人熊某、王某，该案立案后即已经查明系王某带领陈某及熊某等人将被害人殴打致死，该案已于当年告破，陈某已被判决，熊某、王某在逃。故该案件属于已经明确了犯罪事实、确定了相关犯罪嫌疑人的已侦破案件，案件的相关犯罪嫌疑人情况已经属于公安机关掌握的事实，柳某并非“提供侦破其他案件的重要线索，经查证属实”。

第二，柳某提供的线索不仅涉及王某、熊某涉嫌犯罪的情况，还指出了王某、熊某藏匿的大致地点，如果该线索对公安机关抓捕犯罪嫌疑人具有“实际作用”，柳某即属于“协助司法机关抓捕其他重大犯罪嫌疑人”而成立重大立功。

第三，公安机关借助柳某提供的，公安机关尚未掌握且通过正常工作程序不能掌握的两名嫌疑人藏匿地点信息，结合技术侦查等手段，成功抓获了犯罪嫌疑人，柳某的协助行为对于抓捕犯罪嫌疑人具有实际作用。根据《最高人民法院、最高人民检察院关于办理职务犯罪案件认定自首、立功等量刑情节若干问题的意见》的规定，犯罪分子提供司法机关尚未掌握的其他案件犯罪嫌疑人的联络方式、藏匿地址的，属于协助司法机关抓捕其他犯罪嫌疑人。但本案中柳某提供的犯罪分子藏匿地点不够具体，还尚未精确到“地址”，对于这种情况是否能够认定对抓捕具有实际作用，笔者认为，应结合具体案件，特别是具体抓捕过程，判断是否对其他犯罪嫌疑人的抓捕具有“实际作用”。本案经公安机关对具体侦破情况进行说明，因案件案发年代久远，公安机关经查询未能发现两名逃犯的行踪轨迹信息，但根据柳某提供的熊某、王某藏匿大致地点，通过技术手段对相关地点内与嫌疑人具有密切关系的人员进行排查、行踪伴随，发现嫌疑人踪迹，最终顺利抓获犯罪嫌疑人。柳某提供的嫌疑人藏匿地点信息，虽然并非具体到具体地址，而是属于一个地点范围，但现有证据足以证明公安机关借助柳某提供的，公安机关尚未掌握且通过正常工作程序不能掌握的两名嫌疑人藏匿地点信息，结合技术侦查等手段，成功抓获了犯罪嫌疑人，应当认定为对抓捕其他犯罪嫌疑人具有“实际作用”。综上，可以认定柳某具有重大立功情节。

**编写人：北京市顺义区人民法院　张伊　傅一鸣**

42

# 主动到案之初拒不供述犯罪事实的不构成自首

## ——林某等诈骗，掩饰、隐瞒犯罪所得，偷越国（边）境案

### 【案件基本信息】

1. 裁判书字号

江苏省宿迁市中级人民法院（2023）苏13刑终85号刑事裁定书

2. 案由：诈骗罪，掩饰、隐瞒犯罪所得罪，偷越国（边）境罪

### 【基本案情】

2020年2月、3月，被告人林某搭建虚假游戏交易平台，并在网站设置搜索关键词，将虚假游戏交易平台出租给被告人罗某1、林某1等人用于实施电信网络诈骗犯罪。被告人罗某1等人以购买游戏账号为名诱骗被害人到虚假游戏交易平台交易，后以输入的收款银行账号错误导致交易款被冻结需要充值解冻等为名骗得被害人朱某东等人钱款合计279213元。

被告人林某2明知被告人林某等人实施电信网络诈骗犯罪，仍联络被告人詹某、罗某等人使用银行卡等为其收取、转移、取现诈骗所得款，参与实施的诈骗数额为人民币236963元。

被告人詹某、罗某2知被告人林某2等人实施电信网络诈骗犯罪，仍联络被告人张某双等人使用银行卡等为其收取、转移、取现诈骗所得款，参与实施的诈骗数额为人民币141473元。

另查明，公安机关在侦查过程中发现被告人罗某有犯罪嫌疑，遂电话通知其到公安机关接受调查，被告人罗某接到通知后主动到公安机关。公安机关先以证人身份对被告人罗某进行询问，其始终否认自己有犯罪事实，后公安机关

以犯罪嫌疑人身份对其进行讯问，其才如实供述自己的犯罪事实。

**【案件焦点】**

被告人罗某经公安机关电话通知主动到案，在到案之初未如实供述犯罪事实，之后在侦查阶段又如实供述的，能否认定为自首。如果不认定为自首，能否认定为坦白。

**【法院裁判要旨】**

江苏省宿迁市宿城区人民法院经审理认为：被告人林某等人的行为分别构成诈骗罪，掩饰、隐瞒犯罪所得罪，偷越国（边）境罪。被告人林某2等人犯罪以后自动投案，如实供述自己的罪行，是自首，可以从轻或者减轻处罚。被告人林某、罗某等人能够如实供述自己的罪行，可以从轻处罚。关于被告人罗某的辩护人提出的被告人罗某构成自首的意见和理由，根据公安机关出具的抓获经过、被告人罗某在公安机关的供述笔录等证据，被告人罗某虽然在接到公安机关电话通知后自愿前往公安机关，但在到案后面对公安民警的反复询问拒不供述犯罪事实，故不符合自动投案的认定条件，不应认定为自首，其之后又能够如实供述自己的罪行，构成坦白，可以对其从轻处罚。依照《中华人民共和国刑法》第二百六十六条，第二十五条第一款，第二十六条第一款、第四款，第二十七条，第六十七条第一款、第三款，第六十四条之规定，以诈骗罪判处被告人罗某有期徒刑二年二个月，并处罚金人民币2万元，并对被告人林某等人分别判处刑罚。

一审宣判后，林某1等人提出上诉。江苏省宿迁市中级人民法院经审理同意一审法院的裁判意见，裁定：

准予林某1撤回上诉；驳回顾某上诉，维持原判。

**【法官后语】**

本案的争议焦点为，被告人罗某经公安机关电话通知自愿前往公安机关，在到案之初拒不承认犯罪事实，之后又能如实供述的，是否认定为自首。一种观点认为，根据《中华人民共和国刑法》第六十七条第一款的规定，成立自首应当同时具备自动投案和如实供述自己的罪行两个要件。本案中，罗某在接到公安机关的电话通知后自愿到公安机关，应当认定为自动投案。罗某虽然在第一次接受询问时未如实供述犯罪事实，但之后又能如实供述，故仍应认定为如实供述自己的罪行。因此，罗某的行为符合自首的认定条件，应当认定为自首。另一种观点认为，自首认定中的自动投案和如实供述两个要件是有机统一的，不应割裂评价。本案中，罗某虽然在接到公安机关的电话通知后主动到公安机关，但是面对公安机关的反复询问拒不供述犯罪事实，这反映出其到公安机关的目的并不是主动将自己置于公安机关的控制之下，坦白罪行、接受处理，因此不构成自动投案，不应认定为自首，其之后能够如实供述犯罪事实，应当认定为坦白。本案采纳第二种观点，具体分析如下：

1. 罗某的行为不构成自首。自动投案一般是指犯罪嫌疑人在犯罪后、归案前，出于本人意志向司法机关或者其他有关单位和人员承认自己实施了犯罪，并自愿置于上述单位和人员的控制之下，等待法律制裁的行为。自动投案是客观行为和主观目的的结合，即客观上自愿、主动将自己置于司法机关的控制之下，主观上有坦白罪行、接受处理的意愿。司法实践中，有的犯罪嫌疑人到公安机关的目的是打探案情、了解同案犯的处理情况，甚至是误导侦查等；有的是接到公安机关的通知后基于畏惧、不确定罪行暴露程度等心理而选择前往。因此不能仅依据犯罪嫌疑人在客观上自行到达公安机关的工作场所就认定其为自动投案。犯罪嫌疑人到达公安机关后是否、何时、在何种情形下如实供述犯罪事实，在很大程度上反映了其到案的主观目的，是认定是否构成自动投案的重要考量因素。本案中，罗某经公安机关电话通知主动到公安机关，在到案之初面对公安民警的反复询问拒不供述犯罪事实，反映出其主观上没有坦白罪行、接受处理的意愿，故其到案行为不构成自动投案，不应认定为自首。

2. 罗某的行为构成坦白。根据《中华人民共和国刑法》第六十七条第三款的规定，犯罪嫌疑人虽不具有前两款规定的自首情节，但是如实供述自己罪行的，可以从轻处罚……根据《中华人民共和国刑事诉讼法》的相关规定，涉嫌犯罪的人在立案、侦查和提起公诉阶段的身份为“犯罪嫌疑人”，在审判阶段的身份为“被告人”，在执行阶段的身份为“罪犯”。因此，根据“犯罪嫌疑人”这一身份的适用阶段，涉嫌犯罪的人只要在提起公诉前如实供述自己主要犯罪事实的，就可以认定为坦白，并不要求其在到案后第一时间就如实供述。本案中，罗某虽然在到案之初未如实供述自己的犯罪事实，但之后能够在侦查阶段如实供述，之后亦无翻供行为，故应当认定为坦白，可以按照《中华人民共和国刑法》第六十七条第三款的规定对其从轻处罚。

编写人：江苏省宿迁市宿城区人民法院　彭严

43

# 行为人自动投案前，司法机关已掌握行为人主要犯罪事实的“如实供述”时间界限认定

## ——巫某销售假冒注册商标的商品案

### 【案件基本信息】

1. 裁判书字号

广西壮族自治区柳州市中级人民法院（2023）桂02刑终231号刑事裁定书

2. 案由：销售假冒注册商标的商品罪

### 【基本案情】

被告人巫某多次在其位于某食品经营部门面内销售假冒注册商标的白酒。2021年1月8日，巫某将12瓶假冒“海之蓝”牌白酒以1620元的价格卖给向某军；同年1月20日，巫某将60瓶假冒“红花郎”牌15年份白酒以21000元的价格卖给王某民；同年1月30日，巫某将12瓶假冒“红花郎”牌10年份白酒以4020元的价格卖给谭某军。综上，巫某销售假冒注册商标的白酒金额共计

26640元。

2021年2月1日，巫某经公安机关电话通知后主动到案接受调查，公安人员从巫某的上述门面及仓库查获假冒“红花郎”“剑南春”“泸州老窖”“五粮液”“贵州茅台”等品牌白酒共计1081瓶，价值共计441091元。巫某到案后，在公安机关的首次讯问时未如实供述自己的犯罪事实，公安机关查获巫某销售的假冒白酒，掌握其主要犯罪事实后，巫某从第二次讯问起，如实供述自己的罪行。

**【案件焦点】**

在司法机关已掌握行为人主要犯罪事实的情况下，如何认定行为人投案后如实供述的时间节点问题。

**【法院裁判要旨】**

广西壮族自治区柳州市鱼峰区人民法院经审理认为：被告人巫某的行为构成销售假冒注册商标的商品罪。巫某已经着手实行犯罪，由于犯罪分子意志以外的原因而未得逞的，是犯罪未遂。巫某到案后能如实供述自己的罪行，且自愿认罪，依法可以从轻处罚。巫某曾因实施侵犯知识产权违法行为，被行政处罚后再次实施侵犯知识产权行为构成犯罪，酌情从重处罚。巫某有犯罪前科，酌情从重处罚。依照《中华人民共和国刑法》第二百一十四条、第二十三条、第五十二条、第六十一条、第六十二条、第六十四条、第六十七条第三款以及《中华人民共和国刑事诉讼法》第十五条、第二百零一条之规定，作出如下判决：

一、被告人巫某犯销售假冒注册商标的商品罪，判处有期徒刑一年四个月，并处罚金人民币10万元；

二、依法处置扣押在案的相关财物。

一审宣判后，巫某以其是主动到案配合调查，如实供述自己犯罪事实，依法应当构成自首等为由提出上诉。

广西壮族自治区柳州市中级人民法院经审理认为：巫某虽然系主动到案，

但其在投案后的首次讯问中未如实供述自己的犯罪事实，不构成自首。原审判决认定事实清楚，证据确实、充分，定罪准确，量刑适当，审判程序合法。依照《中华人民共和国刑事诉讼法》第二百三十六条第一款第一项之规定，作出裁定：

驳回上诉，维持原判。

【法官后语】

司法实践中，行为人基于侥幸心理等原因，在自动投案后未及时供述犯罪事实，而是在后续刑事诉讼程序中才开始供述，如果行为人在司法机关掌握其主要犯罪事实之前主动供述的，认定为自首已有明确规定，但对于司法机关掌握其主要犯罪事实后投案，未在第一次讯问时如实供述的，而是在之后的诉讼阶段才如实供述，该情形是否成立自首情节并没有明确法律规定，存在一定的争议。

笔者认为，行为人投案前司法机关已掌握其主要犯罪事实的，行为人应在第一次讯问中如实供述才能成立自首，主要理由如下：

一、以第一次讯问如实供述自己罪行为时间节点，符合在司法机关掌握其罪行前主动交代的法律内涵

《最高人民法院关于处理自首和立功若干具体问题的意见》规定，犯罪嫌疑人自动投案时虽然没有交代自己的主要犯罪事实，但在司法机关掌握其主要犯罪事实之前主动交代的，应认定为如实供述自己的罪行。审判实践中，在司法机关已掌握行为人主要犯罪事实的情况下，通常是以行为人投案后第一次接受讯问时，是否如实供述犯罪事实为时间节点，据此认定是否符合自首的“如实供述自己的罪行”条件。即便行为人如实供述后又翻供的，只要在一审判决前又能如实供述的，仍然可以认定为自首。当然，对于行为人投案后未能在第一次讯问时如实供述的情形，应当结合行为人主动到案后是真心实意接受法律制裁，还是为了逃避法律的制裁来综合判断。比如行为人并非主观上故意虚假供述，而是因为客观原因，如在投案时情绪过于紧张，公安人员在讯问时没有针对性地提问，使得其在第一次供述时未能供述主要犯罪事实；或者行为人存

在多次犯罪，第一次供述时未能将全部犯罪事实讲完整，如果是真心悔罪，在第二次及之后的讯问中稳定供述犯罪事实，并作合理说明的，仍然可以认定为“如实供述自己的罪行”。但是行为人主动到案是为了逃避法律的制裁，避重就轻、隐瞒犯罪事实和虚构影响量刑情节，拒不如实供述，在司法机关提示或出示相关证据后才交代的，不能认定为“如实供述自己的罪行”。

二、以第一次讯问如实供述自己的罪行作为时间节点，符合自首的立法本意

行为人投案后不及时“如实供述”，缺乏认罪的主动性和自愿性，不符合自首立法本意。该规定的立法目的在于，行为人主动向司法机关供述未掌握罪行，既体现了行为人的悔罪态度，同时又能够有效地节约司法资源。而行为人在司法机关掌握证据后才交代的，并不能体现出其悔罪态度，案件侦破主要还是依靠公安机关的努力，亦未体现出节约司法资源的宗旨，故此种情形不能认定为自首。

本案中，巫某在公安机关的第二次讯问时，即在公安机关查获其销售假冒白酒的大部分赃物，已掌握其主要犯罪事实的情况下，才不得不如实供述罪行。巫某第一次讯问时未如实供述自己罪行，足以证明其主观上明显缺乏认罪悔罪的诚意，不符合主动接受法律处罚和有效节约司法办案资源的自首立法本意。因此，巫某的行为不符合成立自首“如实供述自己的罪行”的条件。

**编写人：广西壮族自治区柳州市中级人民法院　黄其明　黄韦思滴**

44

# 认定自首时对行为性质的辩解与翻供的区分

## ——黄某甲放火案

**【案件基本信息】**

1. 裁判书字号

广西壮族自治区钦州市中级人民法院（2023）桂 07 刑终 186 号刑事判决书

2. 案由：放火罪

**【基本案情】**

2023 年 4 月 9 日 16 时许，被告人黄某甲因心理压抑，独自一人在住宅厨房喝酒。当天 20 时许，黄某甲喝完酒后回到其居住的房间，看到其前女友和女儿留在家里的衣服后感到难受、压抑，于是用打火机将衣服点燃。黄某甲没有采取灭火措施便外出离开现场，任由火势蔓延。直至 4 月 10 日凌晨 1 时许，黄某甲拨打报警电话，同时打电话告知其父亲黄某乙。黄某乙赶到现场后，欲进行救火，但被黄某甲阻止。民警接警后，到达现场后将黄某甲抓获。某区消防救援大队调派其他消防救援站出动 1 个灭火编队前往扑救，并通知某镇专职消防队前往处置，消防救援人员于 1 时 42 分许控制火势，2 时 36 分撤离现场。经勘查，本次火灾烧毁民房内家具、电器等物品一批，黄某甲住宅北面从东至西第一间房间床上竹席有两处烧灼黑色碳化痕迹；住宅北面从东至西第二间房间门框被烧焦碳化，房门被烧毁，房间地面遗落烧焦碳化的横梁、椽子、破碎的瓦片和砖块，屋顶已被烧毁，屋顶剩余两条被烧焦碳化的横梁；住宅北面从东至西第三间房间屋顶有一处破损口，黄某甲住宅周围均是民宅，且毗邻山林。

另认定，黄某甲因犯放火罪、寻衅滋事罪，被广东省东莞市第三人民法院判处有期徒刑四年，于 2019 年 8 月 29 日刑满释放。

**【案件焦点】**

1. 黄某甲在一审庭审中的辩解是对行为性质的辩解还是翻供；2. 黄某甲是否构成自首情节。

**【法院裁判要旨】**

广西壮族自治区钦州市钦南区人民法院经审理认为：被告人黄某甲故意放火危害公共安全，尚未造成严重后果，其行为构成放火罪。公诉机关指控的犯罪事实清楚，指控成立。被告人黄某甲辩称其没有放火的故意，是属于失火，但从黄某甲的三次报警录音、民警出警执法记录仪录像、证人黄某乙及黄某丙的证言等证据来看，上述证据来源合法，内容客观、真实，能够相互印证，认为在案证据足以证实被告人黄某甲构成放火罪而非失火，对被告人的辩称不予采信。在本案中，被告人黄某甲曾因犯放火罪被判处有期徒刑以上刑罚，在刑罚执行完毕后在五年以内又犯放火罪，是累犯，应当从重处罚。综上，依照《中华人民共和国刑法》第一百一十四条、第四十七条、第六十五条以及《中华人民共和国刑事诉讼法》第二百条的规定，判决：被告人黄某甲犯放火罪，判处有期徒刑四年六个月。

一审宣判后，黄某甲提出上诉。

广西壮族自治区钦州市中级人民法院经审理认为：案发当晚黄某甲因心里压抑，独自一人在其住宅厨房喝酒，酒醉后回到其居住的房间，看到其前女友和女儿留在家里的衣服后感到心里难受、压抑，于是用打火机将衣服点燃。黄某甲没有采取灭火措施便外出离开现场，任由火势蔓延，直到次日凌晨 1 时许，黄某甲才拨打报警电话，同时打电话告知其父亲黄某乙。黄某乙赶到现场后，欲进行救火，但被黄某甲阻止。民警接警后，到达现场后将黄某甲抓获控制。当时黄某甲处于醉酒状态，次日，经讯问，黄某甲对其故意放火引起火灾的犯罪事实供认不讳。庭审中，虽然辩解被烧的房子是自己的家，没有理由去故意烧自己的房子，是喝酒喝醉了神志不清的情况下不小心点燃的，承认是故意放火也是喝醉酒的原因，烧的是自己的房子自己的财产，没有损坏到他人的财产，应不构成违法犯罪。这是黄某甲对其行为性质的辩解，并不影响其构成自首的情节。一审法院没有认定黄某甲有自首情节不当，依法予以纠正。黄某甲曾因犯放火罪被判处有期徒刑以上刑罚，在刑罚执行完毕后在五年以内又犯放火罪，是累犯，依法应当从重处罚。黄某甲在二审期间得到了被害人的谅解，可酌情从轻处罚。综合上诉人黄某甲的犯罪事实、犯罪的性质、情节和对社会的危害程度，决定对上诉人黄某甲减轻处罚，并对量刑予以调整。据此，广西壮族自治区钦州市中级人民法院判决如下：

一、撤销广西壮族自治区钦州市钦南区人民法院（2023）桂 0702 刑初 306 号刑事判决，即被告人黄某甲犯放火罪，判处有期徒刑四年六个月；

二、上诉人黄某甲犯放火罪，判处有期徒刑二年六个月。

**【法官后语】**

本案的争议焦点在于黄某甲在一审庭审中的辩解是对行为性质的辩解还是翻供以及黄某甲的行为是否构成自首的问题。

一、如何理解对行为性质的辩解

根据《中华人民共和国刑事诉讼法》第十四条第一款的规定，人民法院、人民检察院和公安机关应当保障犯罪嫌疑人、被告人和其他诉讼参与人依法享有的辩护权和其他诉讼权利。被告人对行为性质的辩解，是依法行使辩护权的一种表现。在审判实践中，由于理解方向不同，对行为性质以及对法律的认识因人而异，被告人对行为性质的辩解，是被告人对犯罪行为的定性，即犯罪行为在法律上是否应当被认定为犯罪的辩解，无论被告人将其行为辩解为有罪还是无罪，此罪还是彼罪，正当防卫还是紧急避险，都是对行为性质的一种辩解。根据《最高人民法院关于被告人对行为性质的辩解是否影响自首成立问题的批复》的规定，对行为性质的辩解不影响自首的成立。被告人对自身行为的辩解，本质是对法律适用方面的辩解，而不是对犯罪事实本身是否存在的辩解。所以在认定被告人的辩解是对行为性质的辩解时，必须以行为人已经“如实供述自己的罪行”为前提。

二、对行为性质的辩解与翻供的区分

翻供是指就犯罪构成的主要事实先前作了承认而后进行否认的行为。对行为性质的辩解，是被告人对犯罪行为在法律上是否构成犯罪的辩解，对行为性质提出辩解是否属于翻供，要从以下几个方面进行区分。

1. 在主要犯罪事实的供认上不同。主要犯罪事实是指犯罪事实中可以直接影响罪与非罪、重罪与轻罪或适用法定刑的事实。翻供是对已经作出的影响定罪量刑的主要犯罪事实予以否认，对不影响犯罪构成的次要事实先后作出的不同供述，不能认定为翻供。对行为性质的辩解，是在已经承认客观事实的基础上对自身行为的认定提出的不同观点，被告人对行为性质的辩解与如实供述并不冲突，如实供述是对自身行为的真实叙述，与对行为或事实性质的辩解并不矛盾。

2. 在主观心态的辩解上不同。犯罪主观要件事实是行为人对实施的危害行为及其危害结果所持的主观心理态度，是犯罪构成事实的重要因素，对于区分罪与非罪、一罪与数罪、轻罪与重罪都具有重要意义。翻供在否认之前已作出的有罪供述时，其认罪的主观心态也发生了变化，在认定时不足以认定具有悔罪表现。对行为性质的辩解与对主观心态的辩解是两个不同层次的问题。被告人行使辩解权，不仅仅是在行使刑事实体上的权利，更是在行使刑事诉讼上的权利。被告人对行为性质的辩解，可能只是对其行为存在不同理解，并不影响被告人是否有悔罪心态，故被告人是否行使辩解权不影响行为人的悔罪表现。

3. 在是否构成自首的结果上不同。根据《最高人民法院关于处理自首和立功具体应用法律若干问题的解释》的规定，犯罪嫌疑人自动投案并如实供述自己的罪行后又翻供的，不能认定为自首，但在一审判决前又能如实供述的，应当认定为自首。而被告人犯罪以后自动投案，如实供述自己的罪行的，是自首。被告人对行为性质的辩解不影响自首的成立。在构成自首的结果上，翻供与对行为性质的辩解有本质的区别。

三、结合本案具体分析

根据《中华人民共和国刑法》第六十七条第一款中的规定，犯罪以后自动投案，如实供述自己罪行的，是自首。根据《最高人民法院关于处理自首和立功具体应用法律若干问题的解释》第一条中的规定，自动投案，是指犯罪事实或者犯罪嫌疑人未被司法机关发觉，或者虽被发觉，但犯罪嫌疑人尚未受到讯问、未被采取强制措施时，主动、直接向公安机关、人民检察院或者人民法院投案。如实供述自己的罪行，是指犯罪嫌疑人自动投案后，如实交代自己的主要犯罪事实。本案中，黄某甲在犯罪行为尚未被司法机关发觉之前主动拨打报警电话，符合自动投案的情况。黄某甲到案后在讯问过程中对其故意放火引起火灾的犯罪事实供认不讳，但是庭审中辩解被烧的房子是自己的家，没有理由去故意烧自己的房子，是喝酒喝醉了神志不清的情况下不小心点燃的，承认是故意放火也是喝醉酒的原因，烧的是自己的房子自己的财产，没有损坏到他人的财产，应不构成违法犯罪。黄某甲的辩解，是在如实供述犯罪事实的前提下，在法律上是否应当认定为犯罪的辩解，是对行为性质的辩解，不应认定为在一审庭审中没有如实供述。黄某甲自动投案，到案后如实供述主要犯罪事实，符合自首的构成要件，应当认定为自首。

编写人：广西壮族自治区钦州市中级人民法院　赵丽娟

45

# 单位负责人检举的与单位生产经营无关联性的他人犯罪，不能认定为单位立功

## ——张某等假冒注册商标、销售假冒注册商标的商品案

**【案件基本信息】**

1. 裁判书字号

江苏省扬州市中级人民法院（2023）苏10刑终59号刑事裁定书

2. 案由：假冒注册商标罪、销售假冒注册商标的商品罪

【基本案情】

2018 年 11 月至 2020 年 1 月，被告人张某未经“A”品牌注册商标权利人许可，由某化妆品公司负责提供所需雪花膏原料，由被告人张某将印有“A”品牌注册商标的雪花膏配套包装（包含玻璃瓶、瓶盖、内垫、彩盒、中箱等）交由某化妆品公司完成灌装、包装等工作。2020 年 1 月至 2021 年 3 月，被告人张某、被告单位某化妆品公司实际经营人韩某某共同计议采用上述手段假冒“A”品牌注册商标，被告单位某化妆品公司以每瓶收取 1.8 元加工费的手段非法获利 3.6 万余元。被告人张某将以上代加工的假冒“A”品牌注册商标的雪花膏成品以 7.8 元/瓶的价格销售给被告人林某，销售金额合计 17.7 万余元，其中 2020 年 1 月至 2021 年 3 月销售金额共计 15.8 万余元。2021 年 4 月 22 日，某县公安局在被告人张某住宅处，现场查获并扣押假冒“A”品牌注册商标的雪花膏等物品。

2018 年 11 月至 2021 年 3 月，被告人林某明知印有“A”品牌注册商标的雪花膏为假冒注册商标的商品，仍以 7.8 元/瓶的价格从被告人张某处进购规格为 100 毫升的假冒“A”注册商品的雪花膏，后以 11 元/瓶的价格通过微信联系、他人代发货等手段销售给被告人黄某 22786 瓶，销售金额合计 25 万余元，非法获利 7.3 万余元。

2018 年 12 月至 2021 年 3 月，被告人黄某明知印有“A”品牌注册商标的雪花膏为假冒注册商标的商品，仍以 11 元/瓶的价格从被告人林某处进购，后以 12 元/瓶的价格通过本人经营的位于某批发市场某百货柜台销售给被告人胡某 22774 瓶，销售金额合计 27.3 万余元，非法获利 2.2 万余元。2021 年 3 月 12 日，某县公安局在被告人黄某经营的商店内，现场查获并扣押假冒“A”品牌注册商标的雪花膏 12 瓶。

2020 年 1 月至 2021 年 3 月，被告人胡某明知印有“A”品牌注册商标的雪花膏为假冒注册商标的商品，仍以 12 元/瓶的价格从被告人黄某处进购，并通过本人经营的网络店铺销售 20329 瓶，销售金额合计人民币 31.9 万余元，非法

获利 4.6 万余元。2021 年 3 月 10 日，某县公安局在被告人胡某住宅内，现场查获并扣押假冒“A”品牌注册商标的雪花膏 29 瓶。

2020 年 5 月至 2021 年 1 月，被告人彭某明知印有“A”品牌注册商标的雪花膏为假冒注册商标的商品，仍从被告人胡某处进购，并通过其本人经营的网络店铺销售至各地，销售金额合计人民币 20.4 万余元。2021 年 1 月 26 日，某县公安局在被告人彭某住宅处，现场查获并扣押假冒“A”品牌注册商标的雪花膏等物品。

经比对，从买家处调取以及扣押的物品上标有的“A”注册商标与注册商标权利人注册商标构成相同。经注册商标权利人确认，系假冒“A”注册商标的商品。

**【案件焦点】**

1. 单位负责人检举的与单位生产经营无关联性的他人犯罪，是否应认定为单位立功；2. 被告单位某化妆品公司、被告人韩某某的非法经营数额如何认定。

**【法院裁判要旨】**

江苏省高邮市人民法院经审理认为：被告人张某、被告单位某化妆品公司未经注册商标所有人许可，在同一种商品上使用与其注册商标相同的商标，情节严重，被告人韩某某作为被告单位直接负责的主管人员，其行为均已构成假冒注册商标罪，且部分犯罪属共同犯罪；被告人林某、黄某、胡某销售明知是假冒注册商标的商品，具有其他严重情节，其行为均已构成销售假冒注册商标的商品罪；被告人彭某销售明知是假冒注册商标的商品，销售金额数额较大，其行为已构成销售假冒注册商标的商品罪。据此，根据《中华人民共和国刑法》第十二条、第二十五条第一款、第三十条、第三十一条、第六十七条第一款和第三款、第六十八条、第七十二条第一款和第三款、第七十三条第二款和第三款、第六十四条、第二百一十三条、第二百一十四条、第二百二十条，以及《中华人民共和国刑事诉讼法》第十五条之规定，判决如下：

一、被告人张某犯假冒注册商标罪，判处有期徒刑一年，缓刑一年六个月，并处罚金人民币 10 万元；

二、被告单位某化妆品公司犯假冒注册商标罪，判处罚金人民币 8 万元；

三、被告人韩某某犯假冒注册商标罪，判处有期徒刑八个月，并处罚金人民币 5 万元；

四、被告人林某犯销售假冒注册商标的商品罪，判处有期徒刑一年，缓刑一年六个月，并处罚金人民币 14 万元；

五、被告人黄某犯销售假冒注册商标的商品罪，判处有期徒刑一年，缓刑一年六个月，并处罚金人民币 5 万元；

六、被告人胡某犯销售假冒注册商标的商品罪，判处有期徒刑一年二个月，缓刑一年六个月，并处罚金人民币 10 万元；

七、被告人彭某犯销售假冒注册商标的商品罪，判处有期徒刑十个月，缓刑一年三个月，并处罚金人民币 11 万元；

八、公安机关扣押的假冒注册商标的商品及作案用电脑，依法予以没收；扣押的被告人张某退出人民币 45 万元依法折抵罚金刑 10 万元，余款 35 万元发还给被告人张某；扣押的被告单位某化妆品公司、被告人韩某某退出的人民币 20 万元依法没收违法所得 36000 元、折抵罚金刑 13 万元，余款 34000 元发还给被告单位某化妆品公司、被告人韩某某；扣押的被告人林某退出的人民币 21 万元依法没收违法所得人民币 73000 元，余款 137000 元依法折抵罚金刑；扣押的被告人黄某退出的人民币 19 万元，依法没收违法所得 22000 元、折抵罚金刑 5 万元，余款 118000 元发还给被告人黄某；扣押的被告人胡某退出的人民币 19 万元依法没收违法所得 46000 元、折抵罚金刑 10 万元，余款 44000 元发还给被告人胡某；扣押的被告人彭某退出的人民币 9 万元依法折抵罚金刑；其余物品由公安机关依法处理。

一审宣判后，韩某某提出上诉。江苏省扬州市中级人民法院同意一审法院裁判意见，裁定：

驳回上诉，维持原判。

## 【法官后语】

司法实践中，单位立功的认定较为少见。本案审理过程中，争议焦点在于单位负责人韩某某检举的与单位生产经营无关联性的他人犯罪，是否应认定为单位立功及某化妆品公司和韩某某犯罪金额的认定。

一、单位可以成立立功

自首和立功是我国惩治与宽大相结合的刑事政策在立法中的具体体现。根据《中华人民共和国刑法》（以下简称《刑法》）第六十八条规定，犯罪分子有揭发他人犯罪行为，查证属实的，或者提供重要线索，从而得以侦破其他案件等立功表现的，可以从轻或者减轻处罚。犯罪后自首又有重大立功表现的，应当减轻或者免除处罚。

《刑法》规定立功的主体是“犯罪分子”，单位能否构成立功目前没有明确的规定。单位是一种人格化的社会组织，单位犯罪中直接责任人员的犯罪行为，实质上是单位的整体行为及单位意志的外在表现。单位既然能够通过其成员来形成犯罪决意和实施犯罪行为，同样也可以通过其成员来实施犯罪行为。刑法中虽未明确规定单位为立功的主体，但从确立单位犯罪的逻辑结果来看，对单位应同样适用立功这一法定从宽情节。①

二、某化妆品公司不构成单位立功

与个人立功相比，单位立功有共性，也有其特殊性。共性在于不论是单位或个人都需要符合立功成立的要件要求，特殊性在于单位为拟制的人，仅具有法律拟制的人格，其行为必须通过自然人来实现，因此，单位立功的具体行为还须由具体的自然人予以实施。单位犯罪中，并非所有的个人立功当然地惠及于单位，个人的立功行为必须能够代表单位的意志，为了单位的利益，符合单位的特征，单位才拟能够构成立功。②

具体到本案，某化妆品公司实际经营人被告人韩某某检举他人毒品犯罪行

---

① 杨温蕊：《单位构成立功及其认定标准》，载《人民司法（案例）》2016年第14期。

② 李翔：《单位犯罪司法实证研究——我国单位犯罪制度的检视与重构》，上海人民出版社2016年版，第114~119页。

为，但该检举线索并非单位掌握且亦非根据被告人韩某某的职务行为所掌握，该个人立功行为无法体现单位意志，在利益追求上与单位没有强烈的一致性，故被告单位某化妆品公司不具有立功表现，不构成单位立功。

三、某化妆品公司和韩某某犯罪金额的认定

根据法律规定已销售侵权产品的价值应当以实际销售的价格计算。被告人韩某某与张某共同商议，由被告单位某化妆品公司为被告人张某生产假冒注册商标的商品，被告单位通过收取加工费的方式非法获利，被告单位某化妆品公司与被告人张某构成共同犯罪，应当以被告人张某销售的假冒注册商标的商品的价格认定本案被告单位某化妆品公司及被告人韩某某的非法经营为15.8万余元。被告单位某化妆品公司提供雪花膏膏体并利用被告人张某提供的外壳、包装等物品生产假冒注册商标的商品的行为在假冒注册商标犯罪中与被告人张某的地位、作用相当，无须区分主、从犯，故某化妆品公司和韩某某非法经营数额不应以收取的加工费3万余元认定，而应该认定为15.8万余元。

综上，在认定单位立功时，要从是否体现单位意志、如何体现单位意志、是否履行工作职务等方面来综合认定。

**编写人：江苏省高邮市人民法院　虞亚春　崔义敏**

# （三）数罪并罚

46

## 漏罪发现的时间可以客观证据存在时间为标准

——张某贩卖毒品案

【案件基本信息】

1. 裁判书字号

浙江省安吉县人民法院（2022）浙 0523 刑初 342 号刑事判决书

2. 案由：贩卖毒品罪

【基本案情】

被告人张某在 2018 年先后贩卖毒品六次，其中三次被安吉县人民法院以贩卖毒品罪判处有期徒刑三年四个月，于 2021 年 11 月 26 日刑满释放。2022 年张某因醉酒驾驶机动车被安吉县交警大队当场查获。案件侦办过程中，公安机关又发现张某剩余 3 次贩卖毒品的事实，同步立案侦查。后安吉县人民检察院指控张某犯贩卖毒品罪、危险驾驶罪，诉至安吉县人民法院。法院经审理查明：

1. 2018 年 2 月 22 日，被告人张某以“埋地雷”的交易方式向郑某与周某贩卖甲基苯丙胺 1 次，贩卖甲基苯丙胺克数约为 0.3 克，获取毒资 400 元。

2. 2018 年 3 月 6 日，被告人张某以“埋地雷”的交易方式向郑某与周某贩卖甲基苯丙胺 1 次，贩卖甲基苯丙胺克数约为 0.3 克，获取毒资 400 元。

3. 2018 年 4 月 1 日，被告人张某以“埋地雷”的交易方式向郑某与周某贩卖甲基苯丙胺 1 次，贩卖甲基苯丙胺克数约为 0.3 克，获取毒资 500 元。

毒资支付方式均先由郑某向周某微信转账，再由周某向被告人张某微信支付。张某将甲基苯丙胺分别放置于安吉县某小区、某卫生院等地，贩卖克数约0.9克，获取毒资共计1300元。

【案件焦点】

张某剩余三次贩卖毒品的交易记录已在前罪贩卖毒品罪中被公安机关通过调取证据的方式调取，并作为证据固定入卷。此时，后罪能否适用漏罪的情形与前罪予以并罚。

【法院裁判要旨】

浙江省安吉县人民法院经审理认为：被告人张某违反国家毒品管制规定贩卖毒品，构成贩卖毒品罪。张某违反交通运输管理法规，醉酒后驾驶汽车在道路上行驶，构成危险驾驶罪。张某一人犯数罪，应数罪并罚。张某贩卖毒品罪犯罪事实在前罪贩卖毒品罪案件中已被公安机关发现，证据亦被固定，系漏罪，应把前后判决所判处的刑罚予以并罚。据此，浙江省安吉县人民法院以贩卖毒品罪判处张某有期徒刑三年一个月，并处罚金人民币5000元。与前罪贩卖毒品罪判处有期徒刑三年四个月，并处罚金人民币4000元并罚；以危险驾驶罪判处张某拘役一个月十日，并处罚金人民币1000元。决定对张某执行有期徒刑四年四个月，并处罚金人民币1万元。

案件宣判后，判决已生效。

【法官后语】

本案的争议焦点在于张某剩余三次贩卖毒品的交易记录已在前罪贩卖毒品罪中被公安机关通过调取证据的方式调取，并作为证据固定入卷。此时，后罪能否适用《中华人民共和国刑法》第七十条的规定，漏罪的情形与前罪予以并罚。应回归法条本身进行分析。

一、漏罪的“发现”主体是认定基础

关于《中华人民共和国刑法》第七十条中对于发现漏罪的主体，实务中存在不同声音。部分观点认为，发现漏罪应以法院的判决为准，因条文中明确写明了发现“其他罪没有判决的，应对新发现的罪作出判决”，此时的适格主体只有人民法院。更多观点认为，主体应是最早发现漏罪的司法机关（绝大多数情况下系公安机关），即“最早发现说”。实践中，“最早发现说”已成为一种共识，漏罪的处理需要经历公检法多个环节，很可能在被告人前罪刑罚执行完毕后，后罪才诉至法院，此时再成立发现的节点已不再符合发现漏罪的标准，势必会造成法条前后相矛盾的情形。而要成立“判决宣告以后，刑罚执行完毕以前”的条件，唯有以公安机关发现漏罪锁定犯罪嫌疑人的时间点最为符合立法本意。本案中，公安机关在侦办张某危险驾驶罪案中，发现了张某还存在贩卖毒品罪的情形，一并移送检察机关审查起诉，将公安机关作为漏罪的发现主体，为本案之后的评判打下基础。

二、“发现”漏罪的主客观性分析

有观点认为，漏罪的发现时间应以公安机关在侦查过程中主观上发现漏罪证据，进而锁定犯罪嫌疑人为标准。但从立法本意上看，发现并非只能作动词解释，也可作名词解释，即不必然要求公安机关主观上发现漏罪，由此对《中华人民共和国刑法》第七十条中的“发现”应作更加宽泛性的理解。特殊情况下，公安机关在侦办前罪时客观上收集了漏罪的证据并通过立案侦查的方式将其固定，即使主观上并未发现，只要该部分并未作为前罪的定罪依据，那么在收集程序合法，内容客观公正，已形成法律真实，能够证明漏罪犯罪事实的情况下，就可以将漏罪的“发现”时间提前到该部分证据客观存在的时间，由此便可适用《中华人民共和国刑法》第七十条的规定。并且，该证据的证明力并不用达到充分的程度，只要作为破开漏罪大门之匙，再得到进一步侦查即可。回归到本案，前罪中公安机关调取了张某贩卖毒品时期的交易记录，并刻录成光盘固定，后结合其他证据形成完整证据链，从而定罪量刑。后罪中认定张某贩卖毒品的主要证据为二名吸毒人员的证人证言以及他们与张某间微信互相转账的三次交易记录，而这三次记录恰恰存在于前罪固定的光盘中。虽然张某始终未如实供述犯罪事实，公安机关亦未在前罪刑罚执行完毕前认定该罪行，但该三次转账记录已存在于前罪侦查阶段固定的证据中，且能证明罪行的存在。不影响本案适用《中华人民共和国刑法》第七十条关于漏罪情形的规定。

三、本案可依照《中华人民共和国刑法》第七十条的规定适用数罪并罚

在刑罚执行完毕前发现的漏罪，若是同种漏罪，通常合并审理按一罪处罚，当以一罪论处明显违反罪责刑相适应原则时，则按数罪并罚。若是异种漏罪，则实行数罪并罚。在刑罚执行完毕后发现漏罪，应单独定罪处罚。以上是实践中的通常做法。但本案漏罪具有特殊性，系前罪判决宣告以前漏罪已被“发现”但并未处理，在前罪刑罚执行完毕后，漏罪才被诉至人民法院。实践中也遇到因异地办案、侦破复杂等特殊原因导致漏罪移送时而前罪刑罚已执行完毕的情形，这是立法者没有预见到的。对于该种漏罪，仍然可以适用《中华人民共和国刑法》第七十条的规定实行数罪并罚。《中华人民共和国刑法》第七十条所规定的判决宣告后刑罚执行完毕前发现漏罪的并罚是依照刑法第六十九条判决宣告前一人犯数罪的并罚实行的。而本案实施数罪并罚从法理上并未超出两个法条的界定，在刑期上依然适用“先并后减”，也确保了罚当其罪。

回归本案，《最高人民法院关于审理毒品犯罪案件适用法律若干问题的解释》第四条规定，向多人贩卖毒品的属于贩卖毒品罪中“情节严重”的情形，应处三年以上七年以下有期徒刑。前罪以张某贩卖毒品三次判处有期徒刑三年四个月，后罪以张某贩卖毒品三次判处有期徒刑三年一个月，前后罪单看法条运用均符合法律规定，若机械性照搬法条文字而直接将后罪单独处置，势必会导致量刑失衡。此种情形下，对张某适用《中华人民共和国刑法》第七十条的规定实行数罪并罚，在吸收危险驾驶罪的拘役刑后，决定的宣告刑为四年四个月，扣除前罪已执行的三年四个月后，实际执行刑期为一年。实质效果上不仅与《中华人民共和国刑法》第六十九条规定无差别，法律意义上更体现了数罪并罚限制加重原则的立法本意。

编写人：浙江省安吉县人民法院　陈喻

47

# 前罪因客观原因未处理，后罪刑罚执行完毕后又犯与前罪同种罪名之新罪，未处理前罪与所犯新罪应作一罪处理

——徐某某诈骗案

## 【案件基本信息】

1. 裁判书字号

江苏省太仓市人民法院（2023）苏0585刑初660号刑事判决书

2. 案由：诈骗罪

## 【基本案情】

被告人徐某某前科犯罪具体案发及审理经过：2017年5月至同年8月，被告人徐某某以帮请律师打离婚官司、办理投资理财等借口，骗取被害人周某某钱款162155.55元、谢某某钱款60829.56元、郑某某钱款64900元。被害人谢某某、郑某某、周某某等人先后于2017年8月27日、10月19日、11月22日报案至某市公安局，某市公安局先后于2017年8月28日、10月22日、11月22日立案进行侦查。某市公安局在侦查过程中发现，被告人徐某某在异地涉嫌盗窃罪，被某区公安局立案侦查。故某市公安局发函至某区公安局并将被告人徐某某涉嫌诈骗罪的相关材料一并移送某区公安局，希望该局对被告人徐某某涉嫌诈骗罪一案并案处理。因两家公安机关之间的案件移送及协调问题，某区公安局仅侦查了被告人涉嫌盗窃罪一案，对于某市公安局移送的被告人涉嫌诈骗罪一案并未处理。2018年12月，被告人徐某某因盗窃罪被山东省济南市槐

荫区人民法院判处有期徒刑一年，2019 年 4 月 29 日刑满释放。

后某市公安局知晓其向某区公安局移送的被告人徐某某涉嫌诈骗罪一案，某区公安局并未处理，故某市公安局又继续侦查。在此期间，即 2022 年 10 月至 11 月，被告人徐某某以被害人郑某身上有“狐仙”，需要办理投资理财才能消灾为由，骗取被害人郑某 89339.01 元。被告人徐某某因涉嫌诈骗罪于 2023 年 6 月 20 日被抓获归案。案发后，被告人徐某某已赔偿被害人谢某某损失人民币 60000 元。2023 年 9 月 12 日，江苏省太仓市人民检察院以被告人徐某某犯诈骗罪，向江苏省太仓市人民法院提起公诉。

**【案件焦点】**

判决宣告前犯有数罪，但因客观原因仅处理了其中一罪且该罪刑罚已执行完毕，后被告人又犯与此前未被处理罪名之同种新罪，应作一罪处理还是数罪并罚。

**【法院裁判要旨】**

江苏省太仓市人民法院经审理认为：被告人徐某某以非法占有为目的，骗取他人财物，数额巨大，其行为已构成诈骗罪。被告人徐某某系累犯，应当从重处罚。被告人徐某某自愿认罪认罚，对此予以从宽处理。据此，依照《中华人民共和国刑法》第二百六十六条、第六十五条第一款、第五十二条、第五十三条、第六十四条及《中华人民共和国刑事诉讼法》第十五条规定，判决如下：

一、被告人徐某某犯诈骗罪，判处有期徒刑五年六个月，并处罚金人民币 66000 元；

二、责令被告人徐某某在本判决生效后一个月内退出非法所得人民币 317224.12 元，分别发还被害人。

案件宣判后，判决已生效。

**【法官后语】**

本案核心在于，判决宣告前犯有数罪但仅处理一罪，后又犯新罪，未处理犯罪与所犯新罪系同种犯罪，应数罪并罚还是作为一罪处理？就此，笔者逐层分析如下。

一、未被处理的犯罪能否认定为漏罪

《中华人民共和国刑法》第七十条规定："判决宣告以后，刑罚执行完毕以前，发现被判刑的犯罪分子在判决宣告以前还有其他罪没有判决的，应当对新发现的罪作出判决，把前后两个判决所判处的刑罚，依照本法第六十九条的规定，决定执行的刑罚。已经执行的刑期，应当计算在新判决决定的刑期以内。"根据该法条文义理解，漏罪的发现时间区间在"判决宣告以后，刑罚执行完毕以前"，该处的"发现"似乎已经在实践中形成统一的法律内涵，即无论是通过他人揭发、犯罪分子主动交代，还是办案机关主动侦查等途径，都应被司法机关知晓并至少已经掌握初步的犯罪事实，时间一般以公安机关的立案时间为发现时间。那么，关于"漏罪"的时间节点，如果超出这个时间边界应当如何适用。例如，判决宣告以后、刑罚执行完毕以前，发现漏罪，但漏罪判决作出时前罪原判刑罚已经执行完毕，是否会影响漏罪的界定？判决宣告以前，就发现被告人还犯其他罪的，能否定为漏罪？

本案中，被告人所犯诈骗罪与盗窃罪是同时期发现，因为工作协调问题仅处理了被告人的盗窃罪，也即未处理的诈骗罪发现的起点为盗窃罪"判决宣告以前"，此种情况下未处理的罪能否视为漏罪。实践中也存在争议，一种观点认为，"判决宣告以后"发现即可以作为漏罪进行并罚，按照举重以明轻的原则，判决宣告以前发现的更应该作为漏罪进行处理，应当使用刑法第七十条关于漏罪并罚的规定进行处理；另一种观点认为，《中华人民共和国刑法》第七十条明确了发现漏罪的时间节点，"判决宣告以前"在文义上超出了法条用语的边界，不能适用。笔者赞同第二种观点，理由如下：其一，第一种观点超出了刑法用语的范围，虽然在刑法理解上要有利于被告人，但这种原则在适用时不能过分延伸；其二，被告人在前罪判决时并未如实供述其还有其他犯罪的情况，应当由其自行承担不利法律后果。因此，本案被告人未被处理的诈骗罪不应作为漏罪处理。

二、未处理的犯罪与所犯新罪系同一罪名的处理

本案中，被告人在盗窃罪判决宣告以前已经实施了诈骗犯罪，且已被侦查机关发现，但由于工作协调的问题，迟迟未予处理。后被告人在盗窃罪判决宣告以后且刑罚执行完毕后又实施新的诈骗犯罪。该种情况下，应如何判处。实践中，存在两种意见：一种意见认为，按照两个罪进行数罪并罚；另一种意见认为，未处理的罪与新罪系同种罪名，应作为一罪进行处理。笔者赞同第二种意见，理由如下：其一，被告人所犯盗窃罪与所犯诈骗罪同时期被发现，因为侦查机关工作协调问题，被告人所犯诈骗罪无法认定为漏罪，无法进行数罪并罚。若定为两罪再进行数罪并罚，对于被告人来说并不公平。其二，被告人所犯诈骗罪虽已被发现，但并未侦破也未移送起诉，在此期间被告人再犯同种罪的，作为一案处理并无不当，亦能够做到罪责刑相适应。

编写人：江苏省太仓市人民法院　吴守花　马李莎

48

# 在被假释以前发现漏罪，但在假释考验期限内被采取刑事强制措施的，仍应当撤销假释

## ——侍某某诈骗案

**【案件基本信息】**

1. 裁判书字号

江苏省江阴市人民法院（2023）苏0281刑初459号刑事判决书

2. 案由：诈骗罪

**【基本案情】**

2020年7月，被告人侍某某及程某、蒯某等人经合意在A国地区成立电信

诈骗组织，采取“杀猪盘”诈骗等方式骗取中国境内公民钱财。被告人侍某某对公司整体运作负责管理、对接洗钱等，蒯某对公司后台进行管理并负责财务等，程某同时担任主管，负责公司的运营、督促业绩、指导各组工作。该诈骗组织招募姚某、张某等人担任代理、组长；招募姚某 1、俞某等几十人为业务员。该组织内代理负责招募业务员并管理组长，组长负责培训业务员，管理业务员的工作和日常生活；业务员负责在交友软件上冒充成功男士结交国内女性被害人，按照话术与对方聊天、谈恋爱，获取被害人的信任后将对方诱导至公司控制的“区块链”平台上投资，再由组长、主管等管理人员接手聊天继续诱导被害人在“区块链”平台上充值，并在被害人加大投资后采用操控后台使其亏损、限制其提现的手段骗取被害人钱款。被告人侍某某从中非法获利人民币 3 万元。2020 年 11 月下旬，被告人侍某某及程某、蒯某等人离开诈骗组织，由姚某、许某、王某三人接手，采取上述相同手段继续运营该诈骗组织。

被告人侍某某自愿退出违法所得人民币 3 万元。

另查明，被告人侍某某因涉嫌犯诈骗罪于 2021 年 2 月 22 日被刑事拘留，2021 年 3 月 12 日因犯诈骗罪被浙江省温州市龙湾区人民法院判处有期徒刑二年三个月（刑期自 2021 年 2 月 22 日起至 2023 年 5 月 21 日止），并处罚金人民币 2 万元（已缴纳）；2022 年 10 月 17 日被浙江省衢州市中级人民法院裁定予以假释，同月 21 日假释释放，假释考验期限自 2022 年 10 月 21 日起至 2023 年 5 月 21 日止。某市公安局于 2022 年 2 月通过侦查明确被告人侍某某为本案犯罪嫌疑人，同年 11 月 8 日将被告人侍某某抓获并对其刑事拘留。

再查明，2021 年 4 月至 6 月，姚某、俞某先后通过诈骗结识的陈某，明知上线转移的资金系网络犯罪所得，仍提供陈某的银行卡、微信账号、支付宝账号给上线“阿文”（身份不明）接收、转移涉案资金，并从中牟取非法利益。2021 年 5 月 6 日至 7 日，江阴市陆某被他人网上裸聊敲诈勒索，其中人民币 55000 元转入陈某的建设银行卡后转出。

## 【案件焦点】

被告人侍某某系在判决宣告以后，假释裁定以前发现漏罪，但在假释考验期限内被采取刑事强制措施，是否仍应当先判决撤销假释后再进行数罪并罚。

【法院裁判要旨】

江苏省江阴市人民法院经审理认为：被告人侍某某伙同他人在境外成立电信诈骗组织，一年内赴境外电信诈骗窝点超过三十日，从事针对中国境内居民的电信诈骗活动，属有其他严重情节，其行为确已构成诈骗罪。被告人侍某某在共同犯罪中起主要作用，系主犯，应当按照其所参与的全部犯罪处罚；鉴于其已着手实施犯罪，由于意志以外的原因而未得逞，系犯罪未遂，自愿认罪认罚，能够退出违法所得，依法予以从轻处罚。被告人侍某某在判决宣告以后，刑罚执行完毕以前（在假释考验期限内）被发现其在判决宣告以前还有其他罪没有判决，应当撤销假释，对新发现的罪作出判决，把前后两个判决所判处的刑罚，实行数罪并罚。据此，判决如下：

一、撤销浙江省衢州市中级人民法院（2022）浙 08 刑更 3411 号对被告人侍某某予以假释的刑事裁定；

二、被告人侍某某犯诈骗罪，判处有期徒刑三年六个月，并处罚金人民币 10 万元，连同前罪所判处的有期徒刑二年三个月，并处罚金人民币 2 万元，决定执行有期徒刑四年九个月，并处罚金人民币 12 万元；

三、扣押在案的被告人侍某某自愿退出的违法所得人民币 3 万元，予以没收，上缴国库。

案件宣判后，判决已生效。

【法官后语】

在错综复杂的司法实践中，侦查过程是循序渐进的，侦查机关从锁定犯罪嫌疑人到实际对嫌疑人采取刑事强制措施之间往往存在一定的时间间隔，尤其是对于服刑人员的漏罪，经常会出现在其刑满释放当天对其采取刑事强制措施的情况。虽然根据《中华人民共和国刑法》第八十六条第二款规定，在假释考验期限内，发现被假释的犯罪分子在判决宣告以前还有其他罪没有判决的，应当撤销假释，依照本法第七十条的规定实行数罪并罚。对于被假释的犯罪分子在假释考验期限内发现漏罪的并罚方式进行了规定，但是对“发现”的界定存在以下两种处理意见：

第一种处理意见，严格从法条本意理解，“发现”的时间节点应为狭义的假释考验期限内，若侦查机关在假释考验期限以前发现漏罪的，不属于《中华人民共和国刑法》第八十六条第二款规定的情形，此时，漏罪的审理法院无需撤销假释，应当直接依照《中华人民共和国刑法》第七十条的规定实行数罪并罚。

第二种处理意见，“发现”的时间应为广义的假释考验期内，在假释考验期开始以前发现的漏罪，因办案流程等原因未能在被假释以前将罪犯押解办理漏罪的，罪犯在被裁定假释后，该漏罪的“发现”状态一直持续，仍可以理解为在假释考验期限内发现漏罪，应当适用《中华人民共和国刑法》第八十六条第二款的规定，在漏罪判决中先撤销假释，再依照《中华人民共和国刑法》第七十条的规定实行数罪并罚。

对于《中华人民共和国刑法》第八十六条第二款中“发现”的界定，司法实践中较为认同第二种处理意见。本案中，某市公安局于2022年2月（前罪服刑期间）经侦查发现被告人侍某某为本案犯罪嫌疑人，于2022年11月8日（假释考验期间内）将被告人侍某某抓获并对其刑事拘留。因公安机关为避免超期侦查，在发现被告人侍某某的漏罪情况时，未对其采取强制措施或从服刑机关解回，导致最终采取强制措施的时间点卡在被告人侍某某的假释考验期限内。若仅按照第一种处理意见，对侍某某的漏罪进行数罪并罚，人民法院作出的假释裁定具有法律效力但因罪犯被数罪并罚而无法执行，罪犯仅能被收监执行漏罪判决后决定执行的刑罚，此种处理方案必然会导致被告人的刑罚与执行的变更程序并不严密；若按第二种处理意见，某市公安局在2022年2月侦查发现侍某某为本案犯罪嫌疑人，这种发现状态必然延续至2022年11月侍某某在假释考验期限内被刑事拘留之时，故侍某某属于在判决宣告以后，刑罚执行完毕以前（在假释考验期限内）被发现其在判决宣告以前还有其他罪没有判决，应当撤销假释，对新发现的罪作出判决，把前后两个判决所判处的刑罚，实行数罪并罚，此种处理方案既给前罪的假释裁定画上一个句号，又将被告人的漏罪依法进行数罪并罚。此种处理方式，使得后罪判决对罪犯在全案中刑罚执行的逻辑上更为严密。

此外，在依据《中华人民共和国刑法》第六十九条对被告人进行数罪并罚时，审理法院应当充分注意到被告人在前罪服刑期间被假释的情况，综合考虑被告人认罪悔罪态度、再犯罪的危险等，在总和刑期以下、数刑中最高刑期以上，酌情适当就低决定执行的刑期，以更有利于保障被告人的权益，以确保罪责刑相适应。

编写人：江苏省江阴市人民法院　陈梦　陈民洲　方燕燕

## （四）缓刑

49

# 撤销缓刑案件的审查标准

——苏某某诈骗案

**【案件基本信息】**

1. 裁判书字号

广东省广州市荔湾区人民法院（2022）粤0103刑更4号刑事裁定书

2. 案由：诈骗罪

**【基本案情】**

2020年12月17日，广东省广州市荔湾区人民法院作出刑事判决书，以诈骗罪判处罪犯苏某某有期徒刑一年六个月，缓刑二年，并处罚金人民币8000

元。原判已发生法律效力并交付执行。

广东省广州市越秀区司法局认为罪犯苏某某在接受社区矫正期间违反社区矫正监督管理规定，符合撤销缓刑条件，向广东省广州市荔湾区人民法院提出申请撤销缓刑建议。

罪犯苏某某对撤销缓刑建议有异议，认为其不是故意拆卸电子手环，不应当撤销缓刑。

法院经审理查明：2021 年 9 月 18 日罪犯苏某某因在 2021 年 8 月至 9 月多次未能按规定通过“穗智矫”小程序报告个人位置信息，经两次训诫未改正且未按规定参加 2021 年 9 月 10 日的教育学习活动，经教育未改正，被社区矫正机构给予第一次警告；2022 年 3 月 2 日，社区矫正机构针对罪犯苏某某使用电子定位装置期间存在脱卸电子手环的情形，给予第二次警告；受到社区矫正机构两次警告后，罪犯苏某某又在 2022 年 3 月 15 日拆卸电子手环。另查明，罪犯苏某某于 2022 年 2 月 25 日晚上拆卸电子手环放在家里充电，次日下午到社区矫正机构参加公益活动时被工作人员发现没有按规定佩戴电子手环；2022 年 3 月 16 日，社区矫正机构工作人员发现罪犯苏某某有拆卸电子手环行为，要求其到司法所报告电子手环使用情况，罪犯苏某某称，其于 2022 年 3 月 15 日晚上因电子手环太紧找一钟表店调松手环一格。前述缓刑考验期内，罪犯苏某某没有离开广州市。

**【案件焦点】**

社区矫正机构对缓刑犯作出的“警告”，人民法院能否进行实质审查。

**【法院裁判要旨】**

广东省广州市荔湾区人民法院经审理认为：执行机关广州市越秀区司法局在罪犯苏某某接受社区矫正期间，作出第一次警告后，于 2022 年 2 月 25 日至 2022 年 2 月 26 日拆卸电子手环，依据《中华人民共和国社区矫正法实施办法》第三十五条第六项的规定，作出第二次警告，但第二次警告适用依据“其他违反监督管理规定”缺乏具体援引，属于适用依据不明确，且罪犯苏某某该次行为与《中华人民共和国社区矫正法实施办法》第三十五条项下“其他违反监督管理规定，情节较重的。”不具有相当性，对广州市越秀区司法局第二次作出的警告，不予以支持。因此，罪犯苏某某行为不符合《中华人民共和国社区矫正法实施办法》第四十六条第一款第四项规定情形。依照《中华人民共和国刑法》及《中华人民共和国刑事诉讼法》的规定，裁定如下：

不予撤销本院（2020）粤 0103 刑初 1162 号刑事判决中对罪犯苏某某的宣告缓刑二年的执行部分。

【法官后语】

本案争议的焦点是社区矫正机构对缓刑犯作出的“警告”，人民法院能否进行实质审查。

1. 人民法院应当对社区矫正机构提出的撤销缓刑建议书从合法性、合理性角度进行实质审查，审查社区矫正机构作出的警告能否成立。

缓刑犯社区矫正是非监禁刑罚执行制度。本案中，苏某某符合“受到执行机关二次警告，仍不改正的”形式要件，依照《最高人民法院关于适用〈中华人民共和国刑事诉讼法〉的解释》第五百四十三条第一款第四项规定，人民法院收到社区矫正机构的撤销缓刑建议书后，经审查，确认罪犯在缓刑考验期限内具有“受到执行机关二次警告，仍不改正的”情形，应当作出撤销缓刑裁定；但是，若人民法院对社区矫正机构提出的申请撤销缓刑建议只是进行形式审查，显然不符合缓刑犯社区矫正作为刑罚执行性质，亦杜绝了缓刑犯救济方式，违背了有权利必有救济的法理。从合法性层面来看，苏某某受到第二次警告的文书，社区矫正机构不仅没有明确载明其违反监督管理规定的具体条文，也没有在电子设备告知书上载明违反后的法律后果、救济途径，以及依据“其他违反监督管理规定”亦缺乏援引具体条文，因此，社区矫正机构作出“警告”程序不当、依据不明。从合理性层面来看，苏某某 2022 年 2 月 25 日晚上拆卸电子手环放在家里充电属于常识、常理、常情，如戴着电子手环充电既不方便也不安全，且苏某某次日下午到社区矫正机构参加公益活动，也没有证据证明苏某某在缓刑考验期内离开广州，这说明不仅没有逃避公益活动的行为，更没有逃脱监管的意图，更多的是无心之举，与《中华人民共和国社区矫正法实施办法》第三十五条第一项至第五项故意为之的情形显然不同，不能简单认定为“情节严重”，与前四项应当给予警告的情形相比不具有相当性。所以社区矫正机构作出的警告不合法、不合理，不能成立。

2. 撤销缓刑案件“情节严重”的审查标准。根据《中华人民共和国刑法》第七十七条规定，撤销缓刑条件：一是绝对撤销缓刑，即在缓刑考验期限内犯新罪或者发现判决宣告以前还有其他罪没有判决；二是相对撤销缓刑，即在缓刑考验期限内违反相关规定或者禁止令，情节严重。撤销缓刑的情形表现为该罪犯主观上没有真正悔改，客观上仍然对社会有危害，不能相信其能够自主地纠正自身行为偏差，缓刑理由已不复存在，有必要执行原判刑罚，予以惩戒。针对上述相对撤销缓刑情形，即违反规定或者禁止令属于客观标准要件，情节严重属于主观裁量要件。故关于撤销缓刑案件“情节严重”的审查标准，可以从以下角度考量：

（1）遵循罪责刑相适应原则。根据《中华人民共和国刑法》第五条的规定，刑罚的轻重，应当与犯罪分子所犯罪行和承担的刑事责任相适应，变更刑罚执行方式是直接改变原案裁判结果，将非监禁刑罚变更为监禁刑罚。针对这种情形，必须严格遵循罪责刑相适应原则，才能确保该原则落到实处，严格审查缓刑犯违法严重性、社会危害性是否足以达到适用监禁刑罚执行标准，不可任意扩大适用范围。结合客观事实和主观认知，准确认定是否属于“情节严重”应予撤销缓刑的情形。另外，缓刑犯在缓刑考验期间需要遵守的相关规定难以穷尽，以及何时正式开始计算缓刑考验期间，这些都需要社区矫正机构在缓刑考验期间开始时进行充分告知，以便认定缓刑犯是否存在主观故意。

（2）坚持政治效果、法律效果和社会效果有机统一。缓刑制度体现了人民法院与群众路线相结合的司法治理路线，即缓刑由人民法院宣告、执行由社区矫正机构负责，以实现社区矫正“三个效果”。同时，变更刑罚执行制度是为了体现国家法律和司法裁判的权威，惩戒和震慑违法犯罪，保证缓刑犯刑罚执行工作有序推进，充分保障缓刑犯合法权益，综合考虑缓刑犯人身危险性、违法行为严重程度、已投入执行成本和社会效果等因素，体现了宽严相济刑事政策。行为人若非具有较大人身危险性，以及不羁押不足以惩戒罪犯情形，一般不宜对其撤销缓刑。若撤销缓刑后行为人将要承担更重刑罚，社会秩序将受到更大影响，人民法院应当更加审慎作出判断，发挥好非监禁刑罚教育矫治功能，提升缓刑犯自我身份认同和社会认同感，让罪犯有机会改过、有出路自新，提升犯罪治理效能。

编写人：广东省广州市荔湾区人民法院　余友斌　何涵晗

50

# 直系亲属主动上缴爆炸物应作为对被告人量刑和适用缓刑的酌定从轻情节

## ——肖某某非法储存爆炸物案

**【案件基本信息】**

1. 裁判书字号

湖南省湘西土家族苗族自治州中级人民法院（2023）湘31刑终180号刑事判决书

2. 案由：非法储存爆炸物罪

**【基本案情】**

2013年下半年，被告人肖某某在某矿区做事时，发现矿洞内有剩余的炸药和导火索，便将其带回位于某村的家中（以便将来用于给庄稼施肥），并用塑料袋包裹好存放于三楼房间，后外出务工。2022年10月，肖某某的次子肖某在家中打扫卫生时，发现上述炸药和导火索，遂将其上交至民乐派出所，并告知肖某某。经称重、测量，炸药总重量为5.6922公斤，导火索总长度为2.78

米。后经检测，送检的炸药具备爆炸性。2023年3月1日，经公安机关电话通知，肖某某主动到民乐派出所接受调查。

【案件焦点】

1. 对肖某某应该如何量刑；2. 对肖某某应否适用缓刑。

【法院裁判要旨】

湖南省花垣县人民法院经审理认为：肖某某系自首，可以减轻处罚；认罪认罚，可从宽处理。检察机关的量刑建议适当。但肖某某非法储存爆炸物没有合法来源，数量大，且时间长，危害公共安全，社会危害性大，不属于犯罪情节较轻，不符合宣告缓刑的条件。判决：

肖某某犯非法储存爆炸物罪，判处有期徒刑三年。

一审宣判后，肖某某上诉提出：肖某某储存的炸药并未造成严重后果；其犯罪情节较轻，主观恶性较小，认罪悔罪态度良好，其储存爆炸物是为了用于施肥，而非用于非法活动。请求改判肖某某适用缓刑。

湖南省湘西土家族苗族自治州中级人民法院经审理认为：肖某某虽然储存爆炸物数量大，达到情节严重的标准，但其初始的目的是施肥，其将炸药放至家中近十年一直未使用，可以排除其非法使用炸药的意图，存放期间也未造成任何社会危害；特别是其儿子发现炸药后主动上交给公安机关并告知其之后，肖某某主动到公安机关投案，该行为与其本人主动上交所起的作用相当。肖某某系自首，可减轻处罚；认罪认罚，可从轻处罚。花垣县司法局经社区矫正评估，建议对其适用社区矫正。肖某某犯罪情节较轻，有悔罪表现，没有再犯罪的危险，宣告缓刑对所居住社区没有重大不良影响。综合其犯罪事实、情节及社会危害性，对其适用缓刑将取得更好的法律效果和社会效果。该院经审委会研究决定，于2023年10月18日作出判决：

一、撤销原判；

二、肖某某犯非法储存爆炸物罪，判处有期徒刑三年，缓刑四年。

**【法官后语】**

被告人肖某某储存的炸药数量，根据《最高人民法院关于审理非法制造、买卖、运输枪支、弹药、爆炸物等刑事案件具体应用法律若干问题的解释》第一条、第二条的规定，可以认定为属于《中华人民共和国刑法》第一百二十五条第一款所指的“情节严重”。因为肖某某有一处可减轻处罚、两处可从轻处罚的法定情节，二审最后对肖某某只判刑三年，应该认为符合《中华人民共和国刑法》的规定，体现了宽严相济刑事政策。对此，应该充分肯定。

对于肖某某能否适用缓刑，是一审、二审法院分歧所在。应该说，一审法院认为不符合宣告缓刑的条件，是对罪刑法定和罪责刑相适应原则的过于机械的理解和适用，未能充分体现宽严相济刑事政策。

一、确定是否适用缓刑要综合考虑量刑应该遵循的四项指导原则及宽严相济刑事政策

确定是否适用缓刑，当然要遵循罪刑法定、罪责刑相适应等刑法基本原则以及《中华人民共和国刑法》第七十二条等规定及相关司法解释。

二、要将直系亲属主动上缴爆炸物作为对被告人量刑的酌定从轻情节

直系亲属主动上缴违禁品，客观上等于举报被告人有违法犯罪行为。过去司法实践中对此主要是从是否构成自首角度来分析，忽略从是否适用缓刑角度来讨论。

我国古代有两项看似对立、实则统一的重要制度，一是“亲亲相隐”制度，二是十恶不赦制度。前者要求要出于人性中最真挚的情感，对自己的亲人有所袒护、隐瞒，不告发、不作证亲人的罪行；亲属有罪相隐瞒，不论罪或减刑；控告应相隐瞒的亲属，要处刑。后者要求有两类罪（谋反、谋大逆、谋叛及其他某些重罪；某些亲属相互侵害罪）不适用“亲亲相隐”制度。对于直系亲属举报被告人有违法犯罪行为的处理，目前当然应该首先依据，至少不违反刑法、司法解释规定，但适当借鉴我国上述两项制度体现的古代司法智慧，也更有利于体现宽严相济刑事政策。本案系肖某某的儿子肖某主动上缴爆炸物所致。肖某将父亲藏匿的炸药及导火索直接送到派出所，不能认为其主观上就是

想让父亲因此坐牢服刑，其当时认为爆炸物不能私自收藏，应该上缴公安机关，因此其目的应该理解为消除危险。对肖某的这种行为，应该在量刑及适用缓刑方面有所鼓励。辩护律师在一审中提出的肖某某存储的爆炸物系由其儿子主动上交公安派出所的辩护意见，实际上就是基于这方面考虑。二审改判适用缓刑。

综上，确定是否适用缓刑不仅考虑《中华人民共和国刑法》第七十二条等法律规定，也要将直系亲属直接或者间接举报被告人有违法犯罪行为作为对被告人量刑的酌定从轻情节。

编写人：湖南省湘西土家族苗族自治州中级人民法院　王平　胡基厚

51

# 社区矫正机构对被告人作出调查评估否定性意见情况下慎用缓刑

## ——佘某某危险驾驶案

### 【案件基本信息】

1. 裁判书字号

广西壮族自治区柳州市中级人民法院（2023）桂 02 刑终 194 号刑事裁定书

2. 案由：危险驾驶罪

### 【基本案情】

2022 年 10 月 2 日 22 时许，佘某某酒后驾驶一辆小型普通客车，行驶至柳州市鱼峰区时被执勤交警查获。交警当场对其进行呼气式酒精测试，结果为 154 毫克/100 毫升，后由医务人员为其提取血样。经某司法鉴定所鉴定，佘某某血液内酒精含量为 145.92 毫克/100 毫升。2022 年 11 月 25 日，被告人佘某某经公安机关电话联系后主动到案接受调查，并如实供述上述事实。

**【案件焦点】**

社区矫正机构对被告人作出调查评估，并发表否定性评估意见，此情况下应该慎重适用缓刑。

**【法院裁判要旨】**

广西壮族自治区柳州市鱼峰区人民法院经审理认为：佘某某醉酒后驾驶机动车在道路上行驶，其行为已触犯《中华人民共和国刑法》第一百三十三条之一第一款第二项，构成危险驾驶罪。公诉机关的指控成立。佘某某案发后主动到公安机关接受调查，归案以后能够如实供述自己的罪行，是自首，且认罪认罚，依法可以从轻处罚。综上所述，广西壮族自治区柳州市鱼峰区人民法院决定对佘某某适用从轻处罚。公诉机关的量刑建议适当，广西壮族自治区柳州市鱼峰区人民法院予以采纳。鉴于佘某某的悔罪表现，鱼峰法院对其不予适用缓刑。据此，依照《中华人民共和国刑法》第一百三十三条之一第一款第二项、第五十二条、第五十三条、第六十一条、第六十二条、第六十七条第一款，《中华人民共和国刑事诉讼法》第十五条、第二百零一条之规定，判决如下：

佘某某犯危险驾驶罪，判处拘役一个月十五日，并处罚金人民币3000元。

一审宣判后，佘某某提出上诉。

广西壮族自治区柳州市中级人民法院经审理认为：佘某某醉酒后驾驶机动车在道路上行驶，其行为已构成危险驾驶罪。原判认定的事实清楚，证据确实、充分，定罪准确，审判程序合法。社区矫正机构根据办案机关的委托，依照法律规定向佘某某经常居住地的居民委员会了解相关情况，结合向佘某某对自身犯罪行为的认识，综合判断其社会危险性及社区矫正的执行效果等，最终形成调查评估报告，符合法律规定，并无不当。一审法院根据佘某某的犯罪事实、性质、情节及社会危害程度，并考虑到其不具备社区矫正的条件，依法对其不适用缓刑，处理正确，广西壮族自治区柳州市中级人民法院予以确认。原判根据佘某某的犯罪事实，结合其系自首，且认罪认罚、悔罪表现等，在法定量刑幅度内予以从轻处罚，并不予适用缓刑，量刑适当，处理正确。佘某某提出适用缓刑的上诉意见不成立，人民法院不予采纳。据此，依照《中华人民共和国刑事诉讼法》第二百三十六条第一款第一项之规定，裁定如下：

驳回上诉，维持原判。

【法官后语】

《中华人民共和国刑法》第七十二条第一款明文规定，对于被判处拘役、三年以下有期徒刑的犯罪分子，同时符合下列条件的，可以宣告缓刑，对其中不满十八周岁的人、怀孕的妇女和已满七十五周岁的人，应当宣告缓刑：(1)犯罪情节较轻；(2)有悔罪表现；(3)没有再犯罪的危险；(4)宣告缓刑对所居住社区没有重大不良影响。该条文明确规定对于犯罪情节较轻的犯罪分子，在满足其他条件的情况下，可以适用缓刑。如何界定被告人是否属于(2)(3)(4)的情形，则至为关键。根据《中华人民共和国社区矫正法实施办法》第五条第一项的规定，人民法院对拟判处管制、宣告缓刑、决定暂予监外执行的，可以委托社区矫正机构或者有关社会组织对被告人或者罪犯的社会危险性和对所居住社区的影响，进行调查评估，提出意见，供决定社区矫正时参考。由此可见，社区矫正机构对被告人作出的社会调查评估意见在缓刑适用上具有重要参考作用。可以从以下几方面分析。

1. 社区矫正机构的调查评估意见具有直接性和客观性。根据《中华人民共和国社区矫正法》第十七条第二款的规定，社区矫正执行地为社区矫正对象的居住地。社区矫正对象在多个地方居住的，可以确定经常居住地为执行地。第十八条规定，社区矫正决定机关根据需要，可以委托社区矫正机构或者有关社会组织对被告人或者罪犯的社会危险性和对所居住社区的影响，进行调查评估，提出意见，供决定社区矫正时参考。居民委员会、村民委员会等组织应当提供必要的协助。经查，佘某某及其家人于2021年7月至今居住某小区，因此依照法律规定，该居住小区为其经常居住地。社区矫正机构根据办案机关的委托，依照法律规定向佘某某经常居住地的居民委员会了解相关情况，结合佘某某对自身犯罪行为的认识，综合判断其社会危险性及社区矫正的执行效果等，最终形成调查评估报告，符合法律规定，并无不当。

2. 社区矫正机构的调查评估意见能客观反映被告人的悔罪表现和对所居住

社区有无重大不良影响。缓刑制度的创设，一方面可以弥补短期自由刑的不足，避免恶性较轻的罪犯在监狱“交叉感染”其他恶习；另一方面对缓刑犯不予关押，使其个人、家庭维持基本生活状态，不受影响，从而有利于改造罪犯，也有利于社会的稳定。从制度层面，则要求被矫正对象遵守法规和履行相应义务，包括配合调查、按时报到、接受监管等。从道德层面，则要求被矫正对象改过自新、严守规矩、控制自身行为，不致再犯罪，不给社区和社会“添乱”。本案中，某司法所在对被告人进行社会调查时候发现，佘某某认为在乡村道路上酒驾的危害性不大，并未真正意识到醉酒后驾驶机动车的危害，其只是为了换取缓刑机会而认罪认罚，获得缓刑后将立即申请外出，不太愿意接受其居住所在地的社区监管，足以认定佘某某主观上悔罪表现不突出，给社区监管带来困难。

3. 社区矫正机构的否定性调查评估意见与认罪认罚并不冲突。认罪认罚制度是被告人对其刑事违法行为和应遭受何种刑罚、刑罚轻重进行肯定性认可，缓刑是一种刑事执行制度，本身并不是一种刑罚。本案佘某某对其醉酒后驾驶机动车在道路上行驶的行为性质以及社会危害后果有了清晰的认知，结合其血液中酒精含量，对公诉机关给其作出的量刑建议拘役一个月十五日，罚金人民币3000元的处罚也表示认可和接受，其具有认罪认罚表现。在此基础上，能否适用缓刑，则需借鉴社区矫正机构所作出的调查评估意见，本案中，社区矫正机构所作出的是关于不宜适用缓刑的否定性意见，故最终对佘某某未适用缓刑，合法合理，且不与佘某某之前所作认罪认罚相冲突。

编写人：广西壮族自治区柳州市中级人民法院　罗艳梅
广西壮族自治区柳州市鱼峰区人民法院　谢剑峰

52

# 跨越缓刑考验期的连续犯罪应整体认定

## ——何某虚开增值税专用发票案

【案件基本信息】

1. 裁判书字号

广东省佛山市中级人民法院（2023）粤 06 刑终 308 号刑事判决书

2. 案由：虚开增值税专用发票罪

【基本案情】

何某因犯虚开增值税专用发票罪于 2016 年 6 月 24 日被湖北省大冶市人民法院判处有期徒刑三年，缓刑三年六个月，并处罚金人民币 10 万元，缓刑考验期从 2016 年 7 月 5 日起至 2020 年 1 月 4 日止。2019 年 12 月，何某介绍某供应链公司的股东及法定代表人陈某为梁某在无实际交易的情况下虚开增值税专用发票并收取手续费。2019 年 12 月 16 日至 2020 年 2 月 25 日，某供应链公司为梁某虚开增值税专用发票 14 份，税额合计 152852.38 元。其中，在 2019 年 12 月 16 日至 2020 年 1 月 4 日虚开增值税专用发票 2 份，税额合计 15075.39 元。国家税务总局佛山市税务局稽查局于 2022 年 2 月 25 日作出处罚决定，某供应链公司于 2022 年 3 月 2 日退缴违法所得 68816.4 元，并缴纳罚款 30 万元。2022 年 7 月 11 日，何某主动到公安机关投案。

【案件焦点】

1. 跨越缓刑考验期的连续犯罪应否整体评价；2. 在缓刑考验期内虚开增值税专用发票金额尚未达到犯罪数额标准，能否认定在缓刑考验期内犯新罪；

3. 是否应撤销前罪缓刑与后罪数罪并罚，如何达到与同案主犯的量刑均衡。

【法院裁判要旨】

广东省佛山市顺德区人民法院经审理认为：何某在介绍陈某给梁某伊始，各方并未就虚开增值税专用发票的数额达成合意，在何某缓刑考验期内虚开发票金额尚未达到构成新罪的犯罪数额，故不宜认定何某在缓刑考验期内犯新罪并据此撤销前罪缓刑。何某在共同犯罪中是从犯，且有自首情节，依法予以从轻处罚。依照《中华人民共和国刑法》第二百零五条、第二十七条、第六十七条第一款的规定，以虚开增值税专用发票罪判处何某有期徒刑六个月。

一审宣判后，广东省佛山市顺德区人民检察院提出抗诉。

广东省佛山市中级人民法院经审理认为：何某在明知梁某有虚开增值税专用发票需求的情况下，介绍其与陈某结识，后陈某、何某对虚开增值税专用发票事宜达成合意，并开始实施虚开行为。虽然在何某的缓刑考验期内虚开的增值税专用发票数额未达追诉标准，但陈某等人后续持续实施的虚开行为未超出缓刑考验期内事前通谋的范围，且犯罪行为未被有效间断，属于基于同一或概括的犯意，连续实施性质相同的数个虚开增值税专用发票行为，系连续犯，应整体评价为一罪。因此，何某在缓刑考验期内已经共谋并着手实施本案虚开增值税专用发票犯罪，何某的行为属于在缓刑考验期内犯新罪，依法应当撤销缓刑，且有再犯危险，依法不符合继续适用缓刑的条件。鉴于何某本案所犯虚开增值税专用发票罪情节轻微，且某供应链公司已向税务部门上缴违法所得并全额缴纳罚款，某供应链公司及陈某均被决定不起诉，故对何某依法可免予刑事处罚。依照《中华人民共和国刑事诉讼法》第二百三十六条第一款第二项，《中华人民共和国刑法》第二十七条、第三十七条、第四十七条、第六十七条第一款、第六十九条、第七十七条第一款、第二百零五条、第二十五条第一款的规定，判决：

一、维持广东省佛山市顺德区人民法院（2023）粤 0606 刑初 29 号刑事判决的定罪部分；

二、撤销广东省佛山市顺德区人民法院（2023）粤 0606 刑初 29 号刑事判决的量刑部分；

三、被告人何某犯虚开增值税专用发票罪，免予刑事处罚；撤销湖北省大冶市人民法院（2015）鄂大冶刑初字第 00561 号刑事判决书对被告人何某犯虚开增值税专用发票罪判处有期徒刑三年，缓刑三年六个月，并处罚金人民币 10 万元的缓刑部分，数罪并罚，决定执行有期徒刑三年，并处罚金人民币 10 万元。

（刑期从判决执行之日起计算。判决执行以前先行羁押的，羁押一日折抵刑期一日，扣除因前罪先行羁押的 57 日，即自 2023 年 3 月 23 日起至 2026 年 1 月 24 日止。罚金已缴纳。）

**【法官后语】**

本案争议的焦点在于跨越缓刑考验期的连续犯罪应否整体评价；对于在缓刑考验期内虚开增值税专用发票金额尚未达到犯罪数额标准，能否认定在缓刑考验期内犯新罪；在同案主犯均被不起诉的情况下，本案应否撤销缓刑与后罪数罪并罚，如何达到同案量刑均衡？本案中，何某在明知梁某有虚开增值税专用发票需求的情况下，介绍其与陈某结识，双方达成合意并开始实施虚开行为，各方在商议之初并未就虚开增值税专用发票的限额进行约定，也就是说虚开多少均未超出共谋的概括故意，具体犯罪金额应当以实际虚开的金额为准。在何某的缓刑考验期前后持续实施的虚开行为未超出缓刑考验期内事前通谋的范围，且犯罪行为未被有效间断，属于基于同一或概括的犯意，连续实施性质相同的数个虚开增值税专用发票行为，系连续犯，应进行整体评价。虽然在何某的缓刑考验期内虚开的 2 份增值税专用发票数额未达追诉标准，但前后虚开的 14 份增值税专用发票数额已达追诉标准，何某在缓刑考验期内已经共谋并着手实施本案虚开增值税专用发票犯罪，其行为应当认定为在缓刑考验期内犯新罪。根据《中华人民共和国刑法》第七十七条第一款的规定："被宣告缓刑的犯罪分子，在缓刑考验期限内犯新罪或者发现判决宣告以前还有其他罪没有判决的，应当撤销缓刑，对新犯的罪或者新发现的罪作出判决，把前罪和后罪所判处的刑罚，依照本法第六十九条的规定，决定执行的刑罚。"据此，应当对何某撤销缓刑，把前罪与后罪所判处的刑罚数罪并罚。本案中，由于某供应链公司已向税务部门上缴违法所得并全额缴纳罚款，公诉机关对某供应链公司及陈某均作出不起诉决定，何某作为本案从犯，如果被判处刑罚会导致同案处置不均衡。鉴于何某本案所犯虚开增值税专用发票罪情节轻微，合议庭根据《中华人民共和国刑法》第三十七条的规定，对何某新犯的虚开增值税专用发票罪免予刑事处罚，并根据《中华人民共和国刑法》第六十九条、第七十七条第一款的规定，撤销前罪缓刑部分，数罪并罚，决定执行有期徒刑三年，并处罚金人民币10万元。虽然何某最终被决定执行的刑罚貌似比主犯处罚重，但实际上就本案共同犯罪的处罚来说并不存在失衡的问题，何某最终被决定执行的刑罚实际上是前罪因被撤销缓刑应执行的刑期，是对其在缓刑考验期内犯新罪的处罚后果，改判的结果也是考虑到整体量刑均衡的情况。在审理本案中，既要考虑到连续犯的认定原则，又要准确运用法律规定，还要考虑同案处理结果的均衡，不能简单机械地割裂开来认定犯罪数额，仅就新罪进行处罚。

编写人：广东省佛山市中级人民法院　张华伟

53

# 行为人“拒不认罪”的情况下，能否适用缓刑

## ——和某某虚开发票案

**【案件基本信息】**

1. 裁判书字号

南宁铁路运输中级法院（2023）桂71刑终2号刑事裁定书

2. 案由：虚开发票罪

【基本案情】

自2014年至2016年，和某某应某铁路局某工务段材料科梁某某（已判刑）的要求，在双方无实际业务往来的情况下，和某某通过其实际控制的12家建材经营部先后向某铁路局某工务段虚开发票共149张，累计金额815.48143万元。和某某收到某铁路局某工务段转来的“货款”后，按事先约定扣除约9%的税款和手续费，将剩余资金转回至梁某某提供的银行账户。

【案件焦点】

1. 和某某的行为是否构成虚开发票罪；2. 和某某“拒不认罪”能否适用缓刑。

【法院裁判要旨】

南宁铁路运输法院经审理认为：被告人和某某违反国家发票管理制度，在没有任何真实交易关系的情况下，凭空填开发票，情节特别严重，已构成虚开发票罪。被告人和某某主动向公安机关投案，如实供述，是自首，依法可以减轻处罚。同时，和某某供述某铁路局某工务段梁某某的相关犯罪事实属于如实供述自己罪行的要求，不构成立功。发票是会计核算的原始凭证亦是税务稽查的重要依据，虚开发票的行为不仅严重影响会计核算的真实性，而且使不法经营者多列成本，减少所得税等税种的应纳税额，达到偷逃税款的目的，与此同时还存在不法分子利用虚开发票行为达到侵占单位资金、挪用公款、套取国家预算资金等不法目的。本案中，被告人和某某虚开发票为梁某某挪用某铁路局某工务段的公款提供了便利，具有严重的社会危害性，被告人和某某提出不具有社会危害性的观点于法不符，不予采纳。被告人和某某有悔罪表现，没有再犯罪的危险，宣告缓刑对所居住社区没有重大不良影响。依照《中华人民共和国刑法》第二百零五条之一第一款、第六十七条第一款、第七十二条、第七十三条第二款和第三款、第五十二条、第五十三条、第六十四条之规定，判决如下：

被告人和某某犯虚开发票罪，判处有期徒刑一年六个月，缓刑二年，并处罚金人民币8万元（缓刑考验期限自判决确定之日起计算；罚金在判决生效之日起十日内一次缴纳，期满不缴纳的，强制缴纳）。追缴违法所得人民币163096.29元，上缴国库。

一审宣判后，和某某提出上诉。

南宁铁路运输中级法院经审理认为：和某某违反国家发票管理制度，在未发生真实交易关系的情况下，虚开发票金额达815.48143万元，情节特别严重，其行为已构成虚开发票罪。和某某在一审、二审中均辩称涉案工程实际存在，开票行为属如实代开，不应以虚开发票罪论处的意见。经审查，和某某在开票时与某铁路局某工务段之间尚没有实际发生经营业务，和某某并未按照每一份购销合同所对应的数量实际供应材料，发票中所列交易金额、经营种类、交易时间均系虚构，且和某某在收到某铁路局某工务段转来的“货款”后，按事先约定扣除约9%的税款和手续费，将剩余资金又转回至梁某某提供的银行账户，即虚开发票行为已经完成，该行为已经破坏国家发票管理秩序，而购销合同中涉诉工程项目是否真实存在与虚开发票罪的犯罪构成要件之间没有必然联系。故，对其辩解意见不予采纳。鉴于“上诉不加刑”原则，根据《最高人民法院关于适用〈中华人民共和国刑事诉讼法〉的解释》第四百零一条第一款第四项的规定，不宜在二审程序中直接撤销缓刑。和某某主动向公安机关投案，如实交代了主要涉案事实，虽提出了相关辩解意见，应属于其对行为性质认识不足，不影响自首成立，一审判决认定和某某具有自首情节，依法应予以确认。和某某在归案后向公安机关交代包括梁某某的相关犯罪事实属于如实供述自己罪行的范畴，不具有立功情节。综上，一审判决认定的主要犯罪事实清楚，证据确实充分，适用法律正确，审判程序合法，依照《中华人民共和国刑事诉讼法》第二百三十六条第一款第一项的规定，裁定如下：

驳回上诉，维持原判。

## 【法官后语】

行为人“拒不认罪”的情况下，能否适用缓刑？根据《中华人民共和国刑法》第七十二条第一款的规定，对于被判处拘役、三年以下有期徒刑的犯罪分子，同时符合下列条件的，可以宣告缓刑，对其中不满十八周岁的人、怀孕的妇女和已满七十五周岁的人，应当宣告缓刑：(1) 犯罪情节较轻；(2) 有悔罪表现；(3) 没有再犯罪的危险；(4) 宣告缓刑对所居住社区没有重大不良影响。

笔者认为，在上述适用缓刑的条款中，“悔罪表现”在相当程度上能够反映出行为人的人身危险性及改造的难易程度，更是衡量“没有再犯罪危险”的内在因素和实质条件。如果行为人没有任何悔罪表现，则不能排除其有再犯罪的风险，也就是说悔罪表现在判断有无再犯罪危险方面起着不可或缺的重要作用，也应是适用缓刑的重要考量指标之一。何谓悔罪表现，如何认定“悔罪表现”，目前尚没有明确的司法解释，也没有清晰的规范定义。笔者认为，悔罪表现的通俗理解应是行为人对于自己实施的犯罪行为所表现出的懊恼、自责的心态与行为。司法实务一般认为悔罪表现就是认罪、悔罪，认罪是悔罪的前提和基础，即首先要对自己的犯罪事实认可，认识到所犯罪行的危害性，内心才能对犯罪行为表示悔过，愿意接受司法机关的处理。而“认罪”的本质应是行为人对自己行为方式、后果以及行为本身恶性的一种内省的心理态度，即承认犯罪事实，并对其行为的违法性、社会危害性和应受惩罚性产生合乎行刑目的的认识，行为人只有“认罪”，才能深刻感知所保护的社会关系的神圣性和法律的严肃性，进一步形成遵守法律的自觉性，这也是考察行为人适用缓刑是否会有再犯罪危险的内在要求。因此，对于行为人适用缓刑，应严格审查行为是否具备认罪悔罪的行为表现，主要包括：在刑事侦查、起诉、审判过程中主动投案、坦白自己的主要犯罪事实、积极退赃、认罪认罚、向被害人道歉等。也有一些学者对悔罪构成进行分析，认为应包括以下五个方面的要素：(1) 承认犯罪行为已经发生；(2) 承认自己的行为构成犯罪；(3) 承认自己对犯罪行为负责；(4) 表示悔过或悔恨；(5) 保证将来不再犯罪。上述5个方面，前3个要素构成认罪，后2个要素构成悔罪。参照《最高人民法院、最高人民检察院、公安部、国家安全部、司法部关于适用认罪认罚从宽制度的指导意见》的相关规定，适用缓刑的前提包括本身符合缓刑条件，对于认罪认罚也是能够适用缓刑的情形之一。因此，在理论和司法实务中，在行为人“拒不认罪”的情况下，一般不应考虑适用缓刑。

本案中，虽然一审判决认定和某某主动向公安机关投案，如实供述，成立自首，并予以减轻处罚。但综合考量和某某归案后至庭审中的表现，其均辩称自己的行为是代开发票，不构成虚开发票罪。笔者认为，和某某对行为性质进行辩解虽成立自首，但并不能认定为“认罪”，行为人在一审、二审诉讼中始终强调其行为属于代开发票，其实质是在主要事实方面做无罪辩解，也表明其自始至终并没有认识到虚开发票行为的社会危害性和刑事违法性，不具有悔罪表现，不符合适用缓刑的法定条件。但，根据《最高人民法院关于适用〈中华人民共和国刑事诉讼法〉的解释》第四百零一条第一款的规定，在审理被告人提出的上诉案件中，不得对被告人的刑罚作出实质不利的改判，其中该条第四项规定“原判对被告人宣告缓刑的，不得撤销缓刑或者延长缓刑考验期”，即在检察机关没有抗诉的情况下，遵循“上诉不加刑”原则，不能在二审程序中径直作出撤销缓刑的裁判。

**编写人：南宁铁路运输中级法院　张红娟**

# 三、刑事证据

54

## 被告人零口供、被害人前后陈述矛盾、证据单一，如何根据现有证据认定构罪

——蒋某强奸案

**【案件基本信息】**

1. 裁判书字号

湖南省邵阳市中级人民法院（2023）湘 05 刑终 395 号刑事裁定书

2. 案由：强奸罪

**【基本案情】**

被告人蒋某，男，1970 年 12 月 2 日出生。因涉嫌犯强奸罪，于 2023 年 2 月 8 日被刑事拘留，同年 2 月 21 日被逮捕。被告人蒋某系被害人曾某继父，曾某的母亲周某某与蒋某均系再婚，曾某随周某某、蒋某一起共同生活。周某某与蒋某再婚后分别于 2017 年生育了大儿子蒋某 2、2021 年生育了小儿子蒋某 1。自 2018 年以来，蒋某经常趁与曾某独处之机，多次对曾某实施强奸。2023 年 2 月 4 日晚，被害人因寒假作业未写完，遭到母亲周某某训斥，母亲让其随蒋某去某镇陪伴两个弟弟。在此情形下，被害人将其被蒋某性侵的事实告诉了周某某，后被害人在亲生父母的陪同下来到医院进行检查，确认被害人处女膜破裂，

医生向公安机关报警。具体犯罪事实如下：

1. 2018 年下半年的一天，在某宾馆 3 楼一房间内，被告人蒋某趁曾某的母亲周某某外出买菜之机，对曾某实施强奸行为。

2. 2022 年 9 月或 10 月的一天晚上，在某幼儿园 4 楼的一房间内，被告人蒋某趁曾某熟睡之机，对曾某实施了强奸。

3. 2023 年 1 月 20 日晚上，被告人蒋某带上两个儿子及被害人曾某一同在某酒店××房间住宿，蒋某待两个儿子都睡觉之后，对曾某实施了强奸。

**【案件焦点】**

现有证据能否认定被告人蒋某犯强奸罪。

**【法院裁判要旨】**

湖南省新宁县人民法院经审理认为：被告人蒋某利用继父身份，长期、多次对不满十二周岁的继女实施强奸，情节恶劣，其行为构成强奸罪。公诉机关的指控成立。被告人蒋某对未满十二周岁且有共同家庭生活关系的继女、多次实施强奸，应当从重、从严惩处。因被告人蒋某经营和管理幼儿园，应依法禁止其从事密切接触未成年人的工作。根据被告人蒋某的犯罪事实、性质、情节及其对社会的危害程度，经本院审判委员会讨论决定，依照《中华人民共和国刑法》第二百三十六条第三款第一项、第三十七条之一、第五十五条第一款、第五十六条，《中华人民共和国未成年人保护法》第六十二条之规定，判决：

被告人蒋某犯强奸罪，判处有期徒刑十三年，剥夺政治权利四年；禁止被告人蒋某从事密切接触未成年人的工作。

一审宣判后，被告人提出上诉。

湖南省邵阳市中级人民法院同意一审法院裁判意见，裁定：

驳回上诉，维持原判。

**【法官后语】**

本案的争议焦点是现有证据能否证明被告人蒋某的行为构成强奸罪？本案

被告人拒不承认犯罪事实，被害人三次陈述前后矛盾，被害人母亲表示其教唆被害人陷害被告人。通过分析案发、报案情况，对全案证据进行审查，反复斟酌两段通话录音中当事人的情绪和内容，现场查看被害人陈述的案发地，从而对被害人前后矛盾的三份陈述作出研判，认为本案能够形成完整证明体系，可以认定案件事实。

一、本案案发自然、报案经过自然，符合正常事件的发展规律

2023年2月4日晚，被害人因寒假作业未写完，遭到母亲周某某训斥，母亲让其随蒋某去某镇带两个弟弟。在此情形下，被害人将其被蒋某性侵的事实告诉了周某某，后被害人在亲生父母的陪同下来到医院进行检查，确认被害人处女膜破裂，医生向公安机关报警。本案中，被害人基于害怕被送至某镇带弟弟而与蒋某朝夕相处，而向母亲倾诉其遭到蒋某侵害，本案案发自然；被害人亲生父母基于各种原因未成功报警后，医生基于职业原因向公安机关拨打报警电话，报案经过自然；曾某、蒋某、周某某之间均没有矛盾，案发前也未发生争吵，可以排除诬告陷害等异常因素的介入。

二、在案证据来源合法，可信度较高，可以作为定案依据

在案证据中，被害人在案发后第一时间被带至侦查机关进行两次询问，侦查机关对被害人的取证程序合法。被害人在公安机关的两次陈述前后内容基本一致，对案发时的时间、地点、过程和细节描述比较清晰、具体。被害人的陈述与证人证言、录音资料，以及新宁县人民医院诊断证明等其他证据相互印证。

三、被告人关于无罪的辩解依法不能成立

经查，被害人陈述被蒋某性侵时间跨度长，侵害次数多，地点变换频繁，而指控的三起事实即初次、处女膜破裂、案发前的某宾馆客房，三起事实的时间、地点对被害人均具有深刻的记忆。结合医院诊断结论，被害人处女膜欠完整，多点陈旧性裂伤，符合被多次性侵所造成的后果。分析被害人在案发当天及次日的两次陈述均自然、稳定，指向明确，记忆清晰，描述较为详细，就被害人尚未满十二周岁年龄而言，如非亲身经历，不会产生如此深刻的记忆。而被害人第三次陈述系案发后第八天在母亲的安排下主动前往公安机关，有人为

因素干扰，且被害人的第三次陈述对被强奸的事实全部予以否认，对处女膜破裂原因的陈述时间模糊、地点不详，陈述处女膜系凳脚插伤的理由牵强。比较而言，被害人的前两次陈述更符合其亲身经历的感知，可信度更高。关于前两起事实中性侵的地点，被害人两次陈述和录音问话中对其在某酒店××房间被性侵的陈述稳定、一致，在某幼儿园四楼被性侵的事实则有现场勘查笔录和证人证言佐证。关于录音材料中被害人陈述其在幼儿园大厅旁边教室的厕所内被蒋某性侵，经现场查看，符合被害人陈述的情形，虽该起事实未被指控，但被害人陈述的事实，印证了录音内容的真实性。关于曾某、唐某文的证言，侦查机关对两人的取证程序合法，两位证人证言陈述的事实相互吻合。对比周某某躲避侦查机关调查，阻挠曾某报警与曾某强烈要求追究蒋某犯罪行为的主观意愿，可以排除曾某与周某某事前共谋陷害蒋某。且本案案发突然、医生当班与被害人就诊系偶然事件、被害人的伤害后果是客观事实，曾某与唐某文医生不存在互相串通的情形。关于周某某敲诈勒索蒋某之父50万元，证人仅通过旁听他人电话内容，未核实对方的身份，不足以证明周某某有敲诈勒索行为，且证人所反映的事实与本案指控的事实无关。关于周某某证言，周某某从知晓曾某被性侵时的情绪；到知晓医学检查结果后的纠结；再到曾某接受询问时陪同的周某某现场情绪失控并干扰曾某作证；最后周某某持续躲避侦查机关调查取证，周某某在整个过程中情绪、态度的变化符合常人的处事特征。而周某某在案发七天后在民警多次做工作的情况下的证言系深思熟虑和趋利避害的结果。结合周某某与蒋某再婚后的夫妻感情、家庭融洽程度、经济基础，周某某没有教唆曾某陷害蒋某的理由和意义。

本案中，被告人辩称其对被害人没有实施强奸行为，但依据对在案证据的分析及被害人的年龄、心智的成熟度分析，在案证据能够形成完整的证据链条，可以证实被告人的行为构成强奸罪。

既往性犯罪法体系中的强奸罪和强制猥亵、侮辱罪均无法适用此类案件，使得具有法益侵害性的上述行为在刑法上存在处罚漏洞：一方面，该类人员在对该类女性自小进行教育时便使其认为与自己发生性关系是“理所应当”的情形下，很难判断这种“自愿”是否“违背未成年女性意志”。另一方面，在实践中因该类行为隐蔽性的特征，常会陷入举证不能的困境，若按照“存疑有利被告”的原则，不仅该类女性的权益不能得到救助，也将损害司法的公信力。故《中华人民共和国刑法修正案（十一）》将该类人员与该类女性发生性关系纳入规制的范围，旨在补足法律规范缺失、刑法治理不足的问题，以实现对未成年女性权益的全覆盖保护。

编写人：湖南省新宁县人民法院　陈松柏　汪方方

55

# 强制猥亵案被告人翻供的审查认定

——林某强制猥亵案

## 【案件基本信息】

1. 裁判书字号

福建省厦门市中级人民法院（2023）闽02刑终4号刑事附带民事裁定书

2. 案由：强制猥亵罪

## 【基本案情】

被告人林某在其经营的“遇某”理发店趁给被害人赵某洗发、赵某不敢反抗之机，对赵某实施如下三次猥亵行为：第一次、第二次分别为2022年1月21日傍晚、2022年2月春节期间，林某在给赵某洗发时，对赵某进行猥亵。第三次为2022年2月20日19时，林某在给赵某洗发时，对赵某进行猥亵。2022年2月21日，民警在“遇某”理发店将林某抓获归案，前期如实供述犯罪事实，后期翻供。事发后，赵某与班主任联系，告知其被猥亵，班主任遂与赵某家长取得联系，赵某母亲李某某报警。另查明，2008年1月12日为农历2007年12

月 5 日；厦门市中小学寒假从 2022 年 1 月 21 日开始，2022 年 1 月 21 日为农历 12 月 19 日；2022 年 2 月 1 日为农历正月初一。

【案件焦点】

被告人林某翻供否认猥亵被害人能否成立。

【法院裁判要旨】

福建省厦门市海沧区人民法院经审理认为：被告人林某翻供不能成立，应认定林某对赵某实施了强制猥亵行为。（1）根据《最高人民法院关于适用〈中华人民共和国刑事诉讼法〉的解释》第九十六条的规定，被告人林某在侦查阶段前期供述其猥亵被害人三次，但在侦查阶段后期、审查起诉和庭审时均对猥亵行为予以否认，否认的理由是其害怕被害人家属报复或是因为害怕公安机关民警，此翻供理由均不能成立。林某在侦查前期所作有罪供述是其真实意思表示。经过查看讯问的同步录像，林某所作有罪供述均是其自己陈述经过，公安机关侦查人员不存在恐吓、诱供等影响林某真实表达意思的行为。在讯问过程中，讯问人员态度和缓，也没有存在被施加压力导致林某害怕的情形。林某所述因为害怕被害人家属报复而不得不承认猥亵事实，更是与日常生活经验相违背，该辩解本院不予采信。因此，林某翻供理由不能成立。（2）被告人在狭窄空间内给被害人洗头时对未成年女性实施猥亵行为，应认定为强制猥亵。强制猥亵行为的手段不仅包括暴力和猥亵，还包括利用被害人来不及反抗等特定时机对被害人实施的猥亵行为。在本案中，被害人是在校初中生、涉世未深，而且，正常人在洗发时处于放松和无防备的状态，因存在肢体接触，还对对方寄予信任。因此，在面对被告人突然将手伸向内衣，且男女力量、年龄都存在差距的情况下，被害人不仅来不及反抗，也不敢反抗。即使是在案发后，被害人与班主任老师的沟通中反复强调其很害怕，更担心报警后可能导致的不利后果。因此，本院认定被告人林某利用特殊时机以其他方法对被害人实施了强制猥亵行为。

福建省厦门市海沧区人民法院判决：被告人林某犯强制猥亵罪，判处有期徒刑三年。（刑期从判决执行之日起计算。判决执行以前先行羁押的，羁押一日折抵刑期一日。即自2022年2月22日起至2025年2月21日止。）被告人林某应于本判决生效之日起十日内赔偿附带民事诉讼原告人赵某医疗费、检查费、交通费共计人民币2212.76元。驳回附带民事诉讼原告人赵某的其他诉讼请求。

一审宣判后，李某提出上诉。

福建省厦门市中级人民法院经审理认为：上诉人林某以其他方法强制猥亵女性，其行为已构成强制猥亵罪。原判认定事实清楚，定罪准确，量刑适当，审判程序合法。裁定：

驳回上诉，维持原判。

## 【法官后语】

根据《最高人民法院关于适用〈中华人民共和国刑事诉讼法〉的解释》第九十六条的规定，被告人庭前供述和辩解存在反复、庭审中不供认的情况下，需要对全案被告人供述与辩解进行审查，并结合庭审翻供事由及全案证据材料进行判断、认定。

一、翻供事由合理性审查

实践中，庭审翻供事由以刑讯逼供为主，应对讯问程序进行合法性审查。讯问必须遵守《中华人民共和国刑事诉讼法》、司法解释及其他规范性文件的规定，依照法定程序进行，即讯问是否在刑事立案之后进行，讯问时间、地点、讯问人的身份、人数以及讯问方式是否符合相关法律规定。具体而言，讯问是否违反规定较长时间持续进行（是否存在疲劳讯问）、讯问过程中是否保证犯罪嫌疑人的饮食和休息时间、讯问是否在规定的办案场所之外进行，讯问人员是否少于两人，等等。本案被告人翻供事由为“害怕被害人家属报复或是因为害怕公安机关民警”。经过查看讯问的同步录像，林某所作有罪供述均是其自己陈述经过，在讯问过程中，讯问人员态度和缓，不存在被施加压力导致林某害怕的情形，亦无恐吓、诱供等影响林某真实表达意思的行为。

二、被告人供述和辩解实质性审查

对被告人供述和辩解除进行合法性的形式审查，还应当对内容进行全面、实质审查。证据规则固然重要，但根据经验法则判断是否符合常识常理常情也很重要。实践中，侦查阶段，犯罪嫌疑人往往在意志最薄弱的时刻心理防线被突破，所以其在案件初始阶段的认罪供述大多数情况下是真实的。本案被告人林某在侦查阶段前期供述其猥亵被害人三次，但在侦查阶段后期、审查起诉和庭审时均对猥亵行为予以否认。林某所述因为害怕被害人家属报复而不得不承认猥亵事实，更是与日常生活经验相违背，因此，林某翻供理由不能成立。

三、全案证据综合性审查

除审查翻供事由合理性及被告人供述和辩解内容外，还应结合全案的证据体系，看被告人供述与物证、书证等客观性证据等是否相互印证，是否指向明确。强制猥亵行为的手段不仅包括暴力和猥亵，还包括利用被害人来不及反抗等特定时机对被害人实施的猥亵行为。本案中，被害人是在校初中生、涉世未深，而且，正常人在洗发时处于放松和无防备的状态，因存在肢体接触，还对对方寄予信任。因此，在面对被告人突然将手伸向内衣，且男女力量、年龄都存在差距的情况下，被害人不仅来不及反抗，也不敢反抗。因此，应当认定被告人林某利用特殊时机以其他方法对被害人实施了强制猥亵行为。

综上，被告人翻供情形复杂，必须以慎之又慎的态度，客观理性地对待翻供，牢固树立证据裁判意识及程序意识，根据翻供的内容对被告人供述与辩解进行综合审查判断予以认定。

编写人：福建省厦门市海沧区人民法院　芦絮　张鑫

# 四、程　序

56

## 重疾罪犯收监执行审查应建立专家会商机制

——林某帮助信息网络犯罪活动案

### 【案件基本信息】

1. 裁判书字号

福建省泉州市永春县人民法院（2023）闽 0525 刑更 2 号收监执行决定书

2. 案由：帮助信息网络犯罪活动罪

### 【基本案情】

罪犯林某因涉嫌犯帮助信息网络犯罪活动罪被判处有期徒刑，交付监所执行后，其于 2022 年 6 月 28 日以身患高血压 3 级、糖尿病 2 级等疾病为由申请监外执行，某女子看守所向本院通报罪犯林某病情。本院于 2022 年 9 月 9 日作出（2022）闽 0525 刑更 5 号暂予监外执行决定书，决定对罪犯林某暂予监外执行。

暂予监外执行期间，某社区矫正管理局书面建议本院对罪犯林某收监执行。本院于 2023 年 5 月 18 日立案后，依法组成合议庭进行审查，并于 2023 年 5 月 18 日发函某医院调查罪犯林某的病情与不规则服药的情况。某医院出具了《关于林某病情情况说明》，内容为该院相关专家对病人的联合会诊诊断意见，是基于患者检查化验有时达到高血压 3 级极高危诊断标准，但受病人不规则用药、不规范治疗、不配合治疗的影响。患者于2023年2月、5月住院期间，尿微量蛋白、肾功能正常，糖尿病病情好转。两次住院时间间隔短，与挂床治疗无异常，并且病情大相径庭，故作出不属于《暂予监外执行规定》的意见。本院于2023年6月5日发函某社区矫正管理局调查罪犯林某复查的过程等。某社区矫正管理局复函说明，某社区矫正管理局委托某医院对罪犯林某进行病情复查，2023年2月初某医院安排林某住院治疗。2月24日14点40分，某医院医务科告知，林某住院病情复查期间多次未在病房内。司法所工作人员立即通知林某住院期间必须住在病房内，并配合医生做好病情复查相关检查。在本院询问调查中，林某陈述其病情相较于之前泉州医学高等专科学校附属人民医院出具的罪犯疾病诊断证明书记载的病情更加严重。其一直按时服药、配合治疗。其确实未在医院住院，但医院开的检查项目均有去检查，因家中有小孩需要照顾，其与医院和司法局沟通，司法局让其自己决定。其未及时取药是由于之前的药量还有剩余61天，就没有去医院取药。

另查明，罪犯林某申请监外执行后，于2022年8月8日经泉州医学高等专科学校附属人民医院诊断，患有高血压病3级（很高危）、高血压性心脏病、2型糖尿病、高血压性视网膜病变、颈动脉粥样硬化等。在2023年3月9日的病情复查中，某医院对林某的病情诊断为：(1) 高血压病3级（极高危）；(2) 高血压性心脏病；(3) 高血压性视网膜病变；(4) 高血压并微量蛋白尿；(5) 2型糖尿病；(6) 右锁骨下动脉斑块；(7) 轻度贫血；(8) 乙肝病毒携带者。患者平时不规则服药，建议门诊规范治疗。

**【案件焦点】**

罪犯林某暂予监外执行期间的病情变化情况是否与其不配合治疗存在关联性，是否符合不得监外执行的情形。

**【法院裁判要旨】**

福建省泉州市永春县人民法院经审理认为：社区矫正对象应当按照有关规定和社区矫正机构的要求，定期报告、遵纪守法、接受监督管理，暂予监外执行的社区矫正对象应当每个月报告本人身体情况。保外就医的，应当到省级人民政府指定的医院检查，配合接受治疗。根据《暂予监外执行规定》第六条第一款规定，对需要保外就医或者属于生活不能自理，但适用暂予监外执行可能有社会危险性，或者自伤自残，或者不配合治疗的罪犯，不得暂予监外执行。按病情复查医院的情况说明，罪犯林某在2023年2月27日出院时带药7天，本应在3月6日时复查取药，但罪犯林某直至2023年4月11日才到门诊取药治疗。根据某医院处方笺、费用清单及罪犯林某的陈述可证实其未按医嘱治疗、用药及未按要求住院复查，致使某医院向某社区矫正管理局通报情况。综上，罪犯林某的行为已违反《暂予监外执行规定》第六条第一款的规定。福建省泉州市永春县人民法院决定：

对罪犯林某收监执行。

**【法官后语】**

对重疾罪犯准予监外执行，是彰显刑事法律人文关怀的一项重要制度。根据《最高人民法院关于适用〈中华人民共和国刑事诉讼法〉的解释》第五百一十六条第六项的规定，暂予监外执行的情形消失后，刑期未满的人民法院应当作出收监执行决定。针对重疾罪犯的判断标准就是病情是否好转，同时也需要审查是否存在不配合治疗等主观原因影响病情。在实践中，进行审查往往需要医院出具专业的病情诊断报告，而患者的病症体征是各不相同的。实践中，办案过程中有的还需要对罪犯、证人等进行询问调查和听证，因此审限较短，补强证据时间有限，增加了法官查清和认定事实的难度。实践中虽然有采用成立专家小组的做法提供专业意见，但人员相对分散，并非审查过程中的法定程序。笔者认为，审理此类案件，应建立专家会商机制，作为审查的必要程序，同时也能支持社区矫正机关强化监管，依法前置适用处罚措施。主要理由如下。

一、建立专家会商机制有利于准确查明事实，提高效率

在本案中，从罪犯申请监外执行和收监前病情复查诊断资料上观察，两次诊断报告对于病情描述的变化不明显，但根据《保外就医病情复查材料审核意见》，却认为其不符合暂予监外执行的情形。为审慎查明事实，在案件审查过

程中由法院牵头，召集检察机关、社区矫正机关、医疗机构进行专家会商，在充分听取医院内科学专家对病情进行分析和提出疑点的意见上，结合检察机关建议，指导社区矫正机关根据罪犯住院治疗情况进行补充调查。最终证实该罪犯未按医嘱治疗、用药及未按要求住院复查，致使某医院向某社区矫正管理局通报等情况……认定该罪犯已违反《暂予监外执行规定》第六条第一款的规定，决定收监执行。

二、以专家会商咨询规范重疾暂外人员病情复查工作

根据《暂予监外执行规定》第二十一条的规定，社区矫正机构应当及时掌握暂予监外执行罪犯的身体状况以及疾病治疗等情况。近年来，由于刑事速裁、认罪认罚从宽制度的实施，社区矫正对象数量逐年上升。对社区矫正对象的监管一般由基层司法所进行。而县级基层司法所不仅要承担社区矫正对象的监督管理，还要承担人民调解、法治宣传等其他工作，任务较为繁重。对虽身患重疾，但未丧失自理能力的暂予监外执行人员，通知其何时就诊、何时复查，有时也仅采取口头告知等形式，对被监管人员诊疗情况掌握不够全面，规范管理程度还有待提升。因此通过专家咨询和会商机制，社矫机关可根据专家意见对管理人员专门建档，跟踪管理，堵塞漏洞。

三、监管机关应根据专家意见强化训诫、警告的前置适用

法律规定社区矫正机关是监外执行人员的监管机关，应当根据矫正对象的表现情况定期对其考核。对于具备训诫、警告情形的，可以给予处罚。对于被警告达到一定次数后，后仍拒不改正的情形应当收监执行。例如本案中，对于矫正对象具有违反监管规定不配合治疗的，警告措施可以作为前置措施，达到次数法定标准即可提请人民法院收监执行。实践中部分规避监管行为较为隐蔽，需要专业人员进行判断，导致社矫机关就此进行处罚较少。建立专家咨询机制后，监管部门可以更加准确地认定矫正对象的违规行为，依法适用处罚措施，减少重复性的调查程序，达到加强监督管理，震慑犯罪，预防犯罪的效果。

编写人：福建省泉州市永春县人民法院　杨巍